物流设施设备实训手册

主　编　蔡卫卫　刘振超
副主编　钱　宇　刘继瑶

中国财富出版社有限公司

图书在版编目（CIP）数据

物流设施设备实训手册 / 蔡卫卫，刘振超主编 . —北京：中国财富出版社有限公司，2023.8
ISBN 978 - 7 - 5047 - 7977 - 9

Ⅰ.①物…　Ⅱ.①蔡…　②刘…　Ⅲ.①物流-设备管理-手册　Ⅳ.①F253.9 - 62

中国国家版本馆 CIP 数据核字（2023）第 165543 号

| 策划编辑 | 徐　妍 | 责任编辑 | 白　昕　水源宋 | 版权编辑 | 李　洋 |
| 责任印制 | 尚立业 | 责任校对 | 杨小静 | 责任发行 | 敬　东 |

出版发行	中国财富出版社有限公司		
社　　址	北京市丰台区南四环西路 188 号 5 区 20 楼	邮政编码	100070
电　　话	010 - 52227588 转 2098（发行部）		010 - 52227588 转 321（总编室）
	010 - 52227566（24 小时读者服务）		010 - 52227588 转 305（质检部）
网　　址	http://www.cfpress.com.cn	排　　版	义春秋
经　　销	新华书店	印　　刷	北京九州迅驰传媒文化有限公司
书　　号	ISBN 978 - 7 - 5047 - 7977 - 9/F · 3587		
开　　本	787mm×1092mm　1/16	版　　次	2023 年 12 月第 1 版
印　　张	17.25	印　　次	2023 年 12 月第 1 次印刷
字　　数	377 千字	定　　价	46.00 元

前　言

近三十年来，随着物流科学研究的不断发展与深入，诸多现代科技和方法运用于物流管理的研究中。作为物流企业，也迫切需要了解这些技术并吸收会操作的技能型人才。同时，物流管理专业本身就是一门实践性很强的应用型学科，只有通过不断地实践锻炼，才能满足企业对物流人才实际动手能力的要求。对此，要在教育培养中构建实训教学体系，提高物流类专业毕业生的实践能力，让他们成为适应企业需求、满足岗位能力需要的复合型人才。

本书从物流实际应用的角度出发，对现代物流中的设施设备及其操作方法进行了较为深入的理论与实践分析，并配合实训环节对如何运用技术理论解决问题进行了深入训练。通过本书的学习，读者不但能理解现代物流技术的理论方法，而且能学会如何运用理论知识解决实际问题。

本书主要以项目的形式体现，主要内容包括：物流设施设备基本认知；物流运输线路设施设备；物流网络节点设施设备；典型物流系统设施设备；物流信息技术设备。在项目的基础上再化分成具体的任务，具体内容涉及导入部分、实训目标、实训步骤与方法、学生互动参与设计、实训内容、实训小结、扩展阅读等。希望通过这样的内容安排，使学生更好地达到实训的效果。

本书主要由上海第二工业大学蔡卫卫统稿，蔡卫卫与刘振超共同担任主编；同时上海交通职业技术学院钱宇、刘继瑶作为副主编参与了项目二、三、四部分内容的编写。

本书是上海交通职业技术学院与上海第二工业大学物流管理"中本贯通"项目的阶段性研究成果，在编写过程中借鉴了诸多专家和学者的研究成果，在此表示衷心的感谢！由于作者水平有限，书中难免存在不妥之处，敬请同行专家及读者批评指正。

编　者

目　录

项目一 物流设施设备基本认知

任务一 物流设施设备的分类与应用

1 导入部分

1.1 导入案例

案例一

2014年10月，国务院印发《物流业发展中长期规划（2014—2020年）》（以下简称《规划》）。《规划》指出，物流业是融合运输、仓储、货代、信息等产业的复合型服务业，是支撑国民经济发展的基础性、战略性产业。加快发展现代物流业，对于促进产业结构调整、转变发展方式、提高国民经济竞争力和建设生态文明具有重要意义。

案例二

2014年博鳌亚洲论坛年会开幕式上，李克强同志以"共同开创亚洲发展新未来"为题发表演讲，全面阐述了我国关于促进亚洲合作的政策，并特别强调要推进"一带一路"的建设。

"一带一路"是"丝绸之路经济带"和21世纪"海上丝绸之路"的简称。"一带一路"倡议不仅不会与上海合作组织、欧亚经济联盟等既有合作组织产生重叠或竞争，还会为这些组织注入新的内涵和活力。

"一带一路"为我国的物流工程技术与物流装备开辟了更为深远的市场需求和更为广阔的发展空间，包括物流工程技术、物流设施设备、物流工程项目的建设等，其中，物流设施设备是基础。

1.2 物流教育

目前，我国物流业已步入转型升级的新阶段，物流需求快速增加，行业竞争日趋加剧，专业物流人才的供给不足成为制约行业发展的关键因素之一。培养与市场需求相匹配的物流人才成为高校物流管理专业建设的重要任务。共享行业优质资源，创建一个合作、开放、共享的物流教学资源平台，提供开放、自主的学习环境是现代物流教育改革的大势所趋。

建立校企战略合作关系，构建物流教学资源共享平台，增强校企之间的协同与配合，共享物流理论教学、物流实践教学、物流实习基地和物流师资等资源，实现供需对接、人才交流和信息共享，将产业发展、技术创新、管理创新和人才培养有机结合，为我国物流行业的发展提供更好的智力支持与人才保障。

2　实训目标

（1）了解物流设施设备的概念和种类；

（2）理解物流设施设备的特点和发展趋势；

（3）理解机械设备的基本组成，了解机械传动系统。

3　实训步骤与方法

3.1　了解

通过本课程的学习，初步了解物流设施设备的概念、种类及机械传动系统。

3.2　掌握

从知识点入手，掌握物流设施设备的特点、发展趋势以及机械设备的基本组成。

3.3　报告

辅以材料的阅读，最终以实训报告的形式巩固和提升学习效果。

4　学生互动参与设计

4.1　导入案例分析

在进行导入案例分析时，根据内容提示，要求学生参与讨论，探究导入案例的内容与课程的关系。

4.2　物流设施设备的选择

对不同类别、规模的物流设施设备，就其运作流程与设备选择的问题，要求学生讨论，提出相应的方案并说明理由，这也可以作为学生实训报告的备选内容。

5　实训内容

5.1　物流设施设备的基本概念

物流设施设备是进行各项物流活动和物流作业所需的设备与设施的总称。它既包括各种机械设备、器具等可供长期使用并在使用中基本保持原有实物形态的物流技术设备，也包括运输通道、货运场站和仓库等物流基础设施。

物流设施设备是组织物流活动和物流作业的物质技术基础，是物流服务水平的重要体现。物流设施包括公路、铁路、管道、港口、货运场站等基础设施，这些基础设施的建设水平直接影响物流各环节的运行效率。

物流设施设备在现代物流中的地位与作用包括：①物流设施设备是组织物流活动和物流作业的物质技术基础；②物流设施设备是物流系统的重要资产；③物流设施设备涉及物流活动的各个环节；④物流设施设备是物流技术水平的重要标志。

5.2　物流设施设备的分类

5.2.1　物流基础设施

物流基础设施是在供应链的整体服务功能上和供应链的某些环节上，满足物流组织与管理需要的、具有综合或单一功能的场所或组织的统称。物流基础设施一般由国家或地区政府投资建设，具有战略地位高、辐射范围大、投资规模大的特点。物流基础设施包括以下三种。

①物流网络结构中的枢纽，如全国或地区的铁路枢纽、公路枢纽、航空枢纽港、水路枢纽港，国家战略物流储备基地（粮食储备库、辐射全国或地区的物流基地）等。

②物流网络结构中的线，如输送管路、公路、铁路、航道等。

③物流基础信息平台，由计算机硬件设备、有线网络设备、无线网络设备和信息自动采集设备组成，其任务是为企业的物流活动与物流信息系统提供基础信息服务，如交通状况信息、交通组织与管理信息、城市商务信息、经济地理信息、资金信息等。

5.2.2　物流功能设施

物流功能设施包括以下三种。

①以存放货物为主要职能的节点，货物在该节点上停滞时间较长。如储备仓库、营业仓库、中转仓库、货栈等。

②以组织货物在系统中运动为主要职能的节点，如流通仓库、流通中心、配送中心、

流通加工点等。

③物流系统中的载体，包括货运车辆、货运列车、货机、货运船舶等。

5.2.3 物流技术设备

物流技术设备主要包括进行各项物流活动所需的机械设备、器具等。物流技术设备可以长期使用并在使用过程中基本保持原有实物形态。

（1）仓储设备

仓储设备是指在储存区进行作业活动所需要的设备，主要用于存取货物，包括货架、堆垛机、叉车、室内搬运车、分拣设备、提升机、搬运机器人等。仓储设备可以组成机械化、半自动化、自动化的仓库，以完成货物的堆垛、存取、分拣、进仓与出仓等作业。

（2）输送机械设备

输送机械设备是指按照规定路线连续或间歇地运送散状或包装物品的搬运设备，主要有带式输送机、埋刮板输送机、螺旋输送机、悬挂输送机、架空索道等。输送机械设备是现代物流系统中完成物料搬运的重要设备。

（3）起重机械设备

起重机械设备的作用是将重物提升、降落、移动，放置于指定位置。起重机械设备是生产过程中不可或缺的物料搬运设备。起重机械设备包括简单起重机、臂架类起重机、桥架类起重机等。

（4）流通加工设备

流通加工是指物品在从生产地到使用地的过程中，根据需要施加包装、分割、计量、分拣、刷标志、拴标签、组装等简单作业的总称。它是商品流通过程中的一种特殊形式，是弥补生产过程中加工程度的不足，更有效地满足用户多样化的需要，更好地衔接产需、促进销售的一种高效、辅助性的加工活动。完成流通加工作业的专用机械设备称为流通加工设备，主要有切割机械设备、包装机械设备等。切割机械设备有以金属、木质、玻璃、塑料等为原材料的切割机械设备；包装机械设备有充填机械设备、罐装机械设备、捆扎机械设备、裹包机械设备、贴标机械设备、封口机械设备、清洗机械设备、真空包装机械设备和多功能包装机械设备，另外还有混凝土搅拌和运输机械设备等。

（5）集装单元化设备

集装单元化设备主要有托盘、集装箱和其他集装单元器具。货物经过集装单元器具进行集装和组合包装后，提高了搬运活性，货物随时处于准备流动的状态，便于储存、装卸搬运、运输等环节的合理组织，也便于实现物流作业的机械化、自动化、标准化。

（6）工业搬运车辆

工业搬运车辆主要指在工厂、码头应用极为广泛的叉车、跨运车和牵引车等搬运设备。

5.3 物流设施设备的发展概况

5.3.1 发达国家物流基础设施的发展情况

（1）发达国家公路的发展情况

19 世纪末到 20 世纪 30 年代，是发达国家公路的普及阶段；20 世纪 30 年代到 50 年代，是发达国家公路的改善阶段；20 世纪 50 年代到 80 年代，是发达国家高速公路和干线公路高速发展阶段；20 世纪 80 年代末 90 年代初，是发达国家公路综合发展阶段。

（2）托盘的使用

目前，世界范围内多数国家托盘的使用量大、使用频率高、使用范围广。据统计，美国拥有 15 亿～20 亿个托盘，有 80％的商品贸易由托盘运载；日本拥有 7 亿～8 亿个托盘；欧洲每年有 2.8 亿个托盘在企业间循环。

（3）叉车的生产和使用

2022 年，世界叉车销量达到 200.6 万辆，同比增长 1.9％。欧洲、美国、中国、日本为主要市场，其中欧洲已持续多年为全球最大电动叉车市场。

（4）仓库

美国的仓库面积达 65 亿平方英尺，约 6 亿平方米。配送中心越建越大，企业要管理的仓库面积也越来越大，如美国贺曼公司建立了多达 120 个巷道的立体仓库。日本企业的自动化物流系统在世界上发展最快，其自动化立体仓库在高峰期达 1814 座。

（5）无人搬运系统

无人搬运系统又称为自动导引车系统（Automated Guided Vehicle System，AGVS）、无人搬运车系统，它由若干辆沿导引路径行驶、独立运行的自动导引车（Automated Guided Vehicle，AGV）组成。AGVS 在计算机的管控下有条不紊地运行，并通过物流系统软件集于整个工厂的生产监控和管理系统中。无人搬运系统主要应用于装配、生产和配送过程中的物料运动过程，适用于军工、食品、新闻出版、材料加工等不同行业。

仓储业最早应用 AGV。1954 年世界上首台 AGV 在美国 Mercury Motor Freight 公司的仓库内投入运营，用于实现出入库货物的自动搬运。1974 年，瑞典的 Volvo Kalmar 轿车装配工厂与 Schiinder－Digitron 公司合作，研制出一种可装载轿车车体的 AGVS，并由多台该种 AGVS 组成了汽车装配线，从而取消了传统的拖车等运输工具。由于 Volvo Kalmar 轿车装配工厂采用 AGVS 获得了明显的经济效益，许多西欧国家纷纷效仿，AGVS 逐渐在装配作业中成为一种流行的运输手段。从 20 世纪 80 年代起，伴随着与机器人技术密切相关的计算机、电子、通信技术的飞速发展，国外掀起了智能机器人研究的热潮，各种具有广阔应用前景和军事价值的移动式机器人受到西方各国的广泛关注。

5.3.2 我国物流基础设施的发展情况

（1）我国物流装备业发展的特点

我国物流总体需求增加，产业发展变化快，物流装备业正形成产业集群模式。我国物流装备业发展有以下几大特点。

①工业车辆需求大。

②托盘产量高速增长，托盘共用系统得到全球关注，托盘产业链逐步形成。

③工业货架行业产量快速增长。

④中国自动化仓库建设步伐加快，物流自动化装备得到普及。

⑤物流装备租赁取得实质发展。

⑥中国物流装备业开始大量出口，占据国际市场。

⑦射频识别技术开始在物流业得到应用与发展。

⑧物流信息化向更加专业化方向发展。

⑨物流运输装备取得快速发展，专业配套设备市场广阔。

⑩我国造船业蓬勃发展。

⑪物流装备专业服务理念初见端倪。

⑫系统整体解决方案需求越来越大。

（2）我国物流技术发展展望

自动化物流系统是集光机电与信息技术于一体的系统工程，由于信息技术的发展，使其具有了更丰富的内涵。自动化物流系统主要包括自动化立体仓储系统、自动输送系统、自动导引系统、AGVS 机器人作业系统、自动控制系统、多媒体实时监控系统、计算机模拟的其他系统及计算机集成管理系统等。这些自动化物流系统涉及机械工程技术、条码技术、无线标识模拟仿真技术、图像识别技术、网络通信技术、红外通信技术、激光定位技术、惯性导航技术等。

（3）现代物流技术装备的发展趋势

目前现代物流技术装备已呈大型化、高速化、实用化、多样化、自动化、智能化、标准化、模块化及绿色化趋势。

5.3.3 常用机械传动系统简介

1. 机械设备的基本组成

任何机械设备，不论其性能如何，仅从各部分职能的角度分析，其主体结构均包括动力部分、执行部分、传动部分和控制部分。

（1）动力部分

动力部分是机械设备动力的来源，为执行部分提供需要的动力。动力部分的原动机有电动机、内燃机、气（液）压动力装置等。

（2）执行部分

执行部分处于整个传动路线的终端，完成机械预期的动作，其结构形式取决于机械本身的用途，如水泵的水轮、卷扬机的卷筒等。

（3）传动部分

传动部分位于动力部分和执行部分之间，是连接动力部分和执行部分的桥梁，将原动机的动力传递并分配给执行部分。常用传动装置有机械传动装置、气（液）压传动装置、电气传动装置等。机械传动装置是目前机械设备中最主要和应用最广泛的一种传动装置。机械传动能得到较精确的传动比，传递动力较大，变速范围宽，可以向任何方向传动，但工作条件要求苛刻，制造成本较高。液压传动和气压传动应用日趋广泛。液压传动传递功率大，传动平稳，工作安全可靠，很有发展前途，缺点是传动比不够精确。气压传动多用于小型机械工具中。电气传动是一项新技术。

（4）控制部分

控制部分的作用是控制机械设备的其他基本部分，使操作者能随时实现或终止预定的功能。

除以上四个基本组成部分外，机械设备还有操纵部分、支承部分和其他辅助部分。

2. 电动机与常用机械传动系统

（1）电动机

电动机是把电能转换为机械能的设备。在机械制造、冶金、石油、煤炭、航空、农业等领域中，电动机被广泛应用。

目前较常用的交流电动机有三相异步电动机和单相交流电动机。三相异步电动机多用在工业领域中，单相交流电动机多用在民用电器上。

①电动机的类型

按功能分类，电动机可分为驱动电动机和控制电动机；按电能种类分类，电动机可分为直流电动机和交流电动机；按电动机的转速与电网电源频率之间的关系分类，电动机可分为同步电动机与异步电动机；按电源相数分类，电动机可分为单相电动机和三相电动机；按防护形式分类，电动机可分为开启式电动机、防护式电动机、封闭式电动机、隔爆式电动机、防水式电动机和潜水式电动机；按安装结构形式分类，电动机可分为卧式电动机、立式电动机、带底脚式电动机和带凸缘式电动机等；按绝缘等级分类，电动机可分为E级电动机、B级电动机、F级电动机和H级电动机等。随着工业自动化程度的不断提高，需要采用各种各样的控制电动机作为自动化系统的元件，国内通常按功率大小将电动机分为大型电动机、中小型电动机和小功率电动机三大类。

②电动机的结构

电动机主要由固定部分和旋转部分组成，固定部分称为定子，旋转部分称为转子。另外还包括端盖、风扇、罩壳、机座和接线盒等。

（2）齿轮传动

在所有的机械传动中，齿轮传动应用最广。齿轮传动是利用两齿轮的轮齿相互啮合传递动力并运动的机械传动。按齿轮轴线的相对位置分类，齿轮传动可分为平行轴圆柱齿轮传动、相交轴圆锥齿轮传动和交错轴螺旋齿轮传动。按齿轮传动的工作条件分类，齿轮传动可分为：①开式齿轮传动，齿轮暴露在外，不能保证良好的润滑；②半开式齿轮传动，齿轮浸入油池，有护罩，但不封闭；③闭式齿轮传动，齿轮、轴和轴承等都装在封闭箱体内，润滑条件良好，灰沙不易进入，安装精确。

（3）皮带传动

皮带传动使用的皮带的类型有平皮带、三角带和齿形带。皮带传动属于摩擦传动，当主动轮转动时，两个带轮上的皮带逐渐张紧，在摩擦力的作用下开始移动，又依靠摩擦力带动被动轮转动。

皮带传动具有以下特点。

①皮带具有良好的弹性，能减缓冲击、吸收振动，传动平稳，噪声小。

②皮带传动是摩擦传动，过载易打滑，传动比不恒定，但可保护机器。

③传动中心距大，结构简单，成本低，装拆方便。

④对轴和轴承的压力较大，传动效率低。

⑤不宜在高温、易蚀、易燃的环境下使用，皮带的寿命较短，结构不紧凑。

（4）链传动

按用途不同，链可分为传动链、输送链和起重链。输送链和起重链主要用于运输机械传动和起重机械传动中，而在一般机械传动中，常用的是传动链。传动链传递的功率一般在 100kW 以下，链速一般不超过 15m/s，推荐使用的最大传动比 i_{max} 为 8。传动链可分为短节距精密滚子链（简称滚子链）和齿形链。其中滚子链使用较广泛，齿形链使用较少。

链传动的主要缺点有：在两根平行轴之间只能用于同向回转的传动；运转时不能保持恒定的瞬时传动比；磨损后易发生跳齿；工作时有噪声；不宜在载荷变化很大和急速反向的传动中应用。链传动主要在要求工作可靠、两轴相距较远以及其他不宜采用齿轮传动的情况下使用。例如，掘土机的运行机构，虽受到土块、泥浆及瞬时过载的影响，但仍能很好地工作。

5.4 典型物流设施设备认知

5.4.1 手动托盘搬运车

在使用手动托盘搬运车（见图 1-1-1）时，将其承载的货叉插入托盘孔内，由人力驱动液压系统实现托盘货物的起升和下降，并由人力拉动完成搬运作业。它是托盘运输中最简便、最有效、最常见的装卸搬运工具。手动托盘搬运车性能参数如表1-1-1所示。表1-1-1中所示性能参数仅供参考，各生产企业略有差异。

图1-1-1　手动托盘搬运车

表1-1-1　　　　　　　　　　　　手动托盘搬运车性能参数

项目	单位	参数
额定起重量	kg	1000～3000
货叉起升高度	mm	120
货叉下降最低位	mm	80～100
托盘叉口有限高度	mm	100～120

5.4.2　自动导引车

自动导引车（见图1-1-2）指在车体上装有电磁学或光学等导引装置、计算机装置和安全保护装置，能够沿设定的路径自动行驶，具有物品移载功能的搬运车辆。

自动导引车系统广泛应用于柔性生产系统、柔性搬运系统和自动化仓库中。

图1-1-2　自动导引车

5.4.3 托盘单元式自动仓库

托盘单元式自动仓库就是采用托盘集装单元方式保管物料的自动仓库，是自动仓库最广泛的使用形式，通常所说的"自动仓库"，指的就是托盘单元式自动仓库。托盘单元式自动仓库一般由巷道堆垛起重机、高层货架、出入库输送机系统、自动控制系统和计算机仓库管理系统组成。

5.5 实训检验

选择相应的物流场景，如仓库，根据其地理区位、功能定位、吞吐量等要素，利用本课程的知识进行相应的设施设备选择与配置。

6 物流设施设备未来发展趋势

随着现代物流的快速发展，物流设施设备表现出以下几大发展趋势。

（1）大型化和高速化

大型化指的是物流设施设备的规模越来越大、功能越来越强。大型化是实现物流规模效应的基本手段。高速化指的是设备的运行速度、识别速度、运算速度越来越快。

（2）实用化和轻型化

由于物流设施设备在通用场合使用，因此其易维护、易操作，具有耐久性、经济性和无故障性，以及较高的安全性、可靠性、环保性。

（3）专用化和通用化

随着物流活动的多样化，物流设施设备的品种也越来越多，并且不断有新的物流设施设备研发出来。物流活动的系统性、一致性、经济性、机动性、快速化，要求一些物流设施设备朝专用化方向发展，又有一些物流设施设备向通用化、标准化方向发展。

（4）自动化和智能化

将先进的微电子技术、电力电子技术、光缆技术、液压技术、模糊控制技术等用于机械设备的驱动和控制系统中，实现物流设施设备的自动化和智能化，将是今后的发展方向。

（5）成套化和系统化

只有当组成物流系统的物流设施设备相互匹配时，物流系统才是最高效、最经济的。在物流设施设备自动化的基础上，利用计算机把各个物流设施设备组成一个集成系统，通过中央控制室的控制，与物流系统协调配合，形成不同机种的最佳组合，将是未来的发展趋势。

（6）绿色化

绿色就是要达到环保要求，这涉及两方面内容：一是与牵引动力的发展及制造、辅助材料有关；二是与使用有关。对于牵引动力的发展，一方面要提高牵引动力，另一方面要使用清洁能源和新型动力，有效利用清洁能源，减少污染排放。

7　实训小结

7.1　主题内容

物流设施设备的分类与应用。

7.2　实训报告要求

学生的实训报告以报告的形式进行，内容以导入案例和扩展阅读的内容为基础。实训报告可以分组或单独完成，分析物流设施设备的概念、种类、特点及发展趋势等。

7.3　考核要求

本次实训的考核成绩按平时成绩的30％与实训报告考核成绩的70％评定。实践教学环节采取现场实习形式，结合必要的讲解、讨论，由学生写出实训报告，并将该报告作为学生本课程学习成效的重要依据。

8　扩展阅读

"一带一路"对于物流工程技术发展的影响

"一带一路"是"丝绸之路经济带"和21世纪"海上丝绸之路"的简称。丝绸之路沿线国家间的经贸往来日益频繁，不仅能够推动贸易便利化，还能够进一步加快基础设施的互联互通。在"一带一路"倡议的施行中，先行的交通基础设施互联互通，被具体化为公路、铁路、航运等领域的联通项目，给当地的交通基础设施建设企业带来了庞大的市场机会。

"一带一路"沿线的国家与地区，尤其是欠发达国家与地区，渴望通过"一带一路"倡议，改善积弱的基础设施建设，修建通往富庶和繁荣的道路。

1. 对国内基建的影响

从2011年始，重庆就开通了渝（重庆）新（新疆）欧（欧洲）国际定期货运班列。渝新欧班列是"丝绸之路经济带"最早开通的五定班列（定点、定线、定车次、定时、定价），从重庆出发，经新疆阿拉山口出境，通过哈萨克斯坦、俄罗斯、白俄罗斯、波兰，最后抵达德国的杜伊斯堡。2013年起，渝新欧班列货物运输额占经新疆阿拉山口至欧洲班列的80％以上，下一步将加强与沿线国家及国内省区市合作，更好地发挥渝新欧国际铁路联运大通道的作用。

福建省拟订了加快融合国家"丝绸之路经济带"和21世纪"海上丝绸之路"建设的总体规划和行动方案,其中就包括完善以铁路、高速公路和海空港为主骨干、主枢纽的交通网络。

而为实现与"丝绸之路经济带"的快速联通,安徽省也开通了连接新亚欧大陆桥的货运专列,途经西安、乌鲁木齐、阿拉山口直达哈萨克斯坦阿拉木图,使安徽省到中亚的货运时间大大缩短。

陕西省则推进交通物流枢纽和国际商品物流集散中心建设,为企业"走出去"打通物流通道。

一些对政策反应敏感的公司已经嗅到了市场的机遇。新疆的北新路桥、国际实业、新研股份等企业已对外披露了涉及"丝绸之路经济带"的业务事项。

2. 对周边国家的影响

沿线国家对于"一带一路"倡议的热情丝毫不亚于我国,事实上,这一历史性机遇给"一带一路"沿线国家带来的福祉并不亚于国内。

原商务部部长高虎城在《人民日报》撰文表示,将统筹谋划陆上、海上、航空基础设施互联互通,积极推进亚欧大陆桥、新亚欧大陆桥、孟中印缅经济走廊等骨干通道建设,努力打通缺失路段、畅通瓶颈路段。

亚欧大陆桥是横跨亚欧大陆,连接太平洋和大西洋的铁路运输通道。截至2023年,已经建成、正在规划建设的亚欧大陆桥共有5条。其中,新亚欧大陆桥东起中国江苏省连云港市,横穿整个中国大陆,由新疆阿拉山口出境,途经哈萨克斯坦、俄罗斯、白俄罗斯、波兰、德国,最后至荷兰。这是"丝绸之路经济带"建设最重要的基础设施工程之一。

2014年4月召开的博鳌亚洲论坛上,各国政要围绕"一带一路"倡议进行了讨论。

在俄罗斯远东发展部部长加卢什卡看来,新丝路的主要吸引力在于它能够加强各国之间的货物贸易、推动交通基础设施的建设和互联互通。据他透露,俄罗斯政府已斥资180亿美元落实铁路建设项目,以缩短上海到欧洲的通道。

巴基斯坦总理纳瓦兹·谢里夫表示,要借由"一带一路"建设,建立更好的交通运输网络,包括公路、铁路和航空航线。中国与巴基斯坦已达成广泛的共识,围绕广泛的基础设施建设,进一步加强经济走廊的建设。

东帝汶总理夏纳纳·古斯芒称,"一带一路"沿线的部分国家和地区还缺乏现代化的铁路和公路基础设施,建设"一带一路"的倡议有很大的潜力推动基础设施的发展。在这个框架内,发展中国家有机会改善基础设施建设,包括公路、铁路、港口以及天然气输送管道等。

然而，涉及这么多国家和地区。如此庞大的基础设施建设，钱从哪里来？

2013年10月，中国倡议筹建亚洲基础设施投资银行，愿向包括东盟国家在内的本地区发展中国家基础设施建设提供资金支持。该倡议提出后，立即得到了印度尼西亚等东盟国家的积极回应与支持。亚洲基础设施投资银行的设立将为建设"一带一路"提供便利的投融资支持。

可以预见，亚洲基础设施投资银行将服务于"一带一路"沿线国家和地区的建设，其中，基础设施投资项目会是重点。

9 复习与思考

（1）简述物流基础设施的组成。

（2）试述有哪些物流技术设备？

（3）简述机械设备的基本组成。

（4）常用机械传动系统有哪些？

（5）"一带一路"倡议的执行对于交通基础设施的建设具有何种意义？

任务二 物流设施设备的发展趋势

1 导入部分

1.1 导入案例

我国交通运输部关于《推进综合交通运输大数据发展行动纲要（2020－2025 年）》（以下简称《纲要》）的文件，其主要目标是：到 2025 年，力争实现综合交通运输大数据标准体系更加完善，基础设施、运载工具等成规模、成体系的大数据集基本建成；政务大数据有效支撑综合交通运输体系建设，交通运输行业数字化水平显著提升；综合交通运输信息资源深入共享开放；大数据在综合交通运输各业务领域应用更加广泛；大数据安全得到有力保障；符合新时代信息化发展规律的大数据体制机制取得突破。综合交通大数据中心体系基本构建，为加快建设交通强国，助力数字经济勃兴提供坚强支撑。

《纲要》就推进 5G 技术在交通运输领域的研发应用提出的主要任务包括以下五个方面。

第一方面：夯实大数据发展基础。其中包括完善标准规范；强化数据采集；加强技术研发应用。值得关注的是《纲要》提出了推进第五代移动通信技术（5G）等在交通运输各领域的研发应用。

第二方面：深入推进大数据共享开放。其中包括完善信息资源目录体系；全面构建政务大数据；推动行业数字化转型；稳步开放公共信息资源；引导大数据开放创新。

第三方面：全面推动大数据创新应用。其中包括构建综合性大数据分析技术模型；加强在服务国家战略中的应用；提升安全生产监测预警能力；推动应急管理综合应用；加强信用监管；加快推动"互联网＋监管"；深化政务服务"一网通办"；促进出行服务创新应用；推动货运物流数字化发展。

第四方面：加强大数据安全保障。其中包括完善数据安全保障措施；保障国家关键数据安全。

第五方面：完善大数据管理体系。其中包括推动管理体制改革；完善技术管理体系。

1.2　物流行业的增长

当前物流企业对智慧物流的需求主要涉及物流数据、物流云、物流设备三大领域。2022 年我国智能化物流装备市场规模约 829.9 亿元，同比增长 16.1%。

在增长速度方面，2021 年中国智能物流装备市场规模达 654.3 亿元，增长高于国民经济发展速度，整体增长 20.79%，其中普通叉车、货架、托盘等的市场规模综合增长速度有所回落，但输送分拣设备、自动化立体库、智能穿梭车、标准化托盘、立体库货架等先进的物流技术装备的市场规模继续保持高速增长。

2　实训目标

（1）掌握物流运输管理中技术的运用；

（2）掌握"3G 技术"在货物运输防盗中的应用研究；

（3）了解集装箱运输管理中存在的问题和未来物流技术与设备的发展趋势。

3　实训步骤与方法

3.1　了解

通过本课程的学习，初步了解集装箱运输管理中存在的问题和未来物流技术与设备的发展趋势。

3.2　掌握

从知识点入手，掌握物流运输管理中技术的运用和"3G 技术"在货物运输防盗中的应用研究。

3.3　报告

辅以材料的阅读，最终以实训报告的形式巩固和提升学习效果。

4　学生互动参与设计

4.1　导入案例分析

在进行导入案例分析时，根据内容提示，要求学生参与互动，探究导入案例的内容与课程的关系。

4.2 物流设施设备的选择

对不同技术在物流运输管理中的应用，要求学生讨论，提出相应的方案并说明理由，这也可以作为学生实训报告的备选内容。

5 实训内容

5.1 物流运输管理中技术的运用

5.1.1 智能运输系统

智能运输系统（Intelligent Transportation System，ITS）集信息处理技术、通信技术、控制技术及电子技术等科学技术于一体，多应用于交通运输网络中。由于运输和配送对地理空间信息和城市道路交通状况有较强的依赖性，故要求在现代物流系统中引入智能运输系统，将现代物流活动和智能运输系统紧密地联系在一起。ITS 的运用为现代物流的发展提供了技术支持和保障。

5.1.2 ITS 对现代物流的重要影响

ITS 在现代物流运输和配送活动中的应用，大大提高了物流服务水平，降低了物流成本，提高了运输效率和安全性，以实现对货物的有效控制，更好地满足顾客的需求。

（1）ITS 为物流运输提供各种有用的交通信息

通过应用 ITS，物流车辆驾驶员可及时获得实时的交通信息，避开拥挤路段，及时调整其行驶路线，帮助驾驶员估算运输时间，实现最佳路径选择，提高运输效率和精度，以便在客户要求的时间内尽快完成运输和配送任务，从而提高物流服务水平和工作效率，减少物流成本。

（2）ITS 为车辆的安全行驶提供保障

利用 ITS，可以进行车辆跟踪和定位，从而对在途车辆和货物进行实时监控，及时了解车辆的运行状况，也方便物流管理者及时对驾驶员和车辆进行监督管理。此外，当在途车辆或货物出现意外时，物流管理者可以根据监测到的信息迅速做出响应，使物流损失降到最低。

（3）ITS 能进行货物的在途控制，提供可视化的货物实时信息

物流管理者通过 ITS，对车辆进行跟踪和定位，对在途货物进行实时监控，既能保证运送货物的安全性，也可以让货主通过监控中心的信息对货物的动态进行跟踪和调度。

5.1.3　ITS 在现代物流中的作用

（1）及时传递信息

ITS 中先进的交通管理系统和交通信息服务系统，能够实时收集、分析道路交通信息，并通过对相关交通信息的分析、传递和发布，使现代物流系统能够根据交通状况的变化为物流企业提供最佳路线信息。同时，驾驶员能够根据 ITS 提供的各种信息，灵活、方便地选择车辆道路交通网上任何起讫点的最佳行车路线，使物流过程更加顺畅。

（2）动态控制车辆

ITS 中的车载导航系统和车辆跟踪信息系统，可以对车辆的位置状态进行实时跟踪，可向物流企业甚至客户提供车辆预计到达时间，为物流企业制订配送计划和仓库存货战略提供依据。车辆的实时定位，有助于物流管理者在任意时刻查询车辆的地理位置并在电子地图上直观地显现出来，可帮助物流企业优化车辆配载和执行调度，使物流企业能够更好地对运输车辆进行管理。

（3）实时监控货物

ITS 中的物流信息平台使货主通过监控中心的信息对货物的动态情况进行跟踪和调度。ITS 借助电子识别系统与网络技术，使运输中的货物通过一个号码与其他信息加以区别，方便运输途中对时间和地点进行跟踪与监控。通过对货物的实时跟踪，能够准确获取货物的在途信息，并对贵重物品的运送进行监督与控制，有利于物流系统对货物的有效传送。

（4）提高物流配送效率

运用 ITS 后，物流配送中心、用货单位及交通监控中心的联系更加紧密，大大提高了信息反应速度，增强了供应链的透明度和控制能力，为物流过程中的信息流提供了通道，统一管理物流配送的可能性加大，提高了整个物流系统的效益和客户服务水平。ITS 在物流配送中的应用，能有效改善物流的配送效率，使快速响应、准时配送的优质服务成为可能。

5.2　目前集装箱运输管理中存在的问题

（1）货物盗窃严重

随着集装箱运输的快速发展，集装箱货物被盗问题日益凸显。据统计，全球因集装箱失窃造成的损失达 300 亿～500 亿美元，包括间接损失在内，全球每年的损失高达 2000 亿美元。

（2）集装箱识别精度低

在运输过程中，箱号是集装箱的唯一标识，集装箱交接同样也是以箱号为准。人工采集数据存在 35% 的错误率，而采用图像识别方式进行监管，则需要用 4～5 台摄像头同时拍摄，成本较高，且识别率仅为 80%～90%，在雨雾环境下，识别率会更低，从而影响整个供应链的效率。

（3）安全和效率冲突

港口运输模拟实验表明，当对集装箱的随机抽检率达到 5%时，港口就会陷入瘫痪；如果降低抽查率，又无法有效防止犯罪分子用集装箱走私或者运输违禁物品。大型的集装箱 X 光机虽能透视箱内货物，但透检一个集装箱就需要 5 分钟，每天满负荷也只能透检 240 个，而且 X 光机不能完全辨别出违禁品，仍需要靠人工肉眼检查、核实，这又降低了可靠性。

5.3 "3G 技术"在货物运输防盗中的应用研究

5.3.1 "3G 技术"的概念

（1）地理信息系统

地理信息系统（Geographic Information System，GIS）是为了获取、储存、显示、查询定位数据而建立的计算机数据库管理系统，它既能将所需要的信息和资料直观、形象地在电子地图上以图形或表格的形式显示出来，为卫星定位提供良好的地图环境，也能将空间信息与属性信息的处理完美结合起来，以直观的方式显示车辆的位置和状态等。

（2）全球定位系统

全球定位系统（Global Positioning System，GPS）是利用分布在约 2 万公里高空的多颗卫星对地面目标的状况进行精确测定以进行定位、导航的系统，它主要用于船舶和飞机导航、对地面目标的精确定时和精密定位、地面及空中交通管制、空间与地面灾害监测等。21 世纪以来，全球定位系统在物流领域得到越来越广泛的应用。

（3）全球移动通信系统

全球移动通信系统（Global System for Mobile Communication，GSM）是目前国内覆盖最广、可靠性最高、容量最大、保密性最强的数字移动蜂窝通信系统。GSM 作为物流配送系统的无线数据传输平台，确保了报警信号和数据传输通道的可靠性。车辆终端上的 GPS 接收机在获取车辆的实际位置、速度、运行方向等信息后，经过处理，再通过 GSM 网络传送到运输调度中心，运输调度中心可以对车辆进行管理、调度和控制。

"3G 技术"并非简单地指 GIS、GPS、GSM 三项单独的技术，而是以 GIS、GPS、GSM 为代表的技术的统称和它们之间相互集成所产生的新技术。

"3G 技术"集成的核心在于 GIS 可以作为基础的信息系统平台，具有可视化、地理分析、空间分析、数据库统一管理等优势；GPS 可以根据具体的应用需要，实时获取不同精度的目标位置信息；GSM 可以实现大范围的数据传输。这三项技术的集成，可以有效地实现对运输车辆实时动态的追踪与监控。

5.3.2 "3G 技术"的应用

在货车和货物上贴上 RFID（射频识别）标签，并且每辆货车配备 GPS 接收机和车载 GSM 信息终端，发货时，将货车、货物的基本信息通过 RFID 读写器存入其中，同时将司机的身份信息存入其中。由于我国第二代居民身份证应用了 RFID 技术，增加了一枚指甲盖大小的非接触式 IC（集成电路）芯片，将持证人的照片和身份内容等信息数字化后加密存入芯片，这些信息可以经过终端读卡器判读，所以，可以通过终端读卡器直接将司机的身份信息存入运输调度中心信息数据库中，非常方便。

与此同时，RFID 读写器全部在运输货物的车辆上。在运输途中，RFID 读写器每隔一段固定的时间就会以一定的频率自动扫描货车和货物的 RFID 标签，并将扫描的信息存入车载 GSM 信息终端，同时，通过 GPS 获得的车辆位置信息也存入车载 GSM 信息终端，司机也要将其身份信息通过终端读卡器存入车载 GSM 信息终端，再通过 GSM 将所有采集的信息传回运输调度中心信息数据库中。

GIS 作为基础的信息系统平台，统一管理运输调度中心信息数据库，将收集的信息与数据库中存在的原始信息进行比较，包括司机和货车的信息是否匹配、货车和货物的信息是否匹配，一旦三者之间有任何不匹配的情形，就说明该车的货物出现了问题，必须采取紧急应对措施。如果信息完全匹配，则将新的车辆位置信息存入运输调度中心信息数据库中。通过不断地扫描修正，运输调度中心可以掌握货物和货车的实时信息。

5.4 实训检验

选择相应的物流场景，如配送中心，根据其地理区位、功能定位、吞吐量等要素，利用本课程的知识进行相应的设施设备选择与配置。

6 物流技术与设备的发展趋势

近年来，电商、服装、汽车、家电、家居建材等众多行业对物流技术与设备的需求旺盛，其特点各有不同。电商行业全面发展智慧物流；服装行业商业模式的变革倒逼服装企业加速推进全渠道物流系统变革；汽车行业积极探索智能制造，供应链上下游物流升级；家电行业加速对工厂智能物流系统的建设；家居卖场、家具制造企业加快向定制化、电商化发展，推动了物流自动化、信息化、智能化升级。

其中，电商行业是目前最大的物流技术与设备市场的需求热点。因为随着电商及快递物流的快速发展，物流自动分拣系统迎来高速增长期，与此同时，分拣设备逐步向传统商贸领域渗透。目前国内物流分拣设备行业处于高速发展阶段，随着行业发展政策的促进、应用需求的增长和相关技术的不断突破，物流分拣设备行业逐渐向标准化、高科技化、国际化方向发展、提升。

7　实训小结

7.1　主题内容

物流设施设备的发展趋势。

7.2　实训报告要求

学生的实训报告以报告的形式进行，内容以导入案例和扩展阅读的内容为基础。实训报告可以分组或单独完成，分析物流运输管理中技术的应用，掌握"3G 技术"在货物运输防盗中的应用研究等。

7.3　考核要求

本次实训的考核成绩按平时成绩的 30％ 与实训报告考核成绩的 70％ 评定。实践教学环节采取现场实习形式，结合必要的讲解、讨论，由学生写出实训报告，并将该报告作为学生本课程学习成效的重要依据。

8　扩展阅读

1. 移动互联网技术的发展历程

2G，即第二代移动通信技术，传输速率约为 150Kbps，折合下载速度 15K/s～20K/s；3G，即第三代移动通信技术，传输速率为 1Mbps～6Mbps，折合下载速度 120K/s～600K/s；4G，即第四代移动通信技术，传输速率为 10Mbps～100Mbps，折合下载速度 1.5M/s～10M/s；5G，即第五代移动通信技术，传输速率约为 20Gbps，折合下载速度 2.5G/s。

从以上数据可以看出，从 2G 过渡到 3G，传输速率大约增长了 30 倍；从 3G 过渡到 4G，传输速率大约增长了 17 倍；从 4G 过渡到 5G，传输速率大约增长了 256 倍。

5G 通过电磁波的方式通信，电磁波具有频率越高，波长越短，速率越快，传输能力越差的特点。在这里传输速率和传播能力形成相互制约的关系。如果纯粹追求传输速率的提升，那么理论上把电磁波的频率提高就可以了。

5G 的应用场景：增强型移动宽带、超可靠低时延通信和海量机器类通信。也就是说，5G 可以给用户带来更高的宽带速率，更低、更可靠的时延和更大容量的网络连接。

增强型移动宽带具备更大的吞吐量能给用户带来低延时以及更一致的体验。5G 增强型移动宽带主要体现在以下领域：3D 超高清视频远程呈现、可感知的互联网、超高清视频流传输、高要求的赛场环境、宽带光纤用户以及虚拟现实领域。

与超可靠低时延通信联系比较紧密且热门的概念是自动驾驶。设想一下，如果没有5G网络的保证，谁敢使用自动驾驶？一旦网络卡顿，就有可能发生交通事故。

海量机器类通信，即互联网的时代就是基于人和人、人和物之间的通信，5G通信能更好地服务于物联网时代。

2. 射频识别技术及应用

射频识别（RFID）技术是非接触式自动识别技术的一种。最基本的RFID系统由电子标签、阅读器和天线三部分组成。但所有的阅读器在功能原理上和设计构造上都很相似。所有阅读器均可简化为高频接口和控制单元两个基本模块。高频接口包含发送器和接收器，其功能包括产生高频发射功率以起动射频卡并提供能量；对发射信号进行调制，将数据传送给射频卡，接收并解调来自射频卡的高频信号。

RFID技术的应用范围如下。防伪识别：身份证件、社会福利卡、护照的真伪识别。门禁管制：人员出入门禁监控、管制及考勤管理。回收资产：托盘、货柜、台车、笼车等可回收容器管理。货物管理：航空运输的行李识别，存货、物流运输管理。物料处理：工厂的物料清点、物料控制系统。废弃物处理：垃圾回收处理、废弃物管控系统。医疗应用：医院的病历系统、危险生化物品管理。交通运输：高速公路的收费系统。防盗应用：超市、图书馆或书店的防盗管理。动物监控：畜牧动物管理、宠物识别、野生动物生态追踪。自动控制：汽车、家电等的组装生产。票证管理：大型活动的门票、多用途的智能型储值卡的管理等。

物流配送中电子标签的分类如下：依据电子标签是否附加电池可分为被动式电子标签和主动式电子标签；依据内存读写功能可分为只读电子标签、仅能写入一次可多次读取的电子标签、可重复读写电子标签；依据使用频率的不同可分为频段范围为10kHz～<1MHz的低频电子标签、频段范围为1MHz～<400MHz的高频电子标签、频段范围为400MHz～<1GHz的超高频电子标签、频段范围为1GHz以上的微波电子标签。

根据《中国射频识别（RFID）技术政策白皮书》和产品电子代码的相关标准，可知被动式超高频电子标签是商品大规模运用的最佳选择之一。随着该类标签的批量生产，其成本也开始大幅下降，标准规格的标签在国内的销售价格已降至2元以内。经过实测，这种标签使用固定式大功率的阅读器时，阅读距离为7～8米，使用手持式阅读器阅读时，阅读距离也能达到近2米。加之其传输速率快、设计合理的防冲突机制，可以同时进行大量标签的读取与辨识、可反复擦写。目前被动式超高频电子标签已在商品物流配送环节中逐步成为市场的主流。

低频RFID系统主要应用在门禁管理、动物跟踪、生产线自动化及过程控制领域。高频RFID系统主要应用在车辆识别、高速公路收费、大宗货物跟踪和监控领域。下一阶段，RFID技术将进入物流领域，逐步替代商品条码，并与因特网结合形成物流网。

3. RFID 在集装箱上的应用实例

集装箱安全倡议（CSI）是美国为确保进港集装箱安全而创建的，其目的是降低美国遭受恐怖袭击的风险。所有输美集装箱将安装电子封条，通过数据读取仪从电子封条上获取数据，然后实时传送到特设的信息平台。当集装箱受到损坏、运输线路变更或延迟送达等意外情况发生时，管理者可通过电脑、手机或 PDA（掌上电脑）迅速接收系统的自动报警。

4. 上海港集装箱电子标签两港一航示范

在上海至烟台的两港一航工业性示范中，结合内贸集装箱运输特点，RFID 系统采用了双频电子标签系统集成技术，标签内存储了集装箱和所装货物的信息，还可以自动记录箱门开关次数等相关信息。

5. 香港和深圳港口 RFID 投入商业运行

香港和深圳的港口已经配置了射频识别设备，并正式投入商业运行。该项目的技术提供商运营着一个全球信息网络，该网络运用有效的射频识别设备和软件为承运商提供其海上货运集装箱及物品的位置和安全状况方面的信息。

6. 韩国政府实施的智能箱计划

这项被称为"RFID 海运物流"的项目，其目标是通过 RFID 技术方案加强韩国国际贸易的高效性和安全性。安装了智能标签和传感设备的智能集装箱，在运输安全系统软件的监控下从韩国釜山港运往美国西海岸和欧洲主要港口。这个项目将使用多个主动 RFID 产品，包括一个电子封条、一个支持 RFID 的传感器封条，可以贴在集装箱上，能够随时将集装箱的关键信息，如位置、安全状况、温度和湿度的变化传输至读取器网络，人们就可以监控供应链中的集装箱。

9 复习与思考

（1）简述智能运输系统在未来交通运输领域中的应用趋势。

（2）简述 5G 技术对物流技术与设备的影响。

（3）简述 RFID 技术及其应用前景。

项目二 物流运输线路设施设备

任务一 公路运输设施设备

1 导入部分

1.1 导入案例

上海运通物流有限公司运输设备相对齐全，操作程序规范，年营业额已超过千万元。公司经营全国公路运输，货运配载业务，现已开通珠江三角洲至全国各地的货运专线。其地址为上海市宝山区宝杨路××号，业务负责人是张辉。

上海众联工艺品公司位于闵行区春都路××号，2010 年 10 月 2 日委托上海运通物流有限公司运送 40 件精美玉雕产品，总重量 2 吨，内包装为纸箱，外包装为木箱，木箱规格为 120cm×80cm×60cm，每件货物价值 5 万元。联系人为海林。

托运方要求在运输、装卸过程中避免货品跌落和碰撞，预计送达时间 2 天。货物保险由承运方办理，按照货物总价的 1.5 倍投保，保险费为投保金额的 0.5%，由保险公司承保。收货人为广西柳州工美商场，收货地址为广西柳州市顺德区容桂大道××号，联系人为李通达。

10 月 5 日上海运通物流有限公司接到一单从广西南宁运往上海的返程任务。托运人为南宁农产品加工公司，位于南宁市安吉大道××号，联系人为李海涛。运输的货物为麻袋包装的籽棉，数量共 60 袋，体积为 1.5 立方米/袋，毛重为 0.08 吨/袋，外包装纸箱规格为 1m×1m×1.5m，总价值 3 万元。收货人为上海好佳服饰公司，联系人为宇文。托运方要求在运输、装卸过程中防火防潮。货物保险由承运方办理，按照货物总价的 1.1 倍投保，保险费为投保金额的 0.5%，由保险公司承保。

普通货物基础运价（以一等货物为基数）为 0.5 元/吨·千米，二等货物、三等货物运价逐级增加 10%。普通货物装卸费为 9 元/吨，贵重易碎物品装卸费为 120 元/吨。单程空驶损失费为运费的 40%。自行查询货物等级、城市间计费里程，精确到个位。计费重量如表 2-1-1 所示。

表 2-1-1　　　　　　　　　　　　　　计费重量

计费形式	整批货物	零担货物
一般货物	以吨为单位，吨以下计至 100 千克	计费重量为 1 千克
轻泡货物	按车辆标记吨位计算	1 立方米折合为 333 千克

问题：

1. 自行设计并填制货物托运单，未知条件自拟。

2. 分别计算这两批货物的公路运费。

1.2　相关评论

道路运输工程项目施工组织设计是从工程施工全局出发，根据工程的特点和设计图纸，按照工程项目的客观规律及项目所在地的具体施工条件和工期要求，统筹考虑施工活动中人工、材料、机械、资金和施工方法五大要素，对全部工程的施工工艺、施工进度和相应的资源消耗做出科学合理的安排，为施工生产活动的连续性、协调性、均衡性和经济性提供最优方案，以最少的资源消耗取得最大的经济效益而编制的指导性文件。它起着指导施工准备工作、全面布置施工活动、控制施工进度、进行劳动力和机械调配的作用，同时对施工活动各环节的相互关系及与外部的联系、确保正常的施工秩序起着有效的协调作用。

2　实训目标

掌握公路货物托运单的填制方法及公路运费的计算方法。

3　实训步骤与方法

3.1　了解

通过本课程的学习，初步了解公路运输场站的整体布局与设施设备的概况。

3.2　掌握

从知识点入手，以公路运输场站为线索进行讲授，辅以具体设施设备的图片，让学生掌握流程中的设施设备状况。

3.3　报告

辅以材料的阅读，最终以实训报告的形式巩固和提升学习效果。

4　学生互动参与设计

4.1　导入案例分析

在进行导入案例分析时，根据内容提示，要求学生参与互动，探究导入案例提出的问题，并提供解决方案。

4.2　公路运输设施设备的选择

对不同类别、规模的公路运输场站，就其生产工艺与设备选择的问题，要求学生讨论，提出相应的方案并说明理由，这也可以作为学生实训报告的备选内容。

5　实训内容

5.1　公路运输场站的整体布局

公路运输场站的整体布局如图 2-1-1 所示。

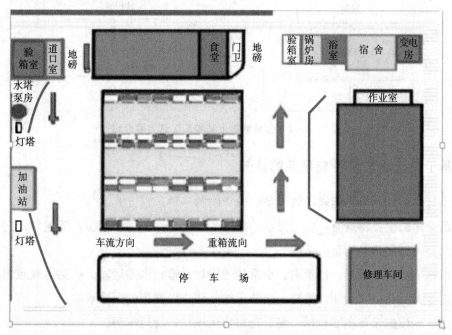

图 2-1-1　公路运输场站的整体布局

5.2 公路运输场站装卸工艺方案介绍

公路运输场站装卸工艺方案介绍如图 2-1-2 所示。

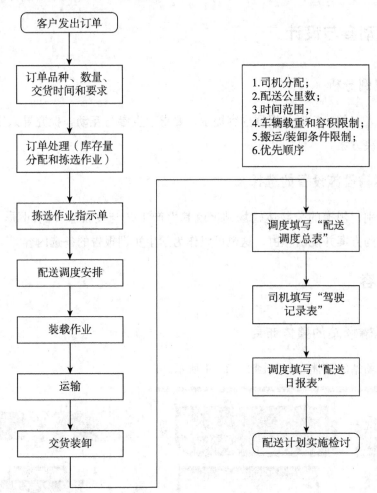

图 2-1-2 公路运输场站装卸工艺方案介绍

5.3 基于物流场景的设施设备的认知

公路运输是使用公路运输设施设备运送货物的一种运输方式。

公路运输的主要特点有：机动灵活；投资少，受自然条件限制少；能送货上门；作为铁路、水路、航空运输的集散运输。

公路运输的对象包括：近距离、小批量的货物运输；水路运输、铁路运输难以到达地区的长途、大批量货物运输；铁路、水路运输优势难以发挥的短途运输。

公路运输设施设备主要包括公路、公路货运场站、货运车辆。

5.3.1 公路

（一）公路的基本构成

公路的基本构成包括路基、路面桥梁、涵洞、排水系统、防护工程设施和交通服务设施。

（二）我国公路分级

1. 技术分级

公路技术等级划分的定量指标有交通量和行车速度。交通量是指每小时或每昼夜通过两地之间某公路断面处来往的实际车辆数。行车速度是指在保证行车安全的条件下，公路受限制部分所允许汽车达到的最高行驶速度。平均技术速度是汽车在公路上实际行驶的平均速度，一般为行车速度的 60%～90%。

我国公路技术分级有五个等级，分别是高速公路、一级公路、二级公路、三级公路、四级公路。

①高速公路为专供汽车分方向、分车道行驶，全部控制出入的多车道公路。高速公路的年平均日设计交通量宜在 15000 辆小客车以上。

②一级公路为供汽车分方向、分车道行驶，可根据需要控制出入的多车道公路。一级公路的年平均日设计交通量宜在 15000 辆小客车以上。

③二级公路为供汽车行驶的双车道公路。二级公路的年平均日设计交通量宜为 5000～15000 辆小客车。

④三级公路为供汽车、非汽车混合行驶的双车道公路。三级公路的年平均日设计交通量宜为 2000～6000 辆小客车。

⑤四级公路为供汽车、非汽车混合行驶的双车道或单车道公路。双车道四级公路的年平均日设计交通量宜在 2000 辆小客车以下；单车道四级公路的年平均日设计交通量宜在 400 辆小客车以下。

2. 我国公路路面结构设计使用年限

我国公路路面结构设计使用年限如表 2-1-2 所示。

表 2-1-2　　　　　　　　公路路面结构设计使用年限

公路等级		高速公路	一级公路	二级公路	三级公路	四级公路
设计使用年限（年）	沥青混凝土路面	15	15	12	10	8
	水泥混凝土路面	30	30	20	15	10

3. 选择公路技术等级的依据

选择公路技术等级的依据包括交通量调查或预测、公路网络整体规划。

（三）我国公路行政等级

公路按行政等级分为国道、省道、县道、乡道、村道和专用公路六级。国道是国家干线公路；省道是省、自治区、直辖市干线公路；县道是县级公路；乡道是乡村公路；村道是为农村生产、生活服务的公路；专用公路是工业专区、军事要地与外部联系的公路。

（四）高速公路的特点及主要设施与装备

1. 高速公路的特点

①封闭、全立交、严格控制出入（实行封闭型管理）。

②汽车专用、限速通行，保证营运管理唯一性。

③设中央分隔带，分道、分向行驶。

④具有完善的设施（安全、通信、监控、服务等）。

⑤车速高，设计时速达 120km，运输效率高。

⑥通行能力大，路宽、车道多、车流量和运输量大。

⑦行车安全，交通事故率低。

⑧运输成本低，燃油与轮胎消耗低。

2. 高速公路的主要设施与装备

外场设施包括应急电话、车辆检测器、气象检测器、可变情报板、可变限速板、可变标志牌和可调摄像机。机房设施包括主控台、系统管理软件和供电设施。

5.3.2 公路货运场站

（一）公路货运场站的主要功能

1. 运输组织功能

①对经营区内的货源、货流等进行调查和预测。

②掌握场站情况，提供场站管理、操作工艺决策。

③掌握运输车辆情况，确定车辆技术状况和维修标准。

④制订货物运输计划。

2. 中转和装卸储运功能

①货物中转、零担货物收存与发送、水路和铁路运输货物的中转、集装箱货物的分解发送。

②具备装卸车等设备。

③具有仓储设施与设备。

3. 中介代理功能

①为服务区内各单位和个体代办各种货运业务。

②为货主和车主提供双向服务，选择最佳线路。

③组织多式联运，实行"一次承运，全程服务"。

4. 通信服务功能

①对中近期货物的流量、流向、流时进行统计，为货运场站的组织管理提供依据。

②掌握车流和货源信息、货物运距和批量、优化运输方案，合理安排中转、堆存，及时调整和安排车辆等。

③提供开放性服务，提供货物流量、流向、流时和仓储信息。

④向车主、货主提供配载信息，作为车主、货主中间的桥梁。

⑤辅助服务功能。

（二）公路货运场站的类型

1. 整车货运站

整车货运站是指从事货运商务作业（托运、承运、结算等）的场所，主要经办大批量货物的运输。整车货运站具有以下特点。

①整车货运站是运输企业调查、组织货源、办理货运业务等商务作业的代表机构。

②承担货运车辆在站内的专用场地停放和保管作业。

③一般不提供仓储设备，主要提供运力。

④采用大型载货汽车和高生产率的装卸机械。

2. 零担货运站

零担货运站是专门经营零担货物运输的公路货运场站。零担货物是一次托运计费质量不到 3t，单件不超过 200kg，体积不超过 1.5m³ 的货物。零担货物具有以下特点。

①多为货主自行运货到站或由货运站业务人员上门办理手续，货运计划性差。

②站内业务工作量大而复杂。

③对货运站的设施建设要求高。

④货运站和设施设备应满足零担货运的要求。

3. 集装箱货运站

集装箱货运站是主要承担集装箱中转运输任务的货运站。集装箱货运站具有以下功能及特点。

①港口、火车站与货主之间的门对门运输。

②中转集装箱的拆箱、装箱、仓储、接送。

③空、重集装箱的装卸、堆放和集装箱的检查、清洗、消毒、维修。

④车辆、设备的检查、清洗、维修和存放。

⑤代办报关、报检等货运代理业务。

5.3.3　货运车辆

汽车指由动力装置驱动，具有四个或四个以上车轮的非轨道无架线的车辆。货运汽车指装载货物的汽车，又称载货汽车或卡车。

（一）汽车的产品型号

传统汽车型号由下列要素组成。

①企业名称代号：用两个或三个汉语拼音表示。

②车辆类型代号：用一位数字表示车辆分类。

③主参数代号：用两位数字表示车辆主要特性参数，一般为车辆总质量（t）。

④产品序号或企业自定代号：是生产顺序号或企业补充代号。

（二）货运汽车的类型

1. 按用途和使用分类

按用途和使用分类，货运汽车可分为普通货运汽车和专用货运汽车。普通货运汽车指具有栏板式车厢，用于运载普通货物的汽车。专用货运汽车是有专用设备、具备专用功能、承担专门运输任务的汽车，如汽车列车、厢式货车、冷藏保温车、罐式车、自卸车等。

2. 按最大总质量分类

按最大总质量分类，货运汽车可分为微型货车、轻型货车、中型货车和重型货车。微型货车的最大总质量不超过 1.8t；轻型货车的最大总质量为 1.8～6t；中型货车的最大总质量为 6～14t；重型货车的最大总质量在 14t 以上。

（三）汽车的基本构造

汽车由发动机、汽车底盘、汽车车身和汽车电气设备四部分组成。

1. 发动机

发动机即内燃机动力装置，是将燃料燃烧产生的热能转变为机械能，向车辆提供运行动力的装置。发动机总体构造如图 2-1-3 所示。根据所用燃料的不同分为汽油机和柴油机两大类。

汽油机由两大机构、五大系统组成。两大机构指曲柄连杆机构和配气机构。五大系统指燃料供给系统、冷却系统、润滑系统、起动系统、点火系统。

柴油机没有点火系统，由两大机构、四大系统组成。其原因是汽油机属于点燃式内燃机，而柴油机属于压燃式内燃机。

发动机各组成部分的作用如下。

①曲柄连杆机构：发动机的骨架，保证安装在其上的各部件有正确的工作位置，实现热能向机械能的转换。

②配气机构：保证新鲜可燃混合气（汽油机）或纯净的空气（柴油机）及时进入气缸，废气及时排出气缸。

③燃料供给系统：保证定时定量地向发动机提供合格的燃料，将废气进行处理并排出。

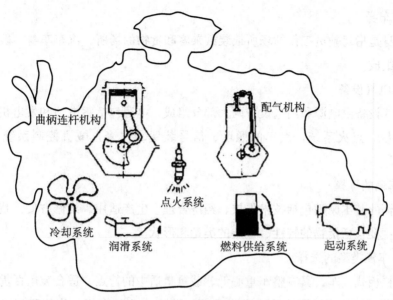

图 2-1-3　发动机总体构造

④冷却系统：冷却发动机受热部件，让发动机在最适宜的温度范围内工作（气体温度高达 1800～2000℃）。

⑤润滑系统：进行润滑、散热、清洗、保护、密封。

⑥起动系统：汽车起动时向发动机提供必需的外部动力，车辆上多采用电力起动，由蓄电池供电，起动机产生起动时所需的转矩，从而使发动机获得初始能量而旋转。

⑦点火系统：按照发动机的工作需要及时点燃气缸内的可燃混合气，使之迅速燃烧。

2. 汽车底盘

汽车底盘的基本作用是接受发动机的动力，保证汽车按照驾驶员的意愿正常行驶。汽车底盘由传动系、行驶系、转向系、制动系组成。

①传动系：由离合器、变速器、万向传动装置、主减速器与差速器、半轴等组成，接受发动机输出的动力，并将动力最终传递给驱动车轮。

②行驶系：主要由车架、车桥、悬架和车轮等组成，是汽车的组装基础，承受全车的重量及各种外力。

③转向系：使汽车能够按照驾驶员的意愿改变行驶方向，可分为机械转向系和动力转向系。机械转向系是以人的体力作为转向动力，所有的传动件都是机械部件；动力转向系是将发动机输出的部分机械能转化为压力能。

④制动系：能让汽车减速或停止，并保证汽车能可靠地停驻，包括行车制动装置（脚刹）；驻车制动装置（手刹），用于停车后的驻车（不溜车）；应急制动装置，行车制动装置的备用系统；安全制动装置，制动压力不足时，车辆不能起动；辅助制动装置，上坡时，减轻行车制动器的磨损，改善制动性能的热衰退。

3. 汽车车身

汽车车身是指驾驶员工作的场所或装载乘客和货物的场所。汽车车身一般由驾驶室和货箱两部分组成。

4. 汽车电气设备

汽车电气设备由电源和用电设备两大部分组成。电源包括蓄电池和发电机。用电设备包括起动系统，点火系统，汽车的照明、信号装置和仪表，微机控制系统和人工智能装置。

（四）车辆的选择

选配车辆的基本原则包括技术先进、经济合理、生产适用、维修方便。货运车辆类型的选择依据主要包括货物的特性、包装的类型和形状。

1. 货运车辆类型的选择

①普通栏板式货车：具有整车重心低、载重量适中的特点，适合装运百货。

②厢式车：具备全封闭的厢式车身和便于装卸作业的车门，货物可以免受风吹、日晒、雨淋，能防止货物散失、丢失，安全性好，能实现"门到门"的运输。

③自卸车：可自动后翻或侧翻卸货，动力大，通过能力较强，主要用于矿山和建筑工地。

④罐式车：装有罐状容器，密封性强，一般用于运送易挥发和易燃货品、危险品及粉状物料等。

⑤汽车列车（见图2-1-4）：一辆汽车与一辆或一辆以上挂车的组合，主车是汽车列车的驱动车节，挂车是被主车牵引的从动车节，具有快速、机动灵活、安全等特点，主要用于区段运输、甩挂运输、滚装运输等。

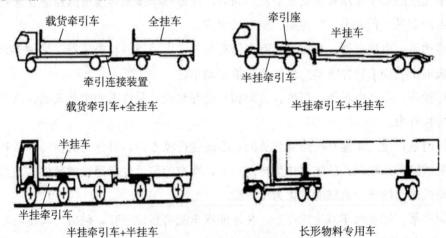

载货牵引车+全挂车　　　　　半挂牵引车+半挂车

半挂牵引车+半挂车　　　　　长形物料专用车

图2-1-4　汽车列车的类型

⑥冷藏保温车：具有制冷和保温设备的车辆，用于运输对温度、湿度有特殊要求的

货物。

⑦集装箱运输车：运输集装箱的专用汽车，具有简化装卸作业过程、节省包装材料、减少货差货损、降低运输成本的特点。

2. 发动机的选择

发动机的转速特性是指发动机扭矩、功率和燃油消耗率随转速的变化规律。对汽油机而言，外特性是指节气门全开时的转速特性；部分特性是指节气门部分开启时的转速特性。对柴油机而言，外特性是指油门调节机构固定在标定循环供油量位置时的转速特性；部分特性是油门调节机构固定在小于标定循环供油量位置时的转速特性。

3. 评价发动机性能的指标

①动力能指标。

动力能指标一般包括车辆的有效扭矩、有效功率和升功率。

有效扭矩（M_e）是发动曲轴对外输出的扭矩（由测功器测得）。有效功率（P_e）是发动曲轴对外输出的功率，具体计算公式如下：

$$P_e = M_e \times n / 9550 \ (\text{kW})$$

其中：n 为发动机转速。

升功率（P_I）是每个升气缸工作容积所发出的有效功率，具体计算公式如下：

$$P_I = P_e / iVh \ (\text{kW})$$

其中：iVh 为气缸工作容积。

②经济性指标。

经济性指标一般指车辆的有效耗油率。有效耗油率（G_e）是发动机每小时输出功率所消耗的燃油质量，具体计算公式如下：

$$G_e = 1000 G_T / P_e \ (\text{g/kW} \cdot \text{h})$$

其中：G_T 为发动机工作每小时的耗油量。

4. 车辆使用性能的选择

车辆使用性能是指车辆在一定条件下表现出来的最大工作效能。评价车辆使用性能的指标有动力性、加速能力、燃料经济性、行驶安全性、操纵稳定性、舒适性、通过性和环保性。

①动力性。

动力性指标一般通过车辆的最高车速反映。最高车速指汽车满载、全功率在无风及良好水平路面上的最大行驶速度。

②加速能力。

加速能力指标一般通过车辆的原地起步加速时间、超车加速时间和爬坡能力反映。原地起步加速时间指在良好平直的水泥或沥青路上，汽车满载、用一挡或二挡起步，以全油门加速，在发动机最大功率转速时换挡，直到车速达到最高车速的 80% 以上时所用的时间。超车加速时间指满载、用最高挡，从稍高于该挡最低稳定车速的某一低车速加速到某一高车速所需的时间。爬坡能力指汽车满载、在良好的水泥或沥青路上，各挡能爬过的最大坡度或最大坡道角。

③燃料经济性。

燃料经济性指车辆以最小的燃油消耗量完成单位运输工作的能力。燃料经济性指标通过以下数据反映：对相同载重量的车辆用每百公里燃油消耗量表示；对不同载重量的车辆用每完成 100 吨公里货物周转量所消耗的燃油量表示。

④行驶安全性。

行驶安全性指标一般通过车辆的主动安全性和被动安全性反映。主动安全性指车辆本身具有的防止或减少道路交通事故的能力。被动安全性指车辆发生交通事故时，本身具有的减轻人员伤亡和货物受损的能力。

⑤操纵稳定性。

操纵稳定性指车辆保持按给定方向行驶的能力，一般通过车辆的操纵性和稳定性反映。操纵性指车辆按驾驶员给定方向行驶的能力。稳定性指在外界干扰作用下车辆保持稳定行驶的能力。

⑥舒适性。

舒适性一般指车辆的行驶平顺性。行驶平顺性指车辆对路面不平和冲击的敏感性。

⑦通过性。

通过性指车辆通过各种障碍路面的能力。

⑧环保性。

环保性指车辆运行时对周围环境产生不利影响的程度。

5. 车辆的排气污染物

汽油机的排气污染物包括一氧化碳、碳氢化合物和氮氧化物。柴油机的排气污染物包括氮氧化物、碳和烟。

6. 汽车质量参数的选择

①整车装备质量：车辆装备全部完成的质量，包括所有机械质量、电气设备和燃润料质量及备件质量。

②厂定最大总质量：车辆满载时的总质量，包括整车装备质量、最大装载质量和驾驶员质量。

③最大装载质量：厂定最大总质量与整车装备质量之差。

④最大轴载质量：车辆单轴所能承受的最大质量。

7. 汽车尺寸参数选择

汽车尺寸参数包括车长 L，车宽 B，车高 H，轴距 L_1、L_2，轮距 A_1、A_2，前悬 S_1，后悬 S_2，两侧轮胎内缘间距 b，最小离地间隙 C，接近角 α_1，离去角 α_2。汽车尺寸参数具体如图 $2-1-5$ 所示。

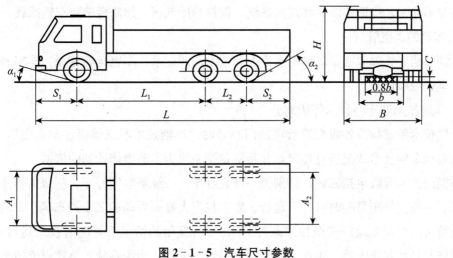

图 2-1-5　汽车尺寸参数

（五）车辆管理

车辆管理的总体要求是为运输和配送活动提供性能优良、高效低耗的运输车辆，并保证其先进性和适用性。

车辆管理的内容包括车辆的经济管理和车辆的技术管理。车辆的经济管理是对车辆价值运动形态的管理。车辆的技术管理是对车辆物质运动形态的管理。

车辆的技术管理主要包括：车辆的正确使用；车辆技术鉴定与技术等级划分；车辆技术经济定额评价指标的确定；车辆的检测、维护与修理；车辆的更新与报废。

1. 车辆的正确使用

（1）车辆在一般条件下的使用

企业应按"技术合理、经济合算、安全可靠"的原则，拖带挂车，科学地组织车辆运行。

（2）车辆在走合期的使用

车辆走合期是指新车或经大修出厂的汽车，在运行 $1000\sim1500km$ 行程的期间。车辆在走合期应按额定载重量减载 $20\%\sim25\%$，严禁拖挂；车速应控制在 $40\sim50km/h$；应做好日常维护，运行约 $500km$ 后进行一次养护，换润滑油；走合期满，参照二级维护作业项目进行一次走合维护。

（3）车辆在低温条件下的使用

在低温条件下，车辆应进行换季保养，包括保温、防滑、防冻胀（润滑油、制动液、冷却水）养护。

（4）车辆在高温条件下的使用

在高温条件下使用车辆应调整好轮胎气压。

（5）车辆在无路或坏路条件下的使用

路况不佳时，应调整制动和点火系统；保持轮胎气压、加防滑链；车辆减载。

2. 车辆的档案管理

车辆的档案管理包括：车辆基本情况和技术性能记录；车辆运行记录；车辆检测维修记录；车辆肇事记录。

3. 车辆技术鉴定与技术等级划分

车辆技术鉴定指按各级交通管理部门制定的"车辆技术状况等级鉴定规定"，由鉴定小组对营运车辆技术状况进行鉴定，并将鉴定结果作为车辆维修计划的依据。

车辆的技术等级包括四级，分别为一级完好车、二级基本完好车、三级需修车和四级停驶车。一级完好车是随时可投入运行、处于规定大修间隔期的 2/3 的车辆。二级基本完好车是符合《机动车运行安全技术条件》，在有所保留的情况下可随时投入运行的车辆。三级需修车是即将送大修、正在大修或即将更新的车辆。四级停驶车是要报废的车辆。

4. 车辆技术经济定额评价指标的确定

车辆技术经济定额评价指标包括行车燃料消耗定额、轮胎行驶里程定额、车辆维护与小修费用定额、车辆大修间隔里程定额、发动机大修间隔里程定额、车辆大修费用定额、完好车率、小修频率、轮胎翻新率、车辆新度系数、车辆平均技术等级。

①行车燃料消耗定额：车辆行驶百公里或完成百吨公里所消耗的燃料限额。

②轮胎行驶里程定额：新轮胎从开始使用，经翻新至报废的总行程限额。

③车辆维护与小修费用定额：每行驶一定里程耗用的维护与小修工时及物料费用限额。

④车辆大修间隔里程定额：新车至大修或大修至大修之间的行驶里程限额。

⑤发动机大修间隔里程定额：新发动机至大修或大修至大修之间车辆运行的里程限额。

⑥车辆大修费用定额：车辆大修所耗工时和物料总费用的限额。

⑦完好车率：完好车日与总车日的比率。

⑧小修频率：每千车公里进行小修的次数。

⑨轮胎翻新率：统计期内翻新使用后报废的轮胎数与全部报废轮胎数的比率。

⑩车辆新度系数：年末企业全部车辆固定资产净值/年末企业全部车辆固定资产原值。

⑪车辆平均技术等级：（一级完好车辆数×1＋二级基本完好车辆数×2＋三级需修车辆数×3＋四级停驶车辆数×4）/各级车辆之和。

5. 车辆的检测、维护与修理

(1) 车辆的检测

车辆的检测指采用先进的检测仪器，在车辆不解体的前提下，确定车辆的技术状况、工作能力、故障部位和原因。

车辆检测的内容包括安全性检测、可靠性检测、动力性检测、经济性检测和环保性检测。安全性检测包括制动、侧滑、转向、前照灯等的检测；可靠性检测包括异响、磨损、变形、裂纹等的检测；动力性检测包括速度、加速能力、输出功率、点火系统等的检测；经济性检测是燃料消耗率检测；环保性检测是排气成分及噪声检测。

(2) 车辆的维护

车辆的维护可分为定期维护、季节性维护、走合期维护三类。定期维护是按规定的运行间隔里程实施的维护，又可分为日常维护、一级维护和二级维护三种。季节性维护是在季节变化时实施的维护。走合期维护是在走合期满时实施的维护。定期维护的中心内容包括：日常维护是以清洁、检查和补给为中心；一级维护是以清洁、润滑和紧固为中心；二级维护是以检查和调整为中心。

(3) 车辆的修理

车辆修理的目的是恢复车辆已丧失的工作能力，以保证其在安全、可靠、低耗的状态下完成生产任务。

车辆必须执行"视情修理"的原则。视情修理即以车辆实际技术状况为基础、以车辆检查诊断为保证，体现技术与经济相结合的修理制度。

6. 车辆的更新与报废

车辆的更新指以同样性能或性能更先进的新车代替现用车辆的活动。车辆的更新分为报废性更新和非报废性更新。报废性更新指车辆物质寿命已完结。非报废性更新指车辆经济或技术寿命已完结。

车辆的报废指不能修复或无修复价值的车辆的报废。车辆报废的程序包括申请、待批、证件注销、回收处理。

(六) 公路货物运输常见类型

1. 按运输组织方法分类

按运输组织方法分类，公路货物运输分为零担货物运输、整批货物运输和集装箱运输三类。

(1) 零担货物运输。

托运人一次托运货物计费重量 3t 及以下的，为零担货物运输。

(2) 整批货物运输。

托运人一次托运货物计费重量 3t 以上或虽不足 3t，但其性质、体积、形状需要占用一整辆汽车运输的，为整批货物运输。

（3）集装箱运输。

以集装箱为容器，使用汽车运输的，为集装箱运输。按不同分类标准，集装箱运输又可分为以下几种。

①国际集装箱运输和国内集装箱运输。

②标准集装箱运输和非标准集装箱运输。

③普通集装箱运输和特种集装箱运输（危险、冷藏保温和罐式集装箱运输）。

④整箱运输和拼箱运输。

⑤用托运人的集装箱进行的运输和用承运人的集装箱进行的运输。

⑥用单车形式车辆进行的集装箱运输和用牵引车加挂半挂车的列车组合形式进行的集装箱运输。

2. 按运输速度分类

按运输速度分类，公路货物运输分为普通货物运输和快件货物运输。

在规定的时间内将货物运达目的地的，为快件货物运输；应托运人要求，采取即托即运的，为特快件货物运输。

3. 按运输条件分类

按运输条件分类，公路货物运输分为一般货物运输和特种货物运输。特种货物运输又可以分为以下几种。

（1）大型特型笨重物件运输。

因货物的体积、重量的要求，需要大型或专用汽车运输的，为大型特型笨重物件运输。

（2）危险货物运输。

危险货物运输是专门的组织或技术人员对危险货物（如易燃易爆危险品）使用特殊车辆进行的运输。

（3）鲜活货物运输。

鲜活货物运输指易腐货物、活动物和有生植物等的运输。其运输条件主要有以下要求。

①托运需冷藏保温的货物，托运人应提出货物的冷藏温度和在一定时间内的保持温度要求。

②托运鲜活货物，托运人应提供最长运输期限及途中管理、照料事宜的说明书。货物允许的最长运输期限应大于汽车运输能够达到的期限。

③运输途中有需要饲养、照料的动物、植物时，托运人必须派人押运。

4. 按运输车辆分类

按运输车辆分类,公路货物运输分为普通车辆运输和特种车辆运输。

凡由于货物性质、体积或重量,需要大型汽车、挂车(核定载重吨位为 40t 及以上的)和罐式车、冷藏车、保温车等车辆运输的,为特种车辆运输。

5. 按经营方式分类

按经营方式分类,公路货物运输分为公共货物运输、契约货物运输、自用货物运输和汽车货运代理经营的货物运输。

(1)公共货物运输。

公共货物运输是以整个社会为服务对象的专业性公路货物运输,其经营方式主要有定期定线运输、定线不定期运输、定区不定期运输、出租汽车货运和搬家货物运输。

(2)契约货物运输。

契约货物运输是指按照承托双方签订的运输契约进行货物运输。

(3)自用货物运输。

自用货物运输是指企业专为运送本单位的货物,一般不对外营业。

(4)汽车货运代理经营的货物运输。

汽车货运代理经营的货物运输是指汽车货运代理作为中间人一面向货主揽货,另一面向运输公司托运,借此收取手续费和佣金。

6. 按运输方式的多少分类

按运输方式的多少分类,公路货物运输分为单一方式运输和公路参加的多式联运。

7. 按货物装卸责任分类

按货物装卸责任分类,公路货物运输分为由托运人或收货人自理(或负责)装卸车的货物运输和由承运人负责装卸车的货物运输。

8. 按货物是否参加保价运输或运输保险分类

按货物是否参加保价运输或运输保险分类,公路货物运输分为货物保价运输、货物保险运输和既未保价也未保险的货物运输。

5.4 实训检验

选择相应的公路运输场站,根据场站的地理区位、功能定位、吞吐量等要素,利用本课程设施设备的知识进行公路运输场站设施设备的配置。

6 实训小结

6.1 主题内容

基于物流场景的公路运输设施设备的应用。

6.2　实训报告要求

学生的实训报告以报告的形式进行，内容以导入案例的内容为基础。实训报告可以分组或单独完成，选取涉及公路运输设施设备的相关主题。

6.3　考核要求

本次实训的考核成绩按平时成绩的 30％ 与实训报告考核成绩的 70％ 评定。实践教学环节采取现场实习形式，结合必要的讲解、讨论，由学生写出实训报告，并将该报告作为学生本课程学习成效的重要依据。

任务二 铁路运输设施设备

1 导入部分

1.1 导入案例

铁路运输综合实训

一、任务说明

新疆某种子公司 2019 年 12 月 15 日和乌鲁木齐火车站签订了一份运输合同。新疆某种子公司将 120 吨黄豆交给乌鲁木齐火车站运往郑州北站，收货人为河南省某种子公司。乌鲁木齐火车站 2019 年 12 月 15 日承运，配 2 辆 60 吨的棚车；编织袋计 2400 件，每件 50kg。装车后发站施封二枚，由乌鲁木齐火车站负责装车和施封，新疆某种子公司当即支付全部运杂费用。该批货物分三个车站分卸。

上述各公司的相关职员共同完成此次铁路货物运输的全过程。相关人员分配如下。

①托运人 1 人，A。

②承运人 2 人，1 人核对运单，B；1 人检查货物包装，C。

③验货过磅及堆码 1 人，D。

④运输中交接检查 1 人，E。

⑤收货人 1 人，F。

二、任务要求

（一）查阅相关资料，分析我国铁路运输的特点，列出适宜铁路运输的货物（至少列出 5 种）。

铁路运输具有如下特点。

（1）运输能力大

铁路适合长距离大宗货物的运输，特别是陆上长距离的运输。

（2）单位能耗小、运输成本较低

铁道线路的结构状态使运行阻力减小，故铁路运输的能耗比公路运输和航空运输低很多。

（3）运输速度较快

常规铁路列车的速度可达到 120km/h，准高速铁路可达 160km/h，高速铁路可达 200km/h，而磁悬浮列车的时速已达 600km/h。

（4）适应性较强

运用先进的科学技术，铁路几乎可以在任何需要的地方修建。此外，铁路在运营的过程中很少受地理和气候条件的影响。

（5）安全程度高

随着大量先进技术的出现及投入使用，铁路运输的安全程度也大大提高。

（6）基本建设投资大，周期长

铁路运输的缺点主要是投资大，建设周期长。适宜铁路运输的货物有煤、粮食、木材、钢材等。

（二）类比公路运输，分析铁路运输的流程并明确每个人的职责。

铁路运输的一般流程如下。

①双方签订铁路运输合同，达成运输意愿。

②托运人交付运费，收款人在运单上盖章。

③承运人审核运单，并由车站盖章受理。

④承运人将运单交给相应货区的货运员。

⑤货物装车后，托运人结清费用，领取"领货凭证"和"货票"（报销联）。

⑥货物运输途中，承运人应保证运输质量，必要时应进行交接检查和换装整理。

⑦货物到达前，承运人及时通知到站的代理人做好接货准备，并通知收货人及时领取货物。

⑧收货人凭"领货凭证"和相关证件到到站领取货物。

（三）查阅相关资料，了解铁路运输的计费方法，计算本次运输的运费。

（1）确定运价里程

根据《铁路货物运价里程表》算发站至到站的运价里程。

（2）确定运价号和运价率

根据货物运单上填写的货物名称查找《铁路货物运输品名分类与代码表》，确定适用的运价号。

（3）确定运价

将货物的发到基价加上运行基价与运价里程的乘积，即可算出铁路货物运输的运价。

整车货物每吨运价＝发到基价＋运行基价×运价里程

零担货物每 10 千克运价＝发到基价＋运行基价×运价里程

集装箱货物每箱运价＝发到基价＋运行基价×运价里程

（4）确定计费重量

①确定整车货物运输计费重量。

②确定零担货物运输计费重量。

③确定集装箱货物运输计费重量。

④核算附加费。

⑤核算杂费。

⑥核算费用总额。

本次运输费用的计算过程如下。

步骤一：经查《铁路货物运价里程表》，乌鲁木齐至郑州的营运里程为 3079 千米。

步骤二：经查《铁路货物运输品名分类与代码表》，黄豆的运价号为 2，对应的整车发到基价为 5.4 元/吨，运行基价为 0.0243 元/吨公里。具体内容如表 2-2-1 所示。

表 2-2-1　　　　　　　　　　铁路货物运价率

办理类别	运价号	发到基价		运行基价	
		单位	标准	单位	标准
整车	1	元/吨	4.6	元/吨公里	0.0212
	2	元/吨	5.4	元/吨公里	0.0243
	3	元/吨	6.2	元/吨公里	0.0284
	4	元/吨	7.0	元/吨公里	0.0319
	5	元/吨	7.9	元/吨公里	0.0360
	6	元/吨	8.5	元/吨公里	0.0390
	7	元/吨	9.6	元/吨公里	0.0437
	8	元/吨	10.7	元/吨公里	0.0490
	9	—		元/轴公里	0.1500
	冰保	元/吨	8.3	元/吨公里	0.0455
	机保	元/吨	9.8	元/吨公里	0.0675
零担	21	元/10 千克	0.087	元/10 千克公里	0.000365
	22	元/10 千克	0.104	元/10 千克公里	0.000438
	23	元/10 千克	0.125	元/10 千克公里	0.000526
	24	元/10 千克	0.150	元/10 千克公里	0.000631

办理类别	运价号	发到基价		运行基价	
		单位	标准	单位	标准
集装箱	1 吨箱	元/箱	17.4	元/箱公里	0.0329
	5.6 吨箱	元/箱	57.0	元/箱公里	0.2525
	10 吨箱	元/箱	86.2	元/箱公里	0.3818
	20 英尺箱	元/箱	161.0	元/箱公里	0.7128
	40 英尺箱	元/箱	314.7	元/箱公里	1.3935

步骤三：由于整车货物每吨运价＝发到基价＋运行基价×运价里程，所以此次运输的运价为：$5.4+0.0243×3079=80.2197$（元/吨）。

步骤四：整车货物运输时，一般按货车的标重计算运费，故本批货物的计费重量为120 吨。

本次运输费用＝$80.2197×120=9626.364≈9626.4$（元）（不足 1 角，四舍五入）。

（四）计算货物的运到期限。

①$T_发=1$ 天。

②$T_运=1$ 天。

③$T_特=3+2=5$（天）。

④$T_{运到期限}=5+1+1=7$（天）。

（五）查阅相关资料，填写铁路运单和货票。

本次铁路运输相关运单如图 2-2-1、图 2-2-2 所示，相关货票如图 2-2-3 所示。

1.2 相关评论

全世界的铁路轨道应该是没有区别的，这样国与国之间的铁路运输才能更加便利，不受轨道的限制能进一步促进国与国之间的经济文化交流及共同发展，但是不同的国家有不同的铁路轨道标准，例如我国与蒙古国的铁路轨距就有很多不同，这就预示着如果货物是通过铁路在两国进行运送的话，那么中途必须进行一次转车，人员的费用、转车的费用以及租车的费用都会大大增加，这不利于我国的货物出口，所以必须最大限度地减少这些费用。

领货凭证

车种及车号 P3041493、P3041494

货票第12号

运到期限7日

	乌鲁木齐
发站	A
托运人	
收货人	F
货物名称	黄豆
件数	2400
重量	120t
托运人盖章或签字	
发站承运日期戳	

××铁路局

货物运单

货物指定于12月15日搬入
货位：
计划号码或运输编号码：00129
运到期限：7日

托运人→发货人→到站→收货人

承运人/托运人装车　　承运人/托运人施封
货票第12号

	托运人填写		承运人填写	
发站	乌鲁木齐	车种及车号	P3041493、P3041494	货车标重 60t
到站（局）	郑州	施封号码	00977、00978	铁路货车篷布号
到站所属省（自治区、直辖市）	河南省周口市	经由		集装箱号码
托运人 名称	A	运价里程	3079km	运价号 2
托运人 住址 电话	×××			
收货人 名称	F	运价类型	整车运价	运价率 5.4元/t两 0.0243元/（t·km）
收货人 住址 电话	×××			
货物名称	黄豆	计费重量（kg）	120000	运费（元）
件数（件）	2400			
包装	编织袋			
货物价格（元）	8978.4	承运人确定重量（kg）	120000	
托运人确定重量（kg）	120000			
合计		承运人记载事项		
保险				
托运人记载事项				

托运人盖章或签字　　　发站承运　　到站交付
年　月　日　　　　　日期戳　　　日期戳

注：本单不作为收款凭证，
托运人签约须知见背面。

注：收货人须知见背面

图2-2-1　铁路运单正面图

领货凭证、货物运单（背面）

货物运单（背面）

托运人须知：

1. 托运人持本货物运单向铁路运输托运货物，证明并和愿意遵守铁路货物运输的有关规定。
2. 货物运单记载的货物名称、重量应与货物的实际情况完全相符，托运人对其真实性负责。
3. 货物的内容、品质和价值是托运人提供的，承运人在接收和承运货物时并未全部核对。
4. 托运人应及时将领货凭证寄交收货人，凭以联系到站领取货物。

领货凭证（背面）

收货人领货须知：

1. 收货人接到本货凭证托运人寄交的领货凭证后，应及时向到站联系领取货物。
2. 收货人领取货物已超过免费暂存期限时，应按规定支付货物暂存费。
3. 收货人在到站领取货物，如遇货物未到时，应要求到站在本货凭证背面加盖车站戳证证明货物未到。

货物运单填写说明：

① "发站"栏和"到站（局）"栏，应分别按《铁路货物运价里程表》规定的站名完整填写，不得填写简称。"到站（局）"填写到达主管铁路局名的第一个字，例如："上"、"哈"等，到达北京铁路局的，则填写"京"字。

② "到站所属省（自治区、直辖市）"栏，填写到达站所在地的省（自治区、直辖市）名称。托运人填写的到站（局）和到站所属省（自治区、直辖市）名称，必须相符。

③ "托运人"栏应该详细填写发货人姓名或发货单位的名称，所在地地址以及联系电话。

④ "收货人"栏应该详细填写收货人姓名或收货单位的名称，所在地地址以及联系电话。

⑤ "件数（件）"栏，应按货物名称及包装种类，分别记明件数。若是集装箱运输，则以集装箱的数量为准，而不是按货物的件数计算。

⑥ "包装"栏，应按货物的外包装为准，若是集装箱应在"包装"栏填写"集装箱"，并注明集装箱的载荷。

⑦ "货物价格（元）"栏按货物的实际价格计算。

⑧ "托运人确定重量（kg）"栏，按照货物的实际重量计算。托运人确定重量与托运人确定重量相符，集装箱货物以集装箱的最大载重量计算。一般情况下，承运人确定重量，应由托运人记载事项，属于承运人记载事项，盖章证明，应由车站加盖站名戳记。承运人对托运人确定重量负责。

运单内各栏如有更改时，属于托运人记载事项，应由托运人在更改处，盖章证明；属于承运人记载事项，应由车站加盖站名戳记。其他内容不得更改。

填写事项除按《货物运单和货票填制办法》第十五条规定填写外，其他内容不得更改。

图2－2－2　铁路运单反面图

乌鲁木齐铁路货票

计划号码或运输号码 00129　　　　　　货　　票　　甲　　联

货物运到期限 7 日　　　　　　　　发站存查 A00001

发站	乌鲁木齐	到站（局）	郑州	车种及车号	P3041493、P3041494	货车标重	60t	承运人/托运人装车
托运人	名称	A		施封号码	00977、00978			承运人/托运人施封
	住址 ×××	电话	×××	铁路货车篷布号				
收货人	名称	F		集装箱号码				
	住址 ×××	电话	×××	经由		运价里程	3079km	

货物名称	件数（件）	包装	托运人确定重量（kg）	承运人确定重量（kg）	计费重量（kg）	运价号	运价率	运费（元）
黄豆	2400	编织袋			120000	2	5.4元/t 和 0.0243 元/（t·km）	
合计								
记事								

发站承运日期戳

经办人盖章

图 2 - 2 - 3　铁路运输货票

在轨距无法统一的情况下，只能通过合理管理租车时间来减少租车的费用。一方面，铁路车站将压减时间的任务分配到各个工种，也就是从细节中挤出一些时间，这些挤出来的时间看起来好像是微不足道的，但是总体来看却是真正的省时。每个工种都增强了节约时间的意识，尽力将任务完成得最快、最好，也增加了彼此之间的竞争；另一方面，铁路车站还对职工的工作进行及时的考核，这样会让他们端正自己的工作态度，养成不骄不躁的好习惯。除了对本站各职工工作的规范，车站还与蒙古国签订了相关协议，尽量减少空车积压，做到不间断作业，当然这也需要设备的支持，所以安排的是 72 小时 4 台单机作业，虽然车次排得比较紧，加强了作业难度，加大了作业力度，但是也提高了作业人员的工作效率，让车辆停留的时间变少。

如果从长远角度考虑，全世界可以统一铁路轨道，运输难题就会迎刃而解。但是因为各方面因素的影响，这一目标很难达到，不过规范的作业也能达到不错的效果。

2　实训目标

（1）对于铁路运输场站的整体布局进行简要认知；

（2）掌握铁路运输场站的设施与设备；

（3）了解铁路货运流程。

3　实训步骤与方法

3.1　了解

通过本课程的学习，初步了解铁路运输场站的整体布局与设施设备的概况。

3.2　掌握

从知识点入手，以铁路运输场站为线索进行讲授，辅以具体设施设备的图片，让学生掌握流程中的设施设备状况。

3.3　报告

辅以材料的阅读，最终以实训报告的形式巩固和提升学习效果。

4　学生互动参与设计

4.1　导入案例分析

在进行导入案例分析时，根据内容提示，要求学生参与讨论，探究导入案例的内容与课程的关系。

4.2 铁路运输设施设备的选择

对不同类别、规模的铁路运输场站，就其运作流程与设施设备的选择问题，要求学生讨论，提出相应的方案并说明理由，这也可以作为学生实训报告的备选内容。

5 实训内容

5.1 铁路运输场站的整体布局

铁路运输场站的整体布局以衡阳东站场站为例，其平面图如图2-2-4所示。

5.2 铁路货运流程介绍

铁路货运流程如图2-2-5所示。

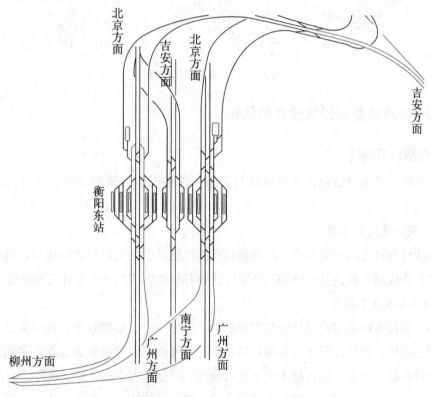

图2-2-4 衡阳东站场站平面图

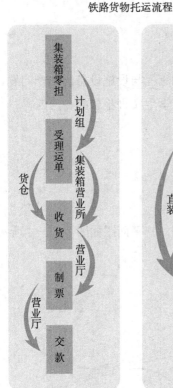

图 2-2-5　铁路货运流程

5.3　基于物流场景的设施设备的认知

5.3.1　铁路系统构成

铁路系统的设施设备包括铁路线路与轨道、铁路机车与铁路车辆、信号设备和铁路车站。

（一）铁路线路与轨道

铁路线路与轨道起承受机车、车辆和列车的重量，引导它们行走的作用，是列车运行的基础。铁路线路与轨道是由路基、桥隧建筑物和轨道组成的一个整体工程结构。

1. 铁路主要技术标准

铁路主要技术标准除对设计线的工程造价、运输能力、运输效率、运行安全和经济效益有直接影响外，相互之间也存在密切联系。应根据国家要求的年输送能力和确定的铁路等级在设计中综合考虑，经过技术经济比选确定，保证技术先进、经济合理、标准协调。

铁路主要技术标准应根据其在铁路网中的作用、运输需求、输送能力、地形和地质条件等因素，按系统优化的原则综合比选确定。铁路主要技术标准如表 2-2-2 所示。

表 2-2-2 铁路主要技术标准

高速铁路、城际铁路	客货共线铁路	重载铁路
①铁路等级； ②设计速度； ③正线数目； ④正线线间距； ⑤最小曲线半径； ⑥最大坡度； ⑦动车组编组辆数（城际铁路）； ⑧到发线有效长度； ⑨列车运行控制方式； ⑩调度指挥方式； ⑪最小行车间隔	①铁路等级； ②旅客列车设计速度； ③正线数目； ④最小曲线半径； ⑤限制坡度； ⑥牵引种类； ⑦机车类型； ⑧牵引质量； ⑨到发线有效长度； ⑩闭塞类型	①铁路等级； ②货物列车设计速度； ③正线数目； ④设计轴重； ⑤最小曲线半径； ⑥限制坡度； ⑦牵引种类； ⑧机车类型； ⑨牵引质量； ⑩到发线有效长度； ⑪闭塞类型

（1）划分铁路等级的依据与速度选择

铁路等级应根据其在路网中的作用性质、设计速度和客货运量确定，分为高速铁路、城际铁路、客货共线铁路和重载铁路。其中客货共线铁路的年客货运量为重车的货运量与由客车对数折算的货运量之和，每天 1 对旅客列车按 100 万吨年客货运量折算。客货共线铁路分为Ⅰ级、Ⅱ级、Ⅲ级、Ⅳ级，其划分应符合下列规定。

Ⅰ级铁路指在铁路网中起骨干作用的铁路，或近期年客货运量大于或等于 20Mt 者。Ⅱ级铁路指在铁路网中起联络、辅助作用的铁路，或近期年客货运量小于 20Mt 且大于或等于 10Mt 者。Ⅲ级铁路指为某一地区或企业服务的铁路，近期年客货运量小于 10Mt 且大于或等于 5Mt 者。Ⅳ级铁路指为某一地区或企业服务的铁路，近期年客货运量小于 5Mt 者。

高速铁路、城际铁路、客货共线Ⅰ级铁路和Ⅱ级铁路、重载铁路的设计速度应根据运输需求、工程条件等因素综合技术经济比选确定，宜按表 2-2-3 的规定选用。当沿线运输需求或地形差异较大，并有充分的技术经济依据时，可分路段选定设计速度，路段长度不宜过短。改建既有线和增建第二线的路段设计速度，应根据运输需要并结合既有线特征等因素经技术经济比选确定。

表 2-2-3 铁路线路设计速度 单位：km/h

铁路等级	高速铁路	城际铁路	客货共线 Ⅰ级铁路	客货共线 Ⅱ级铁路	重载铁路
设计速度	350、300、250	200、160、120	200、160、120	120、100、80	100、80

（2）正线数目

正线数目是指连接并贯穿车站的线路的数目。按正线数目可把铁路分为单线铁路、双线铁路和多线铁路。

①单线铁路是区间只有一条正线的铁路。在同一区间或同一闭塞分区内，同一时间只允许一列车运行，对向列车的交会和同向列车的越行只能在车站内进行。

②双线铁路是区间有两条正线的铁路，分为上行线及下行线。在正常情况下，上下行列车分别在上下行线上行驶。在同一区间或同一闭塞分区的一条正线上，同时只允许一列车运行。

③多线铁路是区间有多于两条正线的铁路。

因双线铁路工程大、投资多，故新建铁路除初期运量特别大需要一次建成双线者外，一般先修建单线铁路，待运量增长，可结合其他加强措施，逐步发展为双线铁路。但随着中国国民经济的快速发展，铁路运量日益增长，新建的单线铁路已不能满足运量要求，需一次建成双线铁路或按双线铁路设计。

（3）限制坡度

在一个区段上，决定一台某一类型的机车所能牵引的货物列车重量（最大值）的坡度，叫作限制坡度。

（4）最小曲线半径

最小曲线半径是铁路上常用的技术标准，非专业的场合又称为"转弯半径"，其意义等于几何学上的曲线半径。这个数字的倒数能够反映曲线的弯曲程度，即曲率。在铁路上提到这个参数时一般是指水平面上的弯道，对于竖直投影是直线而实际上铁路处于坡道上面的情形，使用坡度来衡量。

（5）牵引种类

牵引种类是指机车牵引动力的类别。铁路的牵引种类主要有电力、内燃、蒸汽三种。不同的牵引种类具有不同的特点，对铁路运输能力、行车速度、运营条件及工程运输经济具有重要的影响。

（6）机车类型

机车类型是指同一牵引种类中机车的不同型号。

（7）到发线有效长度

到发线有效长度指可供停留列车而不妨碍邻线行车或调车的那部分到发线的长度。它是决定一条铁路线路上的列车长度的主要铁路工程技术标准。

（8）机车交路

机车交路是铁路机车在线路上固定运行的周转区段。不同机车运转制度和不同乘务员换班方式的机车交路通常以规范的交路图形表示，借以增强机车交路的直观效果。

（9）车站分布

为了保证必要的铁路通过能力，方便沿线的客货运输，铁路线上每隔一定距离需要设置一个车站，车站把一条铁路线划分成若干个长度不同的区间，车站就成为相邻区间的分界点，区间和分界点是组成铁路的两个基本环节。

2. 铁路线路的平面和纵断面

线路平面是指线路中心线（路肩的中点）在水平面上的投影。线路的纵断面是指线路中心线展直后在垂直面上的投影。铁路线路的平面包括圆曲线、直线和两者之间的缓和曲线。

转弯时离心力的作用如下。

①影响列车运行的平稳性。

②外侧轮缘压紧外轨，加剧磨损，内侧车轮产生纵向滑移，与轨道黏着系数下降，牵引力减小。

相邻曲线间的直线段最小长度规定如下：

$$Ⅰ级铁路≥80米（一般地段）或40米（困难地段）$$

缓和段曲线半径逐渐变化，使离心力的变化缓慢，减缓外轮对外轨的冲击。线路坡道阻力是列车在坡道上行驶时，列车重量平行于坡道方向的分力。限制坡度是用于确定列车重量的最大坡度。牵引定数是由限制坡度确定的列车重量。一般限制坡度定得越小，牵引定数越大，线路运输能力越大。

对车站内线路的坡度进行设计时，应考虑机车进站下坡能安全制动，上坡出发能克服起动阻力，使得机车牵引的车辆不会溜滑。一般车站内线路坡度不大于 1.5‰，特殊困难条件下不大于 2.5‰。

3. 路基与桥隧建筑物

（1）路基

路基是承受轨道和列车载荷的基础建筑物。路基横断面有路堤、路堑和半路堑三种形式。路基面的形状分为有路拱和无路拱两种。路堤和路堑的边坡应筑成一定的坡度。

（2）桥隧建筑物

桥隧建筑物包括桥梁、涵洞、隧道等。桥梁由桥面、桥台和桥墩组成，桥面是桥梁上的轨道部分；桥台是位于两端和路基邻接的墩台部分；桥墩是桥梁中间的支柱。桥跨是横跨在两墩台之上的部分；桥孔是两个墩台之间的空间；孔径是每个桥孔在设计水位处的距离；跨度是每个桥跨两端支座间的距离；桥梁全长是整个桥梁包括墩台在内的总长度。

（3）桥梁的分类

按桥跨所用材料分为钢桥、钢筋混凝土桥、石桥；按外形分为梁桥、拱桥和斜拉桥；按长度分为小桥（<20m）、中桥（20~100m）、大桥（100~500m）和特大桥（>500m）。

（4）涵洞

涵洞是指设在路堤下，用以通过少量水流的建筑物。

（5）隧道

隧道指铁路穿越山岭或江河的建筑物。

4. 铁路轨道

铁路轨道由钢轨、轨枕、联结零件、道床、防爬设备、道岔等组成，具体如图2-2-6所示。

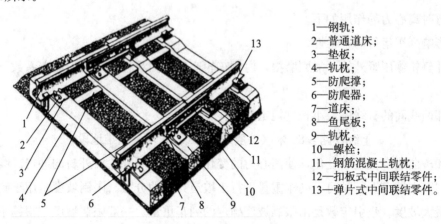

1—钢轨；
2—普通道床；
3—垫板；
4—轨枕；
5—防爬撑；
6—防爬器；
7—道床；
8—鱼尾板；
9—轨枕；
10—螺栓；
11—钢筋混凝土轨枕；
12—扣板式中间联结零件；
13—弹片式中间联结零件。

图 2-2-6 铁路轨道的组成

（1）钢轨

钢轨采用稳定性良好的"工"字形宽底式钢轨，由轨头、轨腰和轨底三部分组成。

（2）轨枕

轨枕将钢轨的力传递给道床，保持钢轨位置和轨距不变。轨枕分木枕和钢筋混凝土轨枕两种。

（3）联结零件

联结零件包括钢轨接头联结零件（夹板）和中间联结零件（钢轨与轨枕）。

（4）道床

道床通过承受轨枕上的载荷并将其将均匀传给路基，进而缓和车轮对钢轨的冲击，其还具有排出轨道中的雨水和保持轨道稳定性的作用。

（5）防爬设备

列车运行时纵向力使钢轨产生的纵向移动称为爬行。防爬措施包括加强钢轨与轨枕间的扣压力和道床阻力，防爬设备主要有防爬器和防爬撑。

（6）道岔

道岔是铁路线路与线路之间连接和交叉设备的总称。

5. 无缝线路和新型轨道

无缝线路指将若干标准长度钢轨焊接成800米或1000米的长钢轨，再在铺设现场焊接成更长钢轨的新型轨道，其特点是接头少、行车平稳、轨道磨损小、养护工作量小等。

宽混凝土轨枕宽而稍薄，连续铺设。若将路基、道床、轨枕三个基础部分用钢筋混凝土一次浇铸成型，则称为整体道床，其特点是线路稳定性强、受力条件好、有利于高速行车，减少维护工作量。

6. 钢轨强度和稳定性

影响钢轨强度和稳定性的因素有钢轨类型、轨枕类型和密度、道床类型和厚度。

钢轨要有足够的刚度、一定的韧性和足够的硬度。足够的刚度能抵抗动轮作用下的弹性挠曲变形；一定的韧性能减轻动轮的冲击作用，使钢轨不致折断；足够的硬度能抵抗车轮压陷和磨损。

钢轨设置标准如下。

①重量标准有 70kg/m、60kg/m、50kg/m、43kg/m 四种。

②长度标准有 25m 和 12.5m 两种。

③相邻钢轨间应留有一定的间隙，以减少热应力，标准轨距为 1435mm。

超高指在钢轨曲线部分，外轨比内轨高出的部分。界限是机车车辆和接近线路的建筑物、设备所规定的不允许超越的轮廓尺寸线。铁路基本界限分为机车车辆界限和建筑物接近界限两种。超限指货物装车后货物任何部分的高度和宽度超过机车车辆界限。按货物超限程度分为一级超限、二级超限和超级超限三种。

（二）铁路机车与铁路车辆

1. 铁路机车

按照不同的分类标准，可以对铁路机车做不同的分类。

按对象可分为客运机车、货运机车和调车机车。客运机车要求速度快；货运机车要求功率大；调车机车要求机动灵活。

按原动来源可分为蒸汽机车和内燃机车。蒸汽机车因整备时间长、机动性差、起动加速缓慢等原因，已逐渐被淘汰。内燃机车由内燃机、传动装置、车体、车架、走行部、辅助设备、制动和车钩缓冲装置等组成，其主要特点是热效率高、线路投资少、整备时间短、起动加速快、通行能力大、单位重量轻。

按传动方式可分为电力传动机车和液力传动机车。电力传动机车是靠顶部升起的受电弓从接触网上获得电能，并转换成机械能牵引列车运行。电力传动机车的主要特点是功率大、能量不受限制、行驶速度快、起动加速快、爬坡性能好，特别适用于坡度大、隧道多的山区铁路和繁忙干线。

部分铁路机车指标比较如表 2-2-4 所示。

表 2-2-4　　　　　　　　　部分铁路机车指标比较

指　标	机车类型		
	蒸汽机车	内燃机车	电力传动机车
热效率	5%～9%	20%～30%	火力发电 15%～18%，水力发电 60%
水消耗	100%	0.05%	—
加燃料距离（km）	150～200	800～1200	—
加水距离（km）	70～100	1500～2000	—
运营费用	100%	约50%	50%
制造成本	100%	200%～300%	200%～240%
铁路投资	100%	140%	300%
机动性	较差	较好	差
构造与造价	简单，低廉	复杂，较高	复杂，较高
运行速度	最小	较高	最高
功率	最小	较大	最大
热能效率	最低	较高	最高
空气污染度	最严重	轻微	没有
维护难易度	容易	困难	容易

注：表中水消耗、运营费用、制造成本、铁路投资等项目均以最早的蒸汽机车为参照。

2. 铁路车辆

铁路车辆是运送旅客和货物的工具，一般不具备动力装置，连成列后由机车牵引运行。

铁路车辆由车体、车架、走行部、车钩缓冲装置和制动装置组成。

走行部采用转向架结构，相对底架能自由转动，缩短固定轴距，顺利通过曲线。车轮踏面为锥形，在轨道上以蛇行方式前进，使其磨损均匀，减少轮轨间滑动。

制动装置有空气制动和手动制动两种。空气制动根据"充气（增压）时车辆缓解，排气（减压）时车辆制动"的原则设计，即在列车分离或制动管泄漏时能自动制动停车。手动制动一般只在调车时对个别车辆或车组进行制动。

（三）信号设备

1. 信号

信号设备的作用是保证列车运行与调车安全，提高铁路通过能力。按照不同的分类标准，可以对信号做不同的分类。

（1）按信号形式，信号分为视觉信号和听觉信号。

视觉信号是用红色、黄色、绿色作为基本颜色，以物体或灯光的颜色、形状、位置、闪光、数目或数码显示等特征表示的信号。用信号机、机车信号机、信号旗、信号牌、表示器、各种标志和火炬（一种在风雨天气都能点燃并发出火光的视觉信号，司机发现火炬信号的火光时应立即停车）等显示的信号，都是视觉信号。

听觉信号是声响信号，是以不同器具发出声响的强度、频率和声响的长短等特征表示的信号。如用号角、口笛、响墩发出的声音以及机车、轨道车鸣笛发出的信号，都是听觉信号。

（2）按信号设备形式，信号分为固定信号、移动信号和手信号。

固定信号包括固定于地面的信号和固定于机车的信号。当线路上出现临时性障碍或施工时，要求列车停车或减速，须按照规定设置移动信号，安放响墩、火炬或用手信号进行防护，以保证行车安全。手信号是行车人员用手持信号旗或信号灯做出各种规定动作表示停车、减速、发车、通过等信号。

2. 联锁设备

联锁设备是保证列车和调车进路始端的信号机与道岔之间联锁关系的设备。

3. 闭塞设备

为防止在线路一个区间内发生列车正面冲突或追尾事故，区间两端车站值班员在向区间发车前办理行车联络手续的设备。闭塞设备必须保证一个区间同一时间只能有一辆列车占用。

（四）铁路车站

铁路车站是铁路运输的基本生产单位，集中了运输过程中各作业环节相关的技术设备。按技术作业性质，铁路车站分为中间站、区段站和编组站。按业务性质，铁路车站分为客运站、货运站和客货运站。按等级，铁路车站分为特等站、一等站、二等站、三等站、四等站和五等站。

车站内的列车线路包括正线、到发线、调车线、牵出线、货物线、安全线和避难线。正线是车站内与区间直接联通的线路。到发线是供接发列车用的线路。调车线和牵出线是供解体和编组列车用的线路。货物线是供货物装卸作业的线路。安全线和避难线是为保证车站安全而设的线路。

1. 中间站

中间站的主要任务是办理列车会让、越行和客货运业务。

中间站的主要作业包括列车的到发、会让和越行；旅客的乘降和行李的承运、保管与交付；货物承运、装卸、保管与交付；调车作业。较大的中间站还有始发、终到列车作业。

中间站的主要设备包括旅客站舍、旅客站台、雨棚、跨越设备；货物仓库、站台、装卸机械；到发线、牵出线和货物线；信号及通信设备。

2. 区段站

区段站多设在中等城市和铁路网牵引区段的分界线上。

区段站的主要任务是办理货物列车的中转作业，进行机车更换或乘务人员换班以及解体、编组和摘挂列车等。

区段站的主要作业包括运转业务、机车业务和车辆业务。运转业务包括旅客列车换发、货物列车中转作业、解体和编组，取送货作业；机车业务包括更换机车和乘务人员；车辆业务包括对列车技术状况的检查和车辆检修业务。

区段站的主要设备包括运转设备、机务设备和车辆设备。运转设备包括到发线、调车场、牵出线、机车走行线等；机务设备包括机务段或机务折返段；车辆设备包括列车检修所和站修所。

3. 编组站

编组站是办理大量货物列车解体和编组作业，有完善的调车设备的车站，有"列车工厂"之称。

编组站的主要任务包括解编各类货物列车；组织本地区车流；供应列车动力，整备检修机车；列车日常技术的保养。

编组站的主要作业包括运转作业、机车作业和车辆作业。运转作业包括列车到达作业、车列解体作业、车列编组作业和列车出发作业。

编组站的主要设备包括办理运转作业的调车设备、行车设备、机务设备（机务段）和车辆设备（车辆段）。

5.3.2 铁路运输设备管理

铁路运输设备是铁路运输生产的物质基础，其技术状态和质量状态直接影响生产效率和生产安全，如何做好设备的修、管、用，使设备始终处于质量良好的状态，从而保证安全生产，是安全管理的重要课题。

1. 铁路运输设备的特点

（1）种类多、数量大、整体性强

铁路运输是由诸多工种和劳动手段联动协作，共同完成运输生产的过程。各类设备的性能既有区别，又关系紧密，组成了有机整体。离开了整体，每类设备几乎没有多大用途。它们在强度、质量、功率等方面要保持协调，若某个设备能力不足，则会影响其他设备能力的发挥。

（2）延伸面广、配置分散、连续运转

运输生产活动要在延伸的线网上完成，铁路运输各项设备也要沿线分散，一经分布，地面固定设备几乎不能调剂。铁路运输生产又有不间断的特点，各项技术设备连续运转时间长、使用频率高、间歇时间短，日常维修工作只能在运行过程中进行。以线路、车辆和信号设备为例，维修作业通常只能利用列车在车站内的停留间隙进行，不能干扰列车的运行计划和运输工作的正常进行。

（3）冲击剧烈、自然力影响大、设备有形损耗严重

在运输生产活动中，机车、车辆载运量大，运行速度高，机车、车辆与钢轨、道岔等线路上部建筑间作用力大，冲击剧烈，机械磨损量大。运输设备中的机车、车辆、线路、桥隧常年暴露在大自然中，易受风、霜、雨、雪的侵袭而发生损耗。机械磨损和自然力作用的损耗称为设备的有形损耗。铁路运输设备的有形损耗比其他工业设备有形损耗大。

（4）设备监控难度大，故障处理时间紧

由于铁路运输设备的检修基地在路网上按点分布，而机车、车辆在运行中远离检修基地，线路、桥隧等固定设备也多数远离检修基地，设备使用过程中不能始终置于人员监护之下，因此，设备有无异常情况、质量是否良好，监控难度很大。运输设备一旦发生故障，处理起来比较困难，而且铁路运输是不间断行车，所以处理故障时，必须争时间、抢速度。

2. 铁路运输设备对行车安全的意义和作用

（1）运输设备是完成运输任务的物质基础

铁路运输主要技术设备的发展对铁路运输业的发展具有决定性作用。没有技术设备的产生和发展，就不会有铁路运输业。铁路以其高速度、大载量、方便经济、安全可靠的特点，逐渐成为主要的运输方式。

（2）质量良好的设备是安全生产的重要保证

完成客货运输任务最基本的要求是保证旅客安全、货物完整。而实现这一要求的最基本条件是运输设备具有可靠性。如果运输设备可靠性不高，存在各种安全隐患，必然会发生不同类型的事故，如断轴、钢轨折断、信号联锁失效，轻者影响列车正常运行，重者造成列车冲突、脱轨颠覆、车毁人亡的严重后果。

（3）防止事故或减免事故损失

安全设备中的安全线、避难线等隔开设备可以在列车发出冒进信号、在长大陡坡上失去控制时，避免造成与其他列车发生碰撞等更为严重的后果，使事故的严重程度尽可能地降低。例如，接车线装设轨道电路，实行联锁条件控制，防止错误开放信号向有车线接车。机车装设自动停车装置，当信号机显示停车信号，而机车乘务员不按信号指示停车时，可以代替机车乘务员自动实施制动。如列车在高速运行状态下是否会出现燃轴，可以依靠轴温报警装置和红外线轴温探测仪进行查看。轴温高时，可以通过检测数据或报警信号，让相关人员提前采取措施，防止事故的发生。

5.3.3 铁路运输设备管理的内容

再新再好的设备，管理不好也会出现事故。只有狠抓管理、加强维护，使设备处于良好的状态，才有可能避免重大事故的发生。

1. 坚持近期和长远相结合

解决铁路运输设备存在的各种问题，是一个庞大复杂的系统工程，绝非一朝一夕之事，必须坚持近期与长远相结合，在科学分析、调查研究的基础上，全面规划、正确决策、分阶段重点解决。

①科学分析、调查研究。要抽调人力、物力，全面检查现有设备，找出隐患，主管领导要深入第一线，掌握第一手资料。认真进行科学分析，厘清问题形成的原因和对安全的危害程度，为规划决策提供准确依据。

②区别轻重缓急，优化投资方向。必须根据财力、物力，区别轻重缓急，把重点放在以下几个方面：迅速消除危及列车安全的重大设备隐患；填补安全设施空白点；增设安全运输的控制、检测、事故预防及处理的装置和设备；加大机车、车辆厂检修能力。在投资决策上，要建立投资方向论证制度，在主管部门主持下，有关部门、学者、专家协调参与，反复论证优化，防止主观臆断，把钱用在刀刃上。

③发挥多方面积极性，增大安全资金投入。要更快地解决设备问题，要充分发挥局、分局、站段的积极性，多方面筹措资金，并且在资金的使用上有严格的制度，保证专款专用。

2. 合理使用设备

正确合理地使用设备，可以减轻设备磨损，使设备保持良好的工作性能和精度，延长设备的使用寿命，为生产的顺利进行创造有利条件。

①按设备性能、结构合理使用设备。合理使用就是在使用设备时不违反设备的使用规定，尽量避免设备超负荷、超范围、超性能运行。例如货车装载重量必须符合货车标记载重及有关规定，严禁超载，防止切轴危害行车安全。

②按操作规程正确操作设备。设备操作规程是正确、合理使用设备的重要依据。操作者必须严格遵守操作规程，正确操作设备。各设备应配置固定人员操作，实行"包机制"，凭操作证上岗。建立岗位责任制，精心保养，细心检修，使设备处于良好状态。

③养成爱护设备的习惯，提高操作技术和保养水平。要经常对设备使用人员开展爱护设备的思想教育，提高爱护设备的责任感，自觉管好、用好、修好设备。要加强技术训练，使操作人员熟悉设备的结构、性能，掌握维护、保养的技术知识以及各种检查方法，真正做到会使用、会保养、会检查、会排除故障。

④认真进行设备检查。设备检查是掌握磨损规律的重要手段，是维修工作的基础。设备检查是对设备的运转情况、工作精度、磨损程度进行检查和核验。通过检查，可以全面

地了解设备的技术状况和磨损情况，及时查明和消除设备的隐患。设备检查一般分为日常检查和定期检查两种。由于各类设备的特点不同，提出的检查要求也不同。认真进行设备检查就是按检查要求，认真检查、认真测试，发现问题，认真处理，真正做到不漏项，不简化程序，严格按规章办事，做好检查工作。

3. 搞好设备维修

①设备维修工作的重要性。设备维修工作包括日常保养和定期修理。日常保养就是按照操作规程合理使用设备，经常润滑、擦拭设备，适时对设备进行检查、测试，及时调整和消除设备的缺陷、隐患和故障，防止和减少过度磨损和意外的损坏，保证设备在定期修理间隔期的正常使用。设备维修是使设备处于良好状态，保证安全生产的主要措施。正确合理做好设备维修工作，对于扭转设备不良现状，具有十分重要的意义。

②设备维修工作应坚持的原则。对设备的保养和检修，应坚持预防为主，保养与检修并重。保养是检修的基础，保养工作做得好，可以减少检修的工作量。同时，检修工作做得好，进行日常保养也就容易些。

③维修与生产的关系。生产和维修是对立统一体，维修是为了保证生产和促进生产，生产必须有良好的设备。铁路在编制生产计划和下达运输任务时，必须考虑设备维修计划和维修任务，给设备维护保养及设备更新改造留下必要的时间。同样，维修工作也要处处着眼于生产。

5.4　实训检验

选择相应的铁路运输场站，根据场站的地理区位、功能定位、吞吐量等要素，利用本课程设施设备的知识进行铁路运输场站货运流程设备的配置。

6　实训小结

6.1　主题内容

基于物流场景的铁路运输设施设备的应用。

6.2　实训报告要求

学生的实训报告以报告的形式进行，内容以导入案例的内容为基础。实训报告可以分组或单独完成，选取涉及铁路运输场站设施设备的相关主题。

6.3　考核要求

本次实训的考核成绩按平时成绩的 30％与实训报告考核成绩的 70％评定。实践教学环节采取现场实习形式，结合必要的讲解、讨论，由学生写出实训报告，并将该报告作为学生本课程学习成效的重要依据。

任务三 水路运输设施设备

1 导入部分

1.1 导入案例

船舶大型化是未来发展的必然趋势还是即将到达终点？关于集装箱船大型化的发展趋势再次引发业内的热议。

观点一：集装箱船大型化趋势恐将持续

有关数据显示，近10年来12000TEU（标准箱）以上超大型集装箱船船队运力年均增速达到48.6%。业内人士认为，船舶大型化是未来发展的必然趋势。随着技术改进和能源结构改变，集装箱船（见图2-3-1）可能会作为海上浮式仓储中心，按这一发展趋势，集装箱船大型化趋势恐将持续。

图2-3-1 集装箱船

随着世界经济趋于全球化及标准化，全球集运网络正在逐步形成，尤其是近年来集装箱定期航线联盟化发展趋势明显。为了追求规模经济，各航运公司在主要远洋航线上全力推动集装箱船大型化，对航运公司及港口都产生了重大影响。

航运分析师认为，港口桥梁的限制等因素都会对超大型集装箱船进出造成影响。因此，船舶大型化发展还需要港口升级配套设施，以提高集装箱装卸效率、降低航运成本。

分析师指出，集装箱船大型化发展的关键在于能够使班轮公司实现盈利。一方面，

2018年全球集运市场出现小幅下滑，全球集运量约为2亿TEU，同比增长4.5%，与2017年相比增速放缓；另一方面，2018年新船交付量同比增长18%，其中10000TEU及以上集装箱船运力交付占比82%，这表明大型集装箱船仍是交付主力。

就水深、港口桥式起重机等配备、航道参数等综合因素，分析师指出，以亚欧航线28个挂靠港口为例，只有7个港口无法满足20000TEU超大型集装箱船靠泊。有17个港口可接纳25000TEU集装箱船，可满足超大型集装箱船的靠泊及装卸要求。

观点二：集装箱船大型化即将到达终点

尽管如此，也有一些分析师持截然相反的观点，认为集装箱船大型化就像全球最大型客机A380一样，即将到达终点。

船舶大型化可以降低单位成本、减少油耗，超大型集装箱船在市场繁荣时期容易满载，但在市场萧条时只有降价才能满载。同时，超大型集装箱船规模尺寸太大，运营调度弹性也很低，A380客机决定停产也是类似原因。

就目前航运市场发展来看，一方面，集装箱船的大型化也将在一定合理范围内，并非仅受船舶建造技术的制约，港口、码头和装卸设备的升级配套需要诸多实验和数据论证，以及大量资金的投入；另一方面，全球经济与集运市场的发展态势也影响市场需求。

船舶不断加大已经引发疑虑，航运公司是否会真的下单订船也受到了广泛关注。不过，全球船厂大多数的船坞长度都在400米以内，能建造20000TEU以上集装箱船的船厂并不多。

1.2　相关评论

分析指出，超大型集装箱船能达到规模经济、降低单位成本、提高燃油效率以及实现节能低碳的目标。但是随着船舶大型化迅速膨胀，负面效应随之显现，包括市场运力供给快速增长，过剩情况恶化，运价下跌与港口投资加大等。

同时，在航运公司争相订造超大型集装箱船的情况下，大型船的规模经济效益也逐渐弱化，留下的是供给过剩的恶果。因此，有业内人士预测，集装箱船大型化即将步入历史。

2　实训目标

（1）掌握水路运输设施设备；
（2）了解未来水路运输设施设备的发展趋势。

3　实训步骤与方法

3.1　了解

通过本课程的学习，初步了解水路运输设施设备的概况。

3.2　掌握

从知识点入手，以水路运输设施设备为线索进行讲授，让学生掌握流程中的设施设备状况。

3.3　报告

辅以材料的阅读，最终以实训报告的形式巩固和提升学习效果。

4　学生互动参与设计

4.1　导入案例分析

在进行导入案例分析时，根据内容提示，要求学生参与讨论，探究导入案例的内容与课程的关系。

4.2　水路运输设施设备的选择

对不同类别、规模的水路运输设施设备，就其运作流程与设备选择的问题，要求学生讨论，提出相应的方案并说明理由，这也可以作为学生实训报告的备选内容。

5　实训内容

5.1　水路运输概述

5.1.1　水路运输的特点和功能

1. 水路运输的优点

从技术上看，水路运输的优点有：运输能力大；在运输条件良好的航道，船舶通过能力不受限制；通用性能好，可以运输各种货物。

从经济指标上看，水路运输的优点有：水路运输建设投资少；运输成本低；续航能力大。

2. 水路运输的缺点

水路运输的缺点有：运输速度较慢；受气候和商业港口的限制；船舶投资和港口建设投资巨大。

3. 水路运输的功能

第一，水路运输承担大批量货物的运输作业，尤其是散装货物的运输作业。由于水路运输运载工具的容量巨大，所以在物流运输系统中，其运载量可排列于首位。水路运输的设备载荷量一般可达到 1000～60000 吨，铁路运输的设备载荷量为 50～12000 吨，公路运输的设备载荷量仅为10～25吨。

第二，水路运输主要承担原料、半成品等低价货物的运输作业。例如原油、煤炭、矿石等。水路运输的客观环境决定了水路运输主要承运低值商品。

第三，水路运输承担国际贸易运输作业。该项功能在国际贸易中不可或缺。水路四通八达，在进行各类国际贸易时，利用水路运输完成国际间货物的流通，对降低物流费用具有重要的意义。

5.1.2　水路运输的分类

水路运输按其航行的区域，可以分为沿海运输、远洋运输和内河运输三种形式。水路运输按贸易种类，可以分为外贸运输和内贸运输。水路运输按运输对象，可以分为旅客运输和货物运输。水路运输按船舶营运组织形式，可以分为定期船运输、不定期船运输和专用船运输。

5.1.3　水路运输的发展趋势

水路运输既是一种古老的运输方式，也是一种现代化的运输方式。在出现铁路运输、航空运输以前，水路运输同以人力、畜力为动力的陆上运输方式相比，无论运输能力、运输成本和方便程度都处于优越地位。因此，西方国家早期大多在通航水道的两岸设厂，形成沿江、河布局的"工业走廊"。在历史上，水路运输的发展对工业的布局具有很大的影响。此外，水路运输还具有独特的地位，由于地理因素（大陆被海洋分隔），水路运输成为各个国家和地区沟通和联系的主要运输方式，尤其是在大力发展对外贸易的过程中，它的主导作用几乎是无可代替的。

随着科学技术的不断进步，船舶为保证自身安全和进行正常的营运生产，如今它所具有的设备装置越来越完善。可以认为，现代化的大型船舶犹如一座在海上浮动的城市，各种先进的设备基本能保证其在世界各大洋上正常航行。

近年来，水路运输得到蓬勃发展，主要体现在以下几个方面。

①运输功能的拓展与运输方式的变革。

②转变航运经营方式，提高竞争能力。

③船运专业化与运输全球化。

④泊位深水化、码头专用化、装卸机械自动化。

⑤信息化、网络化。

⑥国际海运市场的重心将向亚太地区转移。

5.2　水路运输技术设施

5.2.1　港口的类型

港口是水路运输工具的汇集点，是交通运输的枢纽，是水路运输货物的集散地。一般情况下，港口所在地的规划建设部门统一研究附近海、河岸线的使用情况，航务工程部门负责港区码头的勘测设计和施工工作，而港口机械制造部门则对码头泊位进行"武装"，配备各种先进的装卸机械，使来港车船能在最短时间内将货物卸下或装上，以加速运输工具的周转。

港口位于江、河、湖、海沿岸，是供船舶作业和靠泊、旅客上下、货物装卸和供应生活物料的地方。按照港口的使用目的，港口可分为综合性港口、专业港、渔港、军港和避风港。按照港口的地理条件，港口可分为海港、河口港、河港、湖港和运河港。按照国家贸易政策，港口可分为国际贸易港、国内贸易港和自由港。

5.2.2　港口系统的组成

根据港口运输作业的主要内容，港口系统包括港口水域设施、码头构筑物和港口陆域设施三部分。

1. 港口水域设施

港口水域设施包括航道、锚地、回转水域、码头前水域、防波堤、港口导航设施等。

2. 码头构筑物

码头构筑物主要包括码头、主体结构物、码头前沿装卸设备等。码头是供船舶停靠、装卸货物和上下旅客的水工建筑物，是港口的主要组成部分。按码头的平面布置，可分为有顺岸式、突堤式、挖入式、离岸式等。突堤式码头又分为窄突堤式码头和宽突堤式码头。

3. 港口陆域设施

港口陆域设施包括堆场、仓库、集疏通道、调度控制中心、其他辅助生产设施等。

5.3　水路运输运载工具

5.3.1　船舶构造

船舶是水路运输的主要货物运载工具。船舶指能航行或停泊于水域进行运输或作业的工具。船舶的主体结构包括船壳、船架、甲板、船舱、船面建筑等。

5.3.2 船舶吨位

船舶吨位是表示船舶大小和运输能力的标识，分为排水量吨位和载重吨位。排水量吨位是船舶在水中排开水的吨位。排水量吨位又可以分为轻排水量、重排水量和实际排水量。载重吨位是指船舶在营运过程中能够使用的载重能力。载重吨位可以分为总载重吨位和净载重吨位。

5.3.3 船舶的航速和载重线

船舶的航速单位是"节"。船舶的载重线是指船舶满载时的最大吃水线。

5.3.4 船籍和船旗

船籍是指船舶的国籍。船旗是指商船航行时悬挂的其所属国家的国旗。

5.3.5 船级

船级是表示船舶技术状态的一种指标。

5.3.6 船舶的种类

1. 客船和客货船

客船是指专门运送旅客及其所携带行李和邮件的船舶。客货船是指在运送旅客的同时，还载运相当数量的货物，并以载客为主，载货为辅。

2. 杂货船

杂货船主要用于装载一般包装、袋装、箱装和桶装的杂件货物。

3. 散货船

散货船指专用于载运如散粮、煤炭、糖等密度较小的散装货物的船舶。因为散货船运输货物的货种单一，不需要进行成捆、成包、成箱包装，且货物本身不怕挤压，便于装卸，所以都是单甲板船。散货船舱内不设支柱，但设有隔板，用以防止舱内货物错位。散货船运货量大，运价低，目前在各类船舶总吨位数量排名中位居前列。

4. 冷藏船

冷藏船是专门用于装载冷冻易腐货物的船舶。冷藏船最大的特点是其货舱实际上就是一个大型冷藏库，可保持适合货物久藏的温度。冷藏船的吨位一般较小，航速较高。

5. 油轮

油轮是专门用于载运原油的船舶。其运量巨大，载重量可达 60 多万吨。油轮一般为单底，随着环保要求的提高，逐渐向双壳、双底的形式演变。油轮的上层建筑设于船尾，甲板上无大的舱口，用泵和管道装卸原油。另外还设有加热设施，在低温时对原油进行加热，防止其凝固而影响装卸。超大型油轮的吃水可达 25m，往往无法靠岸装卸，必须借助水底管道装卸原油。

6. 液化气船

液化气船是专门用于运输液化气体的船舶。

7. 液体化学品船

液体化学品船是专门用于运输各种散装液体化学品的船舶。

8. 集装箱船

集装箱船专门用于运载集装箱，多数不装起货设备，须停靠在专用的集装箱码头。

9. 滚装船

滚装船主要用于运送汽车和集装箱。这种船本身无须装卸设备，一般在船侧或船的首、尾有开口斜坡连接码头。装卸货物时，或者是汽车，或者是集装箱（装在拖车上的）直接开进或开出船舱。这种船的优点是不依赖码头上的装卸设备，装卸速度快，可加速船舶周转。

10. 载驳船

载驳船是载运货驳的运输船舶。载驳船用于河海联运。作业过程是先将货物装入驳船（尺度统一的船，又称"子船"），再将驳船装入载驳船（又称"母船"），运至目的港后，将驳船卸入水域，由内河推船分送至目的港。其优点是不需要码头和堆场，装卸效率高，停泊时间短，便于河海联运。缺点是造价高，需要配备多套驳船以便周转，需要在泊稳、条件好的宽敞水域作业，且适宜货源比较稳定的河海联运航线。

11. 半潜船

半潜船又称"半潜式甲板驳"，集潜艇与货船特性于一身。

12. 拖船与顶推船

拖船是用于拖带其他船只或浮动建筑物的船舶。顶推船是用于顶推非自航货船的船舶。

13. 驳船

驳船没有动力装置，由拖轮带动，用于运输货物（如煤、油、木材或粮食），有时亦载客。

14. 其他船舶

其他船舶包括气垫船、水翼船等。

5.4 货物种类及在港内的作业方式

（一）货物种类

从运输、存储条件和装卸工艺的角度考虑，货物可分为四大类，即件杂货、干散货、液体货和集装箱货。

1. 件杂货

凡成件运输和保管的货物，不论有无包装，统称为"件杂货"。它们的形式、形状、大小及重量各不相同，种类繁多。包装货物常见的有袋装货物、捆装货物、箱装货物、桶装货物、篓装货物和罐装货物等。无包装的大宗零散件货物有金属及其制品、木材等。单个大件货有机械设备、金属构件等。件杂货由于单件重量小，影响装卸设备的生产率，为了提高装卸效率，件杂货可用网线、绳扣、货板等成组工具，提高装卸单元的重量，使零散的、单件的货物集小为大、集散成整。整体的货物组件一般每件重 1.5～3t。

2. 干散货

干散货包括散装谷物、煤炭、矿石、矿物性建筑材料及化学性质比较稳定的块状或粒状货物。常见的散装谷物有小麦、玉米、大米、大豆等。煤炭是一种大宗散货，种类繁多。矿石种类也很多，大宗运输的有铁矿石、磷矿石、锰矿石等。矿物性建筑材料有沙、碎石等。干散货通常是大宗的，因此常为其设置专用码头。

3. 液体货

液体货包括石油、石油产品、植物油和液化气等，原油和成品油属于易燃液体。易燃液体按闪点分级，闪点是液体挥发出的气体和空气的混合物，在正常的大气压力下遇到火星能闪起火花，但液体本身尚未燃烧的最低温度。原油的闪点在 36～38℃，汽油的闪点小于 28℃，煤油的闪点在 28～45℃，柴油的闪点在 45～120℃。在运输装卸易燃液体时，要特别注意遵守相应的安全规则。

4. 集装箱货

用集装箱把品种繁杂、单元小的件杂货集装成规格化重件，可大大提高装卸效率，缩短船舶在港时间，减少货损货差，节省包装费用，简化理货手续，便于多式联运、雨天装卸，从而大大降低货物运输成本。集装箱运输的发展引起了船型、装卸工艺、码头布置，乃至港口营运等一系列改革。集装箱运输实现了货物从生产商经过各运输环节到用户，中间不需要拆装的门到门运输。

（二）货物在港内的作业方式

货物通过港口一般要经过装卸、存储和短途运输等环节，操作过程主要是根据一定装卸工艺完成一次货物的搬运作业过程，通常有以下五种形式。

①卸车装船，或卸船装车。

②卸车入库，或出库装车。

③卸船入库，或出库装船。

④卸船装船。

⑤库场间倒载搬运。

5.5　实训检验

选择相应的港区，根据其地理区位、功能定位、吞吐量、生产工艺等要素，选择相应的船公司，利用本课程水路运输设施设备的知识，进行船公司的船舶配置。

6　水路运输设备的技术特点与发展趋势

1. 船舶技术

随着科学技术的不断进步，船舶为保证自身的安全和进行正常的营运生产，如今具有的设备装置也越来越完善。除了机舱部门逐渐自动化、电气化，设备也在不断改进中，如锚设备、舵设备、系泊设备、救生设备等。此外，通信导航设备也日益精确、有效，一般船上都装有磁罗经、电罗经、计程仪、探测仪、雷达等，较新式的船上还配备了无线电测向仪、双曲线定位仪以及卫星导航装置。可以认为，现代化的大型船舶犹如一座海上的浮动城市，各种先进的设备基本上能保证它在世界各大洋上正常航行。

2. 港口在现代物流中的地位与作用

现代港口的战略地位大幅提升，具有综合物流中心的功能。随着国际多式联运的发展与综合运输链复杂性的增加，现代港口正朝全方位服务的方向发展，逐渐成为商品流、资金流、技术流、信息流与人才流汇聚的中心。首先港口正成为物流服务中心，具有货物装卸和转运功能，这是港口最基本的功能；其次港口具有商业功能，即在商品流通过程中，货物的集散、转运和一部分储存都发生在港口；再次港口具有促进工业发展的功能，能促进临江工业、临海工业的发展。此外，港口还具有城市功能、旅游功能、信息功能、服务功能等。

7　实训小结

7.1　主题内容

基于物流场景的水路运输设施设备的应用。

7.2　实训报告要求

学生的实训报告以报告的形式进行，内容以导入案例和扩展阅读的内容为基础。实训报告可以分组或单独完成，选取与水路运输设施设备相关的主题。

7.3　考核要求

本次实训的考核成绩按平时成绩的30%与实训报告考核成绩的70%评定。实践教学环节采取现场实习形式，结合必要的讲解、讨论，由学生写出实训报告，并将该报告作为学生本课程学习成效的重要依据。

8 扩展阅读

水路运输的产生与发展

从古老的独木舟、竹木筏、篷帆船，到现代化高度自动化的远洋旅游船和集装箱船，其间经历了几千年漫长的历史。然而其根本特点是在水面上浮动运行，这说明水路运输因其独到的优越性而被长期使用着。船在水面上漂浮，只要有一定的力作用于它，以克服水的阻力，船就能运动前进。

早在 4500 多年前，我国就有"伏羲氏刳木为舟，剡木为楫"之说。而后又使用帆，充分利用自然力。明朝时期郑和下西洋乘坐的"宝船"可称为"帆船之最"。郑和正是率领了这样的船队，开创了古代规模最大的远洋航行。1807 年，美国的罗伯特·富尔顿把锅炉、蒸汽机和明轮装到内河船"克莱蒙特号"上，并在纽约与奥尔巴尼之间的哈德逊河上进行了具有实用价值的航行。1838 年出现了装在船舶尾部的螺旋桨推进装置。1890 年发明了内燃机，而后越来越多的船都利用内燃机（主要是低速柴油机）作为主要动力设备。再以后又出现了汽轮机动力装置和核动力装置等。

9 复习与思考

(1) 水路运输的设施设备有哪些？

(2) 港口的作用体现在哪些方面？

(3) 港口系统主要有哪些部分组成？

(4) 船舶的类型有哪些？各有什么特点？

(5) 货物在港内的作业方式如何实现？

任务四 航空运输设施设备

1 导入部分

1.1 导入案例

某物流有限公司运输部门的调度员，2016 年 10 月接到公司商务部门的运输计划，现有一件洗浴香氛样品 5.3kg，要从上海运往日本大阪，因为调度员毕业不久，工作经验不太丰富，请帮他完成此次运输调度。运价如表 2 - 4 - 1 所示。燃油附加费为 4.0CNY/KG，战争险费为 1.2CNY/KG。

表 2 - 4 - 1   运价

SHANGHAI	CN	SHA	
Y. RENMINBI	CNY	KGS	
OSAKA	JP	M	230.00
		N	30.22
		45	22.71

请选择合适的运输方式并完成运费计算？

为了完成此次运输任务，同学们需要掌握的航空运输知识点如下。

(1) ICAO、IATA、FIATA 的含义？

(2) 航空运输的当事人。

(3) 航空运输的主要运输方式。

(4) 航空运输的主要单证。

(5) 航空运输涉及的主要航线。

(6) 航空运价的计算。

以小组为单位完成运输任务，考虑运输线路、运费等一系列问题，并形成 PPT（演示文稿）进行汇报，完成后提交到教学平台。

主要流程如下。

（1）进行运输决策

运输决策包括运输流程、运输线路、运输方式、运输工具的选择等一系列问题。这部分内容要求各小组根据讨论和决策结果进行说明，体现在汇报结果中。

（2）完成运输业务操作

①选择航空公司，确定航班，填写航空运单。

②明确所走航线，掌握航空禁运品。

③设计航空运输流程。

④计算航空运费。

⑤纠纷处理。

1.2　相关评论

航空运输在国内航空领域发展最成熟，是和欧美等发达国家和地区差距最小的领域。仅从航空公司机队规模、航线运输周转量等指标来看，我国已经是民航大国。从航空安全性、设施保障、飞机维护上来说，我国和欧美发达国家和地区没有代差，因为这个产业和国民经济的发展是高度相关的，老百姓有钱了才会坐飞机，有需求就有供给。特别是随着我国迈入中等收入国家行列，需求进一步释放，所以即便高铁飞速发展，民航业客运也维持较高的增长率。当然与高铁的竞争压力还是有的，当年很赚钱的成都—重庆航线就被高铁逼停了，如果没有京沪高铁的话，今天航空公司怕是要用波音 747 这个级别的飞机来飞京沪线了。但是考虑到中国的国土面积和人口规模，只要经济持续中高速发展，高铁和民航不会形成恶性竞争。当然有些领域，如空域使用效率低导致国内航班准点率低（近年有所好转），中转机场建设滞后导致北上广这些中心机场没有大量的中转客源。另外，我国民航与大多数发达国家的民航相比，国内航线周转量占比高而国际航线周转量占比较低，最根本的原因是我国地大物博、幅员辽阔。

2　实训目标

（1）简要认知航空运输及其场站的布置及装卸工艺；

（2）掌握航空运输及其场站的设施设备；

（3）了解未来航空运输及其场站的发展趋势。

3 实训步骤与方法

3.1 了解

通过本课程的学习，初步了解航空运输及其场站的整体布局与设施设备的概况。

3.2 掌握

从知识点入手，以航空运输及其场站装卸工艺为线索进行讲授，辅以具体设施设备的图片，让学生掌握流程中设施设备的使用状况。

3.3 报告

辅以材料的阅读，最终以实训报告的形式巩固和提升学习效果。

4 学生互动参与设计

4.1 导入案例分析

在进行导入案例分析时，根据内容提示，要求学生参与讨论，探究导入案例的内容与课程的关系。

4.2 航空运输设施设备的选择

对不同类别和规模的航空运输及其场站，就其运作流程与设施设备的选择问题，要求学生讨论，提出相应的方案并说明理由，这也可以作为学生实训报告的备选内容。

5 实训内容

5.1 航空运输及其场站的整体布局

以首都机场为例，其整体布局如图 2-4-1 所示。

5.2 航空运输及其场站典型装卸工艺方案介绍

航空运输进口流程如图 2-4-2 所示。

图 2 - 4 - 1　首都机场整体布局

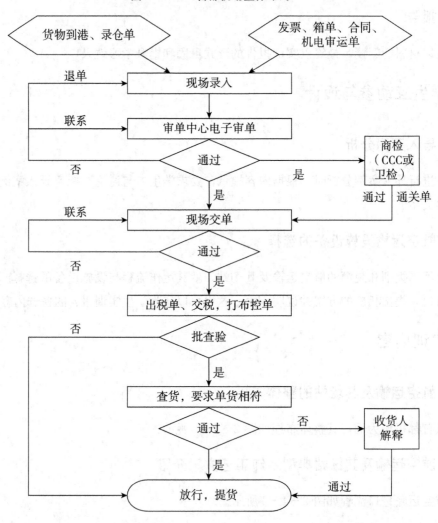

注：CCC—中国强制性产品认证。

图 2 - 4 - 2　航空运输进口流程

5.3 基于物流场景的设施设备的认知

5.3.1 航空运输简介

1. 定义

航空运输指使用航空器运送人员、行李、货物和邮件的一种运输方式。

2. 航空运输的优缺点

优点：运行速度快；机动性能好；安全舒适。

缺点：飞机造价高；能耗大；运输能力小；成本很高；技术复杂。

3. 运输方式

①班机运输。班机运输指在固定的航线上定期航行的运输方式。

②包机运输。包机运输指航空公司按照约定的条件和费率，将整架飞机租给一个或若干个包机人，从一个或几个航空站装运货物至指定目的地的运输方式。

③集中托运。集中托运是航空货运代理公司把若干批单独发运的、发往同一方向的货物集中起来，组成一票货，向航空公司办理托运，采用一份总运单集中发运到相同的航空站，由航空货运代理公司指定的代理人在目的地收货、报关并分拨给各实际收货人的运输方式。

④航空快递。航空快递指由一个专门经营该项业务的公司和航空公司合作，派专人以最快的速度在货主、机场和用户之间运送和交接货物的快速运输方式。

5.3.2 航空港

航空港为航空运输的经停点，又称航空站或机场，是供飞机起飞、降落和停放并组织、保障飞机活动的场所。随着航空港功能的多样化，港内除了配有装卸客货的设施，一般还配有商务和娱乐中心、货物集散中心，以满足往来旅客的需要，同时吸引周边地区的生产、消费。

（一）分类

按航线性质分为国际航线机场和国内航线机场。按其在民航运输网络中的作用分为枢纽机场、干线机场和支线机场。枢纽机场是国内、国际航线密集的机场。干线机场指各直辖市、省会、自治区首府以及一些重要城市或旅游城市（如大连、厦门、桂林和深圳等）的机场。支线机场按所在城市的性质、地位可分为Ⅰ类机场、Ⅱ类机场、Ⅲ类机场和Ⅳ类机场。按旅客乘机目的可分为始发/终程机场、经停（过境）机场和中转（转机）机场。按服务对象可分为军用机场、民用机场和军民合用机场。

（二）构成

机场主要由飞行区、航站区和其他机场设施构成。机场布局如图 2-4-3 所示。

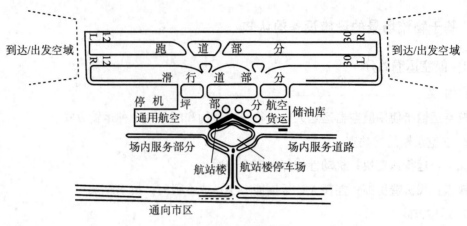

图 2 - 4 - 3　机场布局

1. 飞行区

飞行区是机场内用于飞机起飞、着陆和滑行的区域，通常还包括用于飞机起降的空域。飞行区由跑道、滑行道和停机坪等构成。

①跑道。跑道是向飞机提供起飞、着陆、滑跑以及起飞滑跑前和着陆滑跑后运转的场地。跑道分为单条跑道、平行跑道、交叉跑道、开口"V"形跑道。

②滑行道。滑行道是连接跑道和停机坪，供飞机滑行或牵引的辅助地段，是航空器在跑道与停机坪之间出入的通道。

③停机坪。停机坪是供飞机停留和进行各种业务活动的场所，也可称为"试车坪"或"预热机坪"，通常设置于邻近跑道端部的位置。停机坪应能容纳 2 架至 4 架飞机，并有足够的空间使一架飞机绕过另一架飞机。

2. 航站区

航站区是飞行区与机场其他部分的交接部分。航站区设备包括航站楼、助航设施等。航站区系统包括旅客航站系统、机坪门位系统、机场维护与管理系统三部分。

①航站楼。航站楼是航站区的主体建筑物，供旅客完成从地面到空中或从空中到地面交通方式的转换。

②旅客航站系统。旅客航站系统主要包括旅客进出航站部分、办理旅客进程部分和飞行交接部分。

③机坪门位系统。在停机地面，飞机停放地称为"门位"。停机地面上的飞机应按门位停放，飞机相对于门位的停放方式可分为机头向内、机头平行、机头斜角向内、机头斜角向外几种方式。

④指挥塔。指挥塔为飞机进出航空港的指挥中心。指挥塔的位置应有利于指挥与航空管制，维护飞行安全。

⑤助航设施。助航设施是辅助安全飞行的设施，包括通信、气象、雷达、电子及目视

助航设备。

⑥输油系统。输油系统为飞机补充油料。

⑦维护修理基地。维护修理基地为飞机在归航以后或起飞以前做例行检查、维护、保养和修理的场所。

3. 其他机场设施

其他机场设施包括给水、电、灯光等标志、通信交通、救援与消防系统等。

5.3.3　航空器

航空器主要是指飞机。飞机是由动力装置产生前进推力，由固定机翼产生升力，在大气层中飞行的重于空气的航空器。

常见的飞机有螺旋桨式飞机、喷气式飞机和超声速飞机。螺旋桨式飞机利用螺旋桨的转动将空气向机后推动，借其反作用力推动飞机前进。所以螺旋桨转速越高，飞行速度越快。但当螺旋桨转速高到某一程度时，会出现"空气阻碍"现象，即螺旋桨四周已成真空状态，再加速螺旋桨的转速飞机的速度也无法提升。喷气式飞机是将空气多次压缩后喷入飞机燃烧室，使空气与燃料混合燃烧产生大量气体以推动涡轮，再于机后以高速度将空气排出机外，借其反作用力使飞机前进。它的结构简单，制造、维修方便，速度快，节约燃料，装载量大，使用率高（每天可飞行 16 小时），所以目前已经成为世界各国机群的主要机种。超声速飞机指航行速度超过音速的飞机。由于超声速飞机耗油大、载客少、造价昂贵、使用率低，许多航空公司都望而却步。又由于它的噪声很大，被许多国家的航空公司以环境保护为由将其"拒之门外"或者限制其起降时间。

按照用途的不同，飞机可以分为客机、全货机和客货混合机。客机主要运送旅客，一般行李装在飞机的深舱。由于航空运输多以客运为主，客运航班密度高、收益大，所以大多数航空公司多采用客机运送货物。不足的是，由于舱位少，每次运送的货物数量十分有限。全货机运量大，可以弥补客机的不足，但经营成本高，只限在某些货源充足的航线使用。客货混合机可以同时在主甲板运送旅客和货物，并根据需要调整运输安排，是最具灵活性的一种机型。

5.3.4　飞行航线

1. 航线

民航运输企业在获得航空运输业务经营许可证后，可以在允许的一系列站点（即城市）范围内提供航空客货邮运输服务，由这些站点形成的航空运输路线即航线。航线由飞行的起点、经停点、终点、航路、机型等要素组成。

2. 航路

航路指经政府有关当局批准的、飞机能够在地面通信导航设施指挥下沿一定高度、宽度和方向在空中进行航载飞行的空域。

3. 航班

航班指按照民航管理当局批准的飞行班期时刻表、使用指定的航空器、沿规定的航线、在指定的起讫经停点停靠的客货邮运输飞行服务。

5.3.5 集装设备

航空运输中的集装设备主要指为提高运输效率而采用的托盘和集装箱等成组装载设备。为使用这些设备，飞机的甲板和货舱都设置了与之配套的固定系统。

由于航空运输的特殊性，这些集装设备无论从外形构造还是技术性能指标，都具有自身的特点。以集装箱为例，就有主甲板集装箱和底甲板集装箱之分。

（一）航空集装箱分类

（1）国际标准集装箱。20英尺和40英尺的国际标准集装箱只能装在宽体飞机的主舱内。此类集装箱非专用集装箱，主要用于空运转入地面运输（陆空、海空联运）时使用。

（2）主舱集装箱。主舱集装箱适用于全货机或客机（或客货混合机）的主货舱，其高为163cm（约64英寸）或更高一些。

（3）下舱集装箱。下舱集装箱只适用于装在宽体飞机下部的货舱内，有全型和半型两种。机舱内可放入一个全型和两个半型的此类集装箱，高度不得超过163cm（约64英寸）。

（二）常用集装器的规格（见表2-4-2）

表2-4-2　　　　　　　　　　常用集装器的规格

	类型	IATA代码	底板尺寸（mm）	高度（mm）	容积（m³）	自重（kg）	最大毛重（kg）	适用机型
集装板	标准集装板	P1P	2235×3175			120～126	6804	通用
	10英尺集装板	P6P PMC	2438×3175			131～135	6804	通用
	翼板	PLA PLB	1534×3175			80～97	3174	767禁用
	20英尺集装板	P7E PG	2438×6058			540～665	13608	747combi 747F
	B-767专用板	FQA	1534×2438			100	2449	767专用
	B-767专用板	FQW	1534×2438			118	2449	767专用
	翼板	PMW	2438×3175			175	6804	767禁用

	类型	IATA代码	底板尺寸（mm）	高度（mm）	容积（m³）	自重（kg）	最大毛重（kg）	适用机型
集装箱	LD—3	AVE AKE	1534×1562	1630	4.3	91～135	1588	通用
	LD—3	RKN	1534×1562	1630	3.6	235	1588	通用
	LD—2	DPE	1194×1534	1630	3.4	90～105	1250	767专用
	LD—6	DQF	2438×1534	1630	7.2	135	2449	767专用
	LD—8	ALF	3175×1534	1630	8.9	159	3175	767禁用

注：IATA—国际航空运输协会。

（三）集装器识别代号

例如：AKE 3166 CA。其中，A是集装器种类代码；K是集装器底板尺寸代码；E是标准轮廓和适配机型；3166是集装器识别编号；CA是集装器所属承运人。

（四）集装器种类

A是适航审定的集装箱；D是非适航审定的集装箱；P是适航审定的集装板；R是适航审定的保温集装箱；F是非适航审定的集装板。

5.4　实训检验

选择相应的航空运输场站，根据场站的地理区位、功能定位、吞吐量等要素，选择相应的场站装卸工艺，利用本课程有关航空运输设施设备的知识，进行航空运输场站的设备配置。

6　实训小结

6.1　主题内容

基于物流场景的航空运输设施设备的应用。

6.2　实训报告要求

学生的实训报告以报告的形式进行，内容以导入案例的内容为基础。实训报告可以分组或单独完成，选取涉及航空运输设施设备的相关主题。

6.3　考核要求

本次实训的考核成绩按平时成绩的30%与实训报告考核成绩的70%评定。实践教学环节采取现场实习形式，结合必要的讲解、讨论，由学生写出实训报告，并将该报告作为学生本课程学习成效的重要依据。

任务五 管道运输设施设备

1 导入部分

1.1 导入案例

要铺设一条 $A_1 \rightarrow A_2 \rightarrow \cdots \rightarrow A_{15}$ 的输送天然气的主管道，如图 2-5-1 所示。经筛选后可以生产这种主管道钢管的钢厂有 S_1，S_2，$\cdots$，S_7。图中粗线表示铁路，单细线表示公路，双细线表示要铺设的管道，圆圈表示火车站，每段铁路、公路和管道旁的阿拉伯数字表示里程（单位：km）。

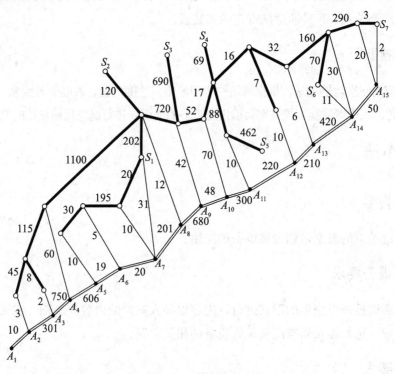

图 2-5-1 管道走向示意

为方便计，1km 主管道钢管称为 1 单位钢管。一个钢厂如果承担制造这种钢管的任务，至少需要生产 500 单位钢管。钢厂 S_i 在指定期限内能生产该钢管的最大数量为 s_i 单位钢管，1 单位钢管出厂售价为 p_i 万元，钢管价格如表 2-5-1 所示。

表 2-5-1　　　　　　　　　　钢管价格

i	1	2	3	4	5	6	7
s_i	800	800	1000	2000	2000	2000	3000
p_i	160	155	155	160	155	150	160

1 单位钢管的铁路运价如表 2-5-2 所示。

表 2-5-2　　　　　　　　　　1 单位钢管的铁路运价

里程（km）	≤300	301～350	351～400	401～450	451～500
运价（万元）	20	23	26	29	32
里程（km）	501～600	601～700	701～800	801～900	901～1000
运价（万元）	37	44	50	55	60

1000km 以上每增加 1～100km，运价增加 5 万元。

公路运输费用为 1 单位钢管每千米 0.1 万元（不足千米部分按千米计算）。钢管可由铁路、公路运往铺设地点（不只是运到点 A_1，A_2，$\cdots$，A_{15}，而是管道全线）。

问题：

（1）请制订一个主管道钢管的订购和运输计划，使总费用最小。

（2）请就（1）进行模型分析：哪个钢厂钢管的售价变化对订购和运输计划，以及总费用的影响最大；哪个钢厂钢管产量上限的变化对订购和运输计划，以及总费用的影响最大；并给出相应的结果。

（3）如果要铺设的管道不是一条线，而是一个树形图，铁路、公路和管道构成网络，请就这种情形给出解决办法。

1.2　相关评论

管道运输业从大庆起步，为解决大庆原油外输困难，缓解东三省以及华北紧张的动力燃料问题，党中央决定抢建东北输油管道。建设长距离、大口径的输油管道在我国尚属首创，一系列技术问题均无章可循，材料和设备必须从零开始。靠人拉肩扛和气吞山河的"军民大会战"，完成了北起黑龙江大庆、南达辽宁抚顺的中国第一条"千里油龙"的建设。

1975 年 9 月，管道建设者又完成了大庆至铁岭、铁岭至大连、铁岭至秦皇岛、抚顺至四平、抚顺至鞍山、盘山到锦西和中朝输油管道的建设，编织成了东北输油管网。

在东北输油管网的建设过程中，筹备成立统一建设和管理管道的职能机关的工作也在紧锣密鼓地进行。1973 年 4 月 16 日，中国石油天然气管道局在河北廊坊诞生。这就意味着，继铁路、海运、公路、航空之后，一个新兴的运输行业——管道运输业兴起。

2 实训目标

（1）简要认知管道运输站点的布置及装卸工艺；

（2）掌握管道运输站点的设施设备。

3 实训步骤与方法

3.1 了解

通过本课程的学习，初步了解管道运输站点的整体布局与设施设备的概况。

3.2 掌握

从知识点入手，以管道运输站点装卸工艺为线索进行讲授，辅以具体设施设备的图片，让学生掌握管道运输设施设备的使用状况。

3.3 报告

辅以材料的阅读，最终以实训报告的形式巩固和提升学习效果。

4 学生互动参与设计

4.1 导入案例分析

在进行导入案例分析时，根据内容提示，要求学生参与讨论，探究导入案例的内容与课程的关系。

4.2 管道运输设施设备的选择

对不同类别和规模的管道运输站点，就其装卸工艺与设施设备选择的问题，要求学生讨论，提出相应的方案并说明理由，这也可以作为学生实训报告的备选内容。

5 实训内容

5.1 管道运输站点的整体布局

管道运输站点的整体布局如图 2-5-2 所示。

图 2-5-2　管道运输站点的整体布局

5.2　管道运输站点典型装卸工艺方案介绍

管道运输泵卸油流程如图 2-5-3 所示。

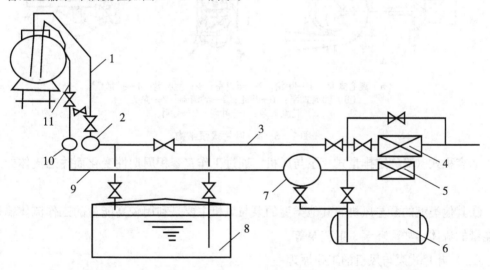

1—鹤管；2—集油管；3—输油管；4—输油泵；5—真空泵；6—放空罐；
7—真空罐；8—零位油罐；9—真空管；10—扫舱总管；11—扫舱短管。

图 2-5-3　管道运输泵卸油流程

5.3　基于物流场景的设施设备的认知

5.3.1　泵与风机的分类及工作原理

（一）泵与风机的分类

（1）泵与风机的种类繁多，其用途也各不相同，按照所产生的全压的高低可分为以下六类。

①低压泵，压强小于 2MPa。

②中压泵，压强为 2MPa～6MPa。

③高压泵，压强大于 6MPa。

④通风机，全压小于 11.375kPa。

⑤鼓风机，全压为 11.375kPa～241.6kPa。

⑥压气机，全压大于 241.6kPa。

（2）按工作原理的不同，可分为以下三类。

①叶片式泵与风机。工作叶轮旋转时，叶轮上的叶片将能量连续地传给流体，从而将流体输送到高压、高位处或远处的泵与风机。叶片式泵与风机包括离心式泵与风机、轴流式泵与风机、混流式泵与风机。叶片式泵结构如图 2－5－4 所示。

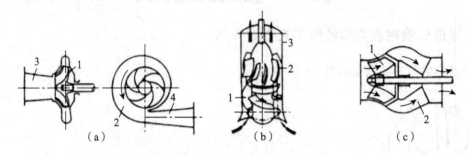

（a）离心式泵：1—叶轮；2—压出室；3—吸入室；4—扩散管。
（b）轴流式泵：1—叶轮；2—导流器；3—泵壳。
（c）混流式泵：1—叶轮；2—导叶。

图 2－5－4　叶片式泵结构

②容积式（又称定排量式）泵与风机。通过工作室容积周期性变化而输送流体的泵与风机。

③其他类型的泵与风机。其他类型的泵与风机主要是利用较高能量的工作流体输送较低能量的流体。如液环泵、射流泵等。

（二）叶片式泵与风机的工作原理

上述三种类型的泵与风机中，用途最广泛的是叶片式泵与风机。这是因为，与其他类型相比，叶片式泵与风机具有效率高、性能可靠、容易调节等优点，特别是可以制成各种能头及流量的泵与风机，以满足不同的需求。这里着重讨论叶片式泵与风机，对其他类型的泵与风机（如活塞泵和柱塞泵、齿轮泵和螺杆泵、罗茨风机等）的工作原理与性能只做简要介绍。

1. 离心式泵与风机的工作原理

离心式泵与风机的主要工作部件是叶轮。当原动机带动叶轮旋转时，叶轮中的叶片迫使流体旋转，即叶片对流体沿它的运动方向做功，从而使流体的压力势能和动能增加。与此同时，流体在惯性的作用下，从中心向叶轮边缘流去，并以很高的速度流出叶轮，进入压出室（导叶或蜗壳），再经扩散管排出，这个过程称为压水（气）过程。同时，由于叶轮中心的流体流向边缘，在叶轮中心形成低压区，当它具有足够的真空时，在吸入端压强的作用下（一般是大气压），流体经吸入室进入叶轮，这个过程称为吸水（气）过程。由于叶轮连续旋转，流体也就连续排出、吸入，形成离心式泵与风机的连续工作。

2. 轴流式泵与风机的工作原理

流体沿轴向流入叶片通道，当叶轮在原动机作用下旋转时，旋转着的叶片给绕流流体一个轴向的推力，根据流体力学可知，叶轮中的流体绕流叶片时，流体对叶片有一个升力；同时根据作用力与反作用力相等的原理，叶片也作用给流体一个与升力大小相等、方向相反的推力，此叶片的推力对流体做功，使流体的能量增加并沿轴向排出。叶轮连续旋转即形成轴流式泵与风机的连续工作。

3. 混流式泵与风机的工作原理

与离心式泵与风机相比，混流式泵与风机流量较大，能头较低；但和轴流式泵与风机相比，混流式泵与风机的流量较小，能头较高。总之，从性能上看，它是介于离心式泵与风机和轴流式泵与风机之间的一种泵与风机。

（三）容积式泵与风机的工作原理

容积式泵与风机通过工作室容积周期性变化而实现输送流体的流体机械。根据运动方式的不同，容积式泵与风机可分为往复式泵与风机和齿轮式泵与风机两类。

1. 往复式泵与风机

现以活塞式泵与风机为例，说明往复式泵与风机（见图2-5-5）的工作原理。活塞式泵与风机主要由活塞在泵缸内做往复运动来吸入和排出流体。当活塞开始自极左端位置向右移动，工作室的容积逐渐扩大，室内压力降低，流体顶开吸水阀，进入活塞所让出的空间，直至活塞移动到极右端为止，此过程称为泵与风机的吸入过程。当活塞从右端开始向左移动时，充满泵与风机的流体受挤压，将吸水阀关闭，打开压水阀而排出，此过程称为泵与风机的压出过程。

2. 齿轮式泵与风机

齿轮式泵与风机具有一对互相啮合的齿轮，如图2-5-6所示，图中齿轮1（主动轮）固定在主动轴上，轴的一端伸出壳外由原动机驱动，齿轮2（从动轮）装在另一个轴上。齿轮旋转时，液体沿吸油管进入吸入空间，沿上下壳壁被两个齿轮分别压到排出空间汇合（齿与齿啮合前），然后进入压油管排出。

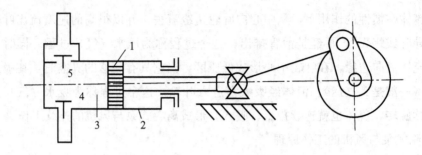

1—活塞；2—泵缸；3—工作室；4—吸水阀；5—压水阀。

图 2－5－5　往复式泵与风机

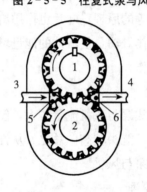

1—主动轮；2—从动轮；3—吸油管；4—压油管；5—吸入空间；6—排出空间。

图 2－5－6　齿轮式泵与风机

（四）其他类型的泵与风机的工作原理

1. 喷射泵与风机

喷射泵与风机如图 2－5－7 所示，将高压的工作流体，由压力管送入喷嘴，经喷嘴后压能变成高速动能，因此，喷嘴附近的液体（或气体）被带走。此时喷嘴出口后部的吸入室真空，被抽吸流体 8 与工作流体 7 一起混合，然后通过扩散室 2 将压力升高输送出去。由于工作流体 7 连续喷射，吸入室 5 继续保持真空，于是得以不断地抽吸和排出流体。

2. 射水—离心泵与风机

射水—离心泵与风机如图 2－5－8 所示，由离心泵出口再循环至喷嘴流出的高速射流，与由凝汽器热井进入喉部的低速凝结水混合在一起，在扩散管中降低速度，把动能转变为压能，进入离心泵，再由离心泵升压排出，其中，绝大部分流体流经低压加热器和除氧器，最后送至水泵，还有部分流体通过再循环管回到喷嘴，继续不断地把凝汽器热井的水抽送出去。

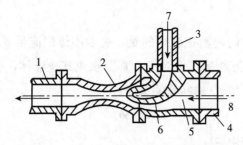

1—排出管；2—扩散室；3—压力管；4—吸入管；5—吸入室；
6—喷嘴；7—工作流体；8—被抽吸流体。

图 2-5-7　喷射泵与风机

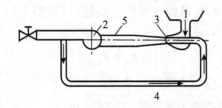

1—凝汽器热井；2—离心泵；3—喷嘴；4—再循环管；5—扩散管。

图 2-5-8　射水—离心泵与风机

（五）叶片式和容积式泵与风机特点的比较

和容积式泵与风机比较，叶片式泵与风机有以下优点。

（1）作用均匀，流量与排出压力无周期性变化。

（2）运动件少而简单，不需要分配阀，因此运行可靠性好。

（3）能高速运转，因此可以与高速电动机直接连接。

（4）外形尺寸与安装面积比较小，安装费用较低。

（5）运行费用低。

（6）调节性能好，可很快适应条件的变化。

和容积式泵与风机相比较，叶片式泵与风机有以下缺点。

（1）流量小而扬程高时，效率较低。低比转速泵尤为明显。

（2）起动前大部分叶片式泵必须灌液。自吸泵增加了气水分离室和贮液室，结构复杂，可以取消底阀，但安装后第一次起动也需灌液。

（3）叶片式泵运行时如果吸入空气，特别是管路布置不当或管路漏气，则泵可能会中止抽吸或运行。

5.3.2　泵与风机的基本性能参数

（一）泵的基本性能参数

泵的基本性能参数包括流量、扬程、功率、效率、转速、比转速和汽蚀余量等，它们从不同的角度表示了泵的工作性能。

1. 流量

泵的流量指泵在单位时间内输送液体的量。通常用体积流量 q_v 表示，单位是 m^3/s，L/s，m^3/h，这些单位可以互相换算。对于非常温水或其他液体，也可用质量流量 q_m 表示，单位是 kg/s，t/h。q_v 和 q_m 的换算关系为：

$$q_m = \rho q_v$$

式中：ρ——液体的密度，kg/m^3。

2. 扬程

泵的扬程，又称能头（也有用全压表示的，如给水泵），指单位重力液体从泵进口截面经叶轮到泵出口截面所获得的机械能（势能、动能）（见图 2-5-9）。扬程用 H 表示，单位为 m，其数学表达式为：

$$H = E_2 - E_1$$

式中：E_2——泵出口截面处单位重力液体的机械能，m；

E_1——泵进口截面处单位重力液体的机械能，m。

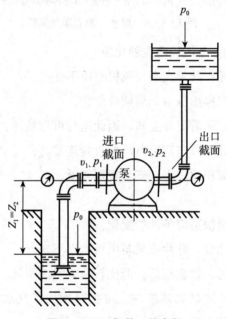

图 2-5-9 相关工作参数

E_2，E_1 分别为：

$$E_2 = p_2/(\rho g) + v_2^2/(2g) + Z_2$$

$$E_1 = p_1/(\rho g) + v_1^2/(2g) + Z_1$$

式中：p_2，p_1——泵出口、进口截面处液体的压强，单位为 Pa，实际工作中应当是泵出口、进口测压点压力表的读数；

v_2，v_1——泵出口、进口截面处液体的平均速度，单位为 m/s；

Z_2，Z_1——泵出口、进口截面中心到基准面的距离，单位为 m，实际工作中，Z_2，Z_1 应当是泵出口、进口测压点压力表中心到基准面的距离，两压力表布置在同一水平高度，实现如图 2-5-9 所示 $Z_1 = Z_2$；

ρ——液体的密度，单位为 kg/m³。

因此泵的扬程可写为：

$$H = (p_2 - p_1) / (\rho g) + (v_2^2 - v_1^2) / (2g) + (Z_2 - Z_1)$$

对于高压水泵，有时也近似用泵出口、进口截面处液体的压强差 $(p_2 - p_1)$ 来表示扬程。此时，扬程的表达式为：

$$H = (p_2 - p_1) / (\rho g)$$

对于潜水泵，p_1、v_1 和 Z_1 均为 0，则扬程表达式可写成：

$$H = p_2 / (\rho g) + v_2^2 / (2g) + Z_2$$

3. 功率和效率

①轴功率。轴功率作为泵的性能参数，通常指泵的输入功率，也就是原动机传到泵轴上的功率，故称为轴功率，用 P_{sh} 表示，单位为 kW。

②有效功率。通过泵的液体在单位时间内从泵中获得的能量称为泵的有效功率。由于这部分能量被流出泵的液体携带，故又称为输出功率，用 P_e 表示，其计算式为：

$$P_e = \rho g q_v H / 1000$$

式中：q_v——体积流量，m³/s；

H——扬程，m；

g——重力加速度，m/s²。

③原动机输入功率。电网输送给电动机的电能或油料燃烧输送给内燃机的化学能等称为原动机输入功率，用 P_g 表示，单位为 kW。

④泵效率。轴功率和有效功率之差为泵内产生的损失功率。有效功率和轴功率之比称为泵效率，用 η 表示，通常以百分数计，即：

$$\eta = 100\% \times P_e / P_{sh}$$

⑤机组效率。有些泵原动机与泵体同轴直连，无法直接测取或计算轴功率。原动机输入功率和有效功率之差为泵内及原动机内损失功率的总和。有效功率与原动机输入功率之比称为机组效率，用 η_t 表示，以百分数计，即：

$$\eta_t = 100\% \times P_e / P_g$$

⑥配套功率。在选择原动机时，考虑到过载的可能，通常在原动机轴功率的基础上考虑一定的安全系数，以计算出原动机的配套功率 P_{gr}，即：

$$P_{gr} = K P_{sh} = 100\% \times K P_e / \eta = 100\% \times K \rho g q_v H / (1000\eta)$$

式中，K——电动机容量安全系数。

电动机容量安全系数与电动机的容量、泵的工作特性有关。对于一般泵其取值可参考表 2-5-3，对于一些特殊用途的泵可参考有关规定。

表 2-5-3 电动机与泵的功率匹配关系

电动机功率（kW）	电动机容量安全系数 K	电动机功率（kW）	电动机容量安全系数 K
0.5 以下	1.5	2～5	1.2
0.5～1	1.4	5～50	1.15
1～2	1.3	50 以上	1.08

4. 转速

泵的转速指泵轴每分钟的转数，用 n 表示，单位为 r/min。它是影响泵性能的一个重要因素，当转速变化时，泵的流量、扬程、功率等都将发生变化。

此外，还有泵的比转速、汽蚀余量（或允许吸上真空高度）等。

（二）风机的基本性能参数

风机的基本性能参数包括流量、全压、静压、功率、全压效率和全压内效率、静压效率和静压内效率、转速等，它们从不同的角度表示了风机的工作性能。

1. 流量

风机流量指单位时间内通过风机进口的气体的体积，用 q_v 表示，单位为 m³/s 或 m³/h。若无特殊说明，风机流量是指在标准进口状态下（压强为 $10.13×10^4$ Pa，温度为 20℃，相对湿度为 50％，密度为 1.2kg/m³）气体的体积。

2. 全压

风机全压指单位体积气体从风机进口截面经叶轮到风机出口截面所获得的机械能，用 p 表示，单位为 Pa。若忽略位能的变化，风机的全压可表示为：

$$p = (p_2 + \rho v_2^2/2) - (p_1 + \rho v_1^2/2)$$

式中：p_2，p_1——风机出口、进口截面处气体的压强，单位为 Pa；

v_2，v_1——风机出口、进口截面处气体的平均速度，单位为 m/s。

3. 静压

风机的全压减去风机出口截面处的动压（通常将风机出口截面处的动压作为风机的动压）得到的结果称为风机的静压，用 p_{st} 表示，静压的公式为：

$$p_{st} = p - p_{d2} = p_2 - p_1 - \rho v_1^2/2$$

式中：p_{d2}——风机出口截面处的动压。

4. 功率

和泵类似，风机的功率通常指输入功率，亦称轴功率，用 P_{sh} 表示，单位为 kW。除此之外，还有内功率 P_i、全压有效功率 P_e'、静压有效功率 P_{est}，其计算式分别为：

$$P_i = P'_e + \sum \Delta P$$

$$P'_e = q_v p / 1000$$

$$P_{est} = q_v p_{st} / 1000$$

式中：$\sum \Delta P$——除轴承外风机内损失的各种功率。

考虑到可能出现过载，在选择原动机的配套功率时，须考虑一定的安全系数，其处理方法和泵相同。

5. 全压效率和全压内效率

全压效率指风机的全压有效功率和轴功率之比，用 η' 表示，一般以百分数计，即：

$$\eta' = 100\% \times P'_e / P_{sh}$$

同理，全压内效率等于全压有效功率与内功率之比，用 η_i 表示，一般以百分数计，即：

$$\eta_i = 100\% \times P'_e / P_i$$

6. 静压效率和静压内效率

静压效率指风机的静压有效功率和轴功率之比，用 η_{st} 表示，一般以百分数计，即：

$$\eta_{st} = 100\% \times P_{est} / P_{sh}$$

同理，静压内效率等于静压有效功率与内功率之比，用 η_{ist} 表示，一般以百分数计，即：

$$\eta_{ist} = 100\% \times P_{est} / P_i$$

和泵相同，如无特殊说明，风机的效率均指全压效率。

7. 转速

风机转速指风机轴每分钟的转数，用 n 表示，单位为 r/min。

此外，还有风机的比转速及其他参数可以表示风机的工作性能。

5.3.3 叶片式泵的过流部件和典型结构

（一）叶片式泵的过流部件

叶片式泵的主要过流部件是吸入室、叶轮和压出室，具体如图 2-5-10 所示。

1. 吸入室

吸入室位于叶轮进口前，其作用是把液体按一定要求引入叶轮。吸入室的主要类型如图 2-5-11 所示。

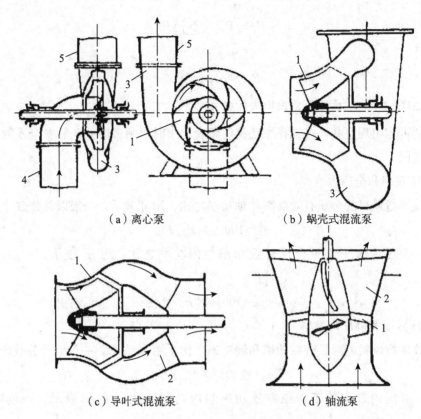

（a）离心泵 （b）蜗壳式混流泵

（c）导叶式混流泵 （d）轴流泵

1—叶轮（工作轮）；2—导叶；3—蜗室（压出室）；4—吸入管；5—排出管。

图 2 - 5 - 10 叶片式泵的过流部件

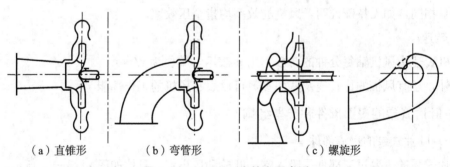

（a）直锥形 （b）弯管形 （c）螺旋形

图 2 - 5 - 11 吸入室的主要类型

2. 叶轮

叶轮是泵的核心，也是过流部件的核心，泵通过叶轮对液体做功，使其能量增加。

叶轮按液体流出的方向分为三类（见图 2 - 5 - 12）。

①离心式（径流式）叶轮是使液体沿与轴线垂直的方向流出的叶轮。

②混流式叶轮是使液体沿倾斜于轴线的方向流出的叶轮。高比转速的混流式叶轮有时称为斜流式叶轮。

③轴流式叶轮是使液体沿平行于轴线的方向流出的叶轮。另外，叶轮按吸入方式分为

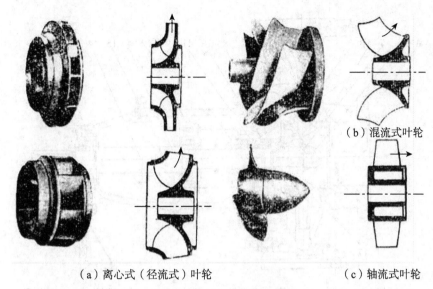

（b）混流式叶轮

（a）离心式（径流式）叶轮　　　　　　　　（c）轴流式叶轮

图 2 - 5 - 12　叶轮的类型

单吸叶轮和双吸叶轮。单吸叶轮是叶轮从一面吸入液体。双吸叶轮是叶轮从两面吸入液体。

3. 压出室

压出室位于叶轮出口之后，其作用是收集从叶轮中高速流出的液体，使其速度降低，转变速度动能为压能，并且把液体按一定要求送入下级叶轮进口或送至排出管。

（二）叶片式泵的典型结构

叶片式泵按其结构形式，分类如下。

1. 按主轴方向

按主轴方向，叶片式泵分为卧式泵、立式泵和斜式泵。卧式泵的主轴水平放置，如图 2 - 5 - 13 所示。立式泵的主轴垂直放置。斜式泵的主轴倾斜放置。

2. 按液体流出叶轮的方向

按液体流出叶轮的方向，叶片式泵分为离心式泵和混流式泵。离心式泵内装径流式叶轮。混流式泵内装混流式叶轮，如图 2 - 5 - 14 所示。

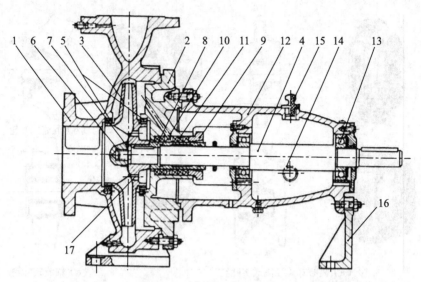

1—泵体；2—泵盖；3—叶轮；4—泵轴；5—密封环；6—叶轮螺母；7—止动垫圈；
8—轴套；9—填料压盖；10—填料环；11—填料；12—悬架；13—轴承；14—油标；
15—油孔盖；16—支架；17—水压平衡孔。

图 2-5-13 卧式泵结构

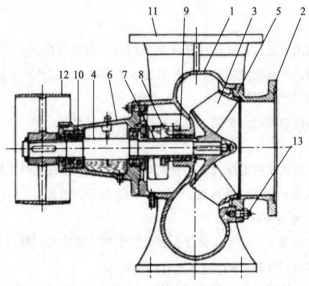

1—泵壳；2—泵盖；3—叶轮；4—泵轴；5—密封环；6—轴承箱（油箱）；
7—轴套；8—压盖；9—填料；10—轴承；11—出水口；
12—皮带轮；13—双头螺丝。

图 2-5-14 混流式泵结构

3. 按吸入方式

按吸入方式，叶片式泵分为单吸泵和双吸泵。单吸泵内装单吸叶轮。双吸泵内装双吸叶轮，如图 2-5-15 所示。

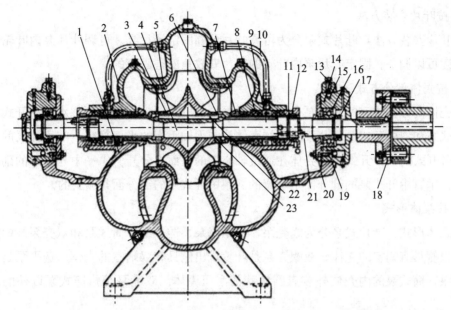

1—泵体；2—泵盖；3—叶轮；4—泵轴；5—密封环；6—轴套；7—填料挡套；8—填料；
9—填料环；10—水封管；11—填料压盖；12—轴套螺母；13—固定螺钉；14—轴承体；
15—轴承体压盖；16—滚珠轴承；17—圆螺母；18—联轴器；19—轴承挡套；
20—轴承端盖；21—双头螺丝；22—键；23—纸垫。

图 2-5-15　双吸泵结构

4. 按级数

按级数，叶片式泵分为单级泵和多级泵。单级泵内装一个叶轮。多级泵内同一根轴上装两个或两个以上的叶轮，如图 2-5-16 所示。

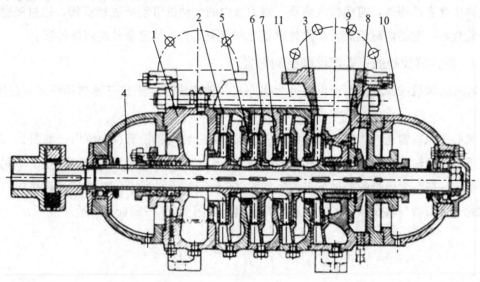

1—进水段；2—中段；3—出水段；4—泵轴；5—叶轮；6—导叶；7—密封环；
8—平衡盘；9—平衡环；10—轴承部件；11—长螺栓（穿杠）。

图 2-5-16　多级泵结构

5. 按叶片安装方法

按叶片安装方法，叶片式泵分为可调叶片泵和固定叶片泵。可调叶片泵内叶轮的叶片安放角度可以调节。固定叶片泵内叶轮的叶片安放角度是固定的。

6. 按壳体剖分方式

按壳体剖分方式，叶片式泵分为分段式泵、节段式泵、中开式泵、水平中开式泵、垂直中开式泵和斜中开式泵。分段式泵的壳体按与主轴垂直的平面剖分。节段式泵的每级壳体都是分开式的。中开式泵的壳体在通过轴心线的平面上分开。水平中开式泵的剖分面是水平的。垂直中开式泵的剖分面是垂直的。斜中开式泵的剖分面是倾斜的。

7. 按泵体形式

按泵体形式，叶片式泵分为蜗壳泵、双蜗壳泵、透平泵、筒式泵和双壳泵。蜗壳泵是叶轮排出侧具有蜗室的壳体。双蜗壳泵是叶轮排出侧具有双蜗室的壳体。透平泵是带导叶的离心泵。筒式泵的内壳体外装有圆筒状的耐压壳体。双壳泵是指筒式泵以外的双层壳体泵。

8. 特殊结构的叶片式泵

特殊结构的叶片式泵包括潜水电泵、贯流式泵、屏蔽泵、自吸式泵、管道泵、无堵塞泵和磁力泵等。潜水电泵是驱动泵的电动机与泵一起放在水中使用的泵。贯流式泵的泵体内装有电动机等驱动装置。屏蔽泵的泵与电动机直连（共用一根轴），电动机定子内侧装有屏蔽套，以防液体进入。自吸式泵的叶轮在抽送液体的同时能起到灌水的作用，泵起动时无须灌水。管道泵作为管路的一部分，无须特别改变管路即可安装泵。无堵塞泵用于抽送液体中含有的固体，避免泵内堵塞。磁力泵内的电动机带动外磁钢旋转，通过磁感应使和叶轮连在一起的内磁钢旋转，内外磁钢之间有隔离套，能完全杜绝液体外漏。

5.3.4 叶片式风机的主要部件和结构形式

叶片式风机按其工作原理可以分为离心式、轴流式和混流式三种结构形式（见图 2 - 5 - 17）。

离心式风机输送气体时，气体沿轴向进入，经叶轮内部沿着径向流出，如图 2 - 5 - 17（a）所示。而轴流式风机中，气流由轴向进入叶轮，并在风机翼型的升力作用下，仍沿轴向运动，一般在大风量的条件下采用，如图 2 - 5 - 17（b）所示。在混流式风机内，轴向进入的气体沿着与轴线倾斜的方向从叶轮流出，如图 2 - 5 - 17（c）所示。

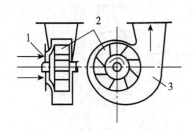

（a）离心式风机

1—进风口；2—叶轮；3—机壳。

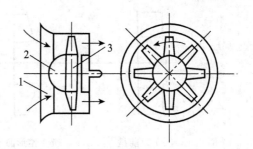

（b）轴流式风机

1—进风口；2—导流器；3—叶轮。

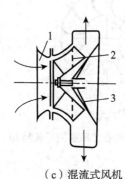

（c）混流式风机

1—进风口；2—叶轮；3—机壳。

图 2 - 5 - 17　叶片式风机的三种结构形式

（一）离心式风机的主要部件

离心式风机的主要部件有叶轮、机壳、进风口、进气箱、导流器和扩压器等。

1. 叶轮

叶轮是离心式风机的心脏，它的尺寸和几何形状对风机的特性有重大影响。它通常分为封闭式叶轮和开式叶轮两种，封闭式叶轮一般由前盘、后（中）盘、叶片和轮毂组成。叶轮前盘的形式主要有直前盘、锥形前盘和弧形前盘三种，如图 2 - 5 - 18 所示。直前盘制造简单，但一般对气体的流动情况有不良影响；锥形前盘和弧形前盘制造比较复杂，但其气动效率和叶轮强度都比直前盘优越。

叶轮上的主要零件是叶片，离心式风机的叶片一般为 6～64 个。叶片按其结构可分为平板形叶片、圆弧形叶片和机翼形叶片三种，如图 2 - 5 - 19 所示。平板形叶片制造简单；机翼形叶片具有优良的空气动力特性，叶片强度高，气动效率也较高。

离心式风机的叶轮，根据叶片出口角的不同，可分为前向叶轮、径向叶轮和后向叶轮。目前，前向叶轮一般都采用圆弧形叶片。在后向叶轮中，大型风机多采用机翼形叶片，中、小型风机则以采用圆弧形叶片和平板形叶片为宜。

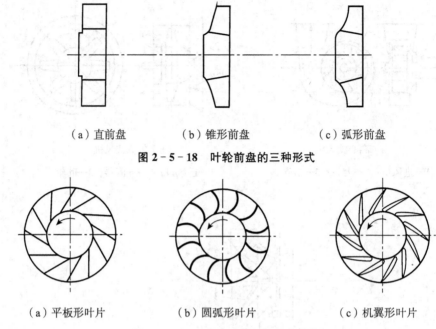

（a）直前盘　　　　　（b）锥形前盘　　　　　（c）弧形前盘

图 2 - 5 - 18　叶轮前盘的三种形式

（a）平板形叶片　　　　（b）圆弧形叶片　　　　（c）机翼形叶片

图 2 - 5 - 19　离心式风机的叶轮结构

2. 机壳

机壳是由蜗板和左右两块侧板焊接或咬口而成，主要有螺旋形室（蜗壳）、风舌等组成。蜗壳的作用是收集从叶轮出来的气体，并将这些气体引至蜗壳的出口，经过出风口，把气体输送到管道中或排到大气中。蜗壳的蜗板是一条阿基米德螺旋线或对数螺旋线，它的轴面一般为等宽矩形。

3. 进风口

进风口又称集流器，它的作用在于使气流顺利进入叶轮，从而减小气体的流动损失。离心式风机进风口的形式有筒形、锥形、筒锥形、圆弧形、锥弧形等，如图 2 - 5 - 20 所示。在大型风机上多采用圆弧形或锥弧形进风口，以提高风机效率。

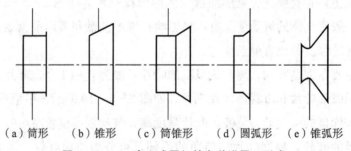

（a）筒形　　（b）锥形　　（c）筒锥形　　（d）圆弧形　　（e）锥弧形

图 2 - 5 - 20　离心式风机的多种进风口形式

4. 进气箱

进气箱一般只使用在大型或双吸离心式风机上，可使轴承装于风机的机壳外，便于安装与检修，对改善锅炉引风机的轴承工作条件更有利。另外，进气箱还能减少气流不均匀进入叶轮而产生的流动损失，一般断面逐渐收拢的进气箱效果较好。

5. 导流器

一般在大型离心式风机或要求特性能调节的风机的进风口或进风口的流道内放置导流器。用改变导流器叶片角度的方法，来调节风机的负荷，扩大风机的性能、使用范围和提高调节的经济性。导流器可分为轴向式导流器和径向式导流器两种。

6. 扩压器

扩压器装于风机机壳出口处，其作用是降低出口气流速度，使部分动压转变为静压，并减少机壳中的旋涡，提高风机的效率。根据出口管路的需要，扩压器有圆形截面和方形截面两种。扩压器一般做成向叶轮一侧扩大的形状，其扩散角通常为 $6°\sim8°$。

（二）离心式风机的结构形式

离心式风机结构简单，制造方便，叶轮和机壳一般都用钢板制成，通常采用焊接的方式，有时也采用铆接。

离心式风机的结构形式分类如下。

1. 按旋转方式

按旋转方式，离心式风机可分为右旋转式风机和左旋转式风机两种。从原动机一端看风机，叶轮旋转方向为顺时针的称为右旋转式风机，用"右"表示；叶轮旋转方向为逆时针的称为左旋转式风机，用"左"表示，但必须注意叶轮只能顺着蜗壳螺旋线的展开方向旋转。

2. 按进气方式

按进气方式，离心式风机可分成单侧进气（单吸）风机和双侧进气（双吸）风机两种。单吸是气体只从一侧进入叶轮，用"1"表示，可以是单级叶轮或双级叶轮；双吸则是气体由两侧进入叶轮，用"0"表示，其流量是单吸的两倍。

特殊情况下，离心式风机的进风口装有进气室，按叶轮"左"或"右"旋转方向，各有五种不同的进口位置，如图 2-5-21 所示。

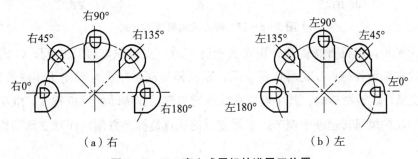

（a）右　　　　　　　　　　　　　　（b）左

图 2-5-21　离心式风机的进风口位置

3. 按出风口位置

离心式风机机壳出风口位置根据机壳的出风口角度和叶轮旋转方向，可以分为 16 种形式，进而对应 16 种不同形式的风机，如图 2-5-22 所示。

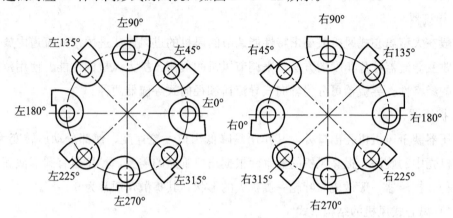

图 2-5-22　离心式风机出风口位置

4. 按传动方式

离心式风机有六种传动方式（装置形式），如图 2-5-23 所示，并配以相应的代号，进而对应六种不同形式的风机。

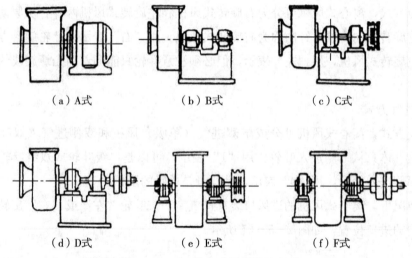

（a）A式　　　　　（b）B式　　　　　（c）C式

（d）D式　　　　　（e）E式　　　　　（f）F式

图 2-5-23　离心式风机传动方式

A 式无轴承，电机直联传动；B 式由悬臂支承，皮带轮在轴承中间；C 式由悬臂支承，皮带轮在轴承外侧；D 式由悬臂支承，联轴器传动；E 式为双支承，皮带轮在外侧；F 式为双支承，联轴器传动。其中电机直联传动与联轴器传动的风机转速，取决于电机转速。皮带传动的风机转速便于调节。悬臂支承的优点是拆卸方便，而双支承的优点是运转比较平稳。

5.3.5 阀门的基础知识

(一)阀门

阀门指用以控制流体(液体、气体、气液或固液混合体)流量、压强和流向的装置,简称阀。通常由阀体、阀盖、阀座、启闭件、驱动机构、密封和紧固件等组成。阀门的控制功能是依靠驱动机构或流体驱使启闭件升降、滑移、旋摆或回转以改变流道的面积来实现的。阀门广泛用于工农业生产和日常生活器具中。

阀门种类繁多,按使用功能可以分为截断阀、调节阀、止回阀、分流阀和安全阀。截断阀用于截断或接通介质流,包括闸阀、截止阀、隔膜阀、旋塞阀、球阀、蝶阀等。调节阀用于调节流体的流量和压力等,包括节流阀、减压阀等。止回阀用于阻止流体倒流。分流阀用于分配、分离和混合流体,包括滑阀、多通阀、疏水阀等。安全阀用于超压安全保护,防止锅炉、压力容器或管道等被损坏。另外,按工作压力可分为真空阀、低压阀、中压阀、高压阀、超高压阀;按工作温度可分为高温阀、中温阀、常温阀、低温阀;按驱动方式可分为手动阀、电动阀、气动阀、液动阀等;按阀体材料又可分为铸铁阀、铸钢阀、锻钢阀等;按使用部门特点可分为船用阀、水暖用阀、电站用阀等。

阀门的基本参数包括工作压力、工作温度和口径。工业管道的各种阀门,常用公称压力(在规定温度下允许承受的最大工作压力)和公称通径(阀体与管子连接端部的名义内径)作为基本参数。阀门主要具有密封、强度调节、流通、启闭等功能,其中前二者是一切阀门最基本、最重要的功能。为了保证阀门各功能的实现,除了必须遵守相关标准的规定,合理地进行结构设计、确保工艺质量外,还必须正确地选用材料。

(二)阀门知识概述

1. 阀门的特性

阀门的特性一般有两种,使用特性和结构特性。

(1)使用特性

它确定了阀门的主要使用性能和使用范围。属于阀门使用特性的有:阀门的类别(电磁阀门、闭路阀门、调节阀门、安全阀门等);产品类型(闸阀、截止阀、蝶阀、球阀、呼吸阀等);阀门主要零件(阀体、阀盖、阀杆、阀瓣、密封面)的材料;阀门传动方式等。

(2)结构特性

结构特性确定了阀门的安装、维修、保养等方法。属于结构特性的有:阀门的结构长度和总体高度;与管道的连接形式(法兰连接、螺纹连接、夹箍连接、卡套连接、焊接连接等);密封面的形式(镶圈、螺纹圈、堆焊、喷焊、阀体本体);阀杆结构形式(旋转杆、升降杆)等。

2. 阀门的选择步骤和依据

（1）选择步骤

①明确阀门在设备或装置中的用途，确定阀门的工作条件，包括适用介质、工作压力、工作温度等。

②确定与阀门连接管道的公称通径和连接方式。

③确定操作阀门的方式，包括手动、电动、电磁、气动或液动、电气联动或电液联动等。

④根据管线输送的介质、工作压力、工作温度，确定所选阀门的壳体和内件的材料，包括灰铸铁、可锻铸铁、球墨铸铁、碳素钢、合金钢、不锈耐酸钢、铜合金等。

⑤选择阀门的种类。

⑥确定阀门的形式。

⑦确定阀门的参数。对于自动阀门，根据不同需要先确定允许流阻、排放能力、背压等，再确定管道的公称通径和阀座孔的直径。

⑧确定所选用阀门的几何参数，包括结构长度、连接形式及尺寸、开启和关闭后阀门的高度、连接的螺栓孔尺寸和数量、整个阀门的尺寸等。

⑨利用现有资料（阀门产品目录、阀门产品样本等）选择适当的阀门产品。

（2）选择依据

①阀门的用途、使用工况条件和操纵控制方式。

②工作介质的性质，包括工作压力、工作温度、腐蚀性能，是否含有固体颗粒，介质是否有毒，是不是易燃、易爆介质，介质的黏度等。

③对阀门流体特性的要求，包括流阻、排放能力、流量特性、密封等级等。

④安装尺寸和外形尺寸要求，包括公称通径、与管道的连接方式和连接尺寸、外形尺寸或重量限制等。

⑤对阀门产品的可靠性、使用寿命和电动装置的防爆性能等的附加要求。在选定参数时，如果阀门用于控制，必须确定如下额外参数：操作方法、最大和最小流量要求、正常流动的压力降、关闭时的压力降、阀门最大和最小的进口压力。

根据上述步骤和依据，合理、正确地选择阀门时还必须对各种类型阀门的内部结构进行详细了解，以便能择优选用阀门。

3. 选择阀门应遵循的原则

（1）截止和开放介质用的阀门

流道为直通式的阀门，其流阻较小，通常选择作为截止和开放介质用的阀门。向下闭合式阀门（截止阀、柱塞阀）由于其流道曲折，流阻比其他阀门大，故较少选用。在允许有较大流阻的场合，可选用闭合式阀门。

（2）控制流量用的阀门

通常选择易于调节流量的阀门作为控制流量用的阀门。向下闭合式阀门（如截止阀）适于这一用途，因为它的阀座尺寸与关闭件的行程之间成正比关系。旋转式阀门（旋塞阀、蝶阀、球阀）和挠曲阀体式阀门（夹紧阀、隔膜阀）也可用于节流控制，但通常只能在有限的阀门口径范围内使用。

（3）换向分流用的阀门

根据换向分流的需要，这种阀门可有三个或更多的通道。旋塞阀和球阀较适用，因此，大部分用于换向分流的阀门都选取旋转式阀门。但是在有些情况下，其他类型的阀门，只要把两个或更多个阀门适当地连接起来，也可用于换向分流。

（4）带有悬浮颗粒的介质用的阀门

当介质中带有悬浮颗粒时，最适宜采用关闭件沿密封面滑动时带有擦拭功能的阀门。如果关闭件相对阀座的运动方向是竖直的，则可能夹持颗粒，因此对于这种阀门而言除非密封面材料允许嵌入颗粒，否则只适用于基本清洁的介质。球阀和旋塞阀在启闭过程中对密封面均有擦拭作用，故适宜在带有悬浮颗粒的介质中使用。

目前，无论在石油、化工，还是其他行业的管道系统，最重要、最关键的设备还是阀门。管道的最终控制是阀门，阀门在各个领域的服务和可靠表现是独一无二的。

（三）各类阀门选用指导

1. 闸阀

闸阀作为截止介质使用，在全开时整个流通直通，此时介质运行的压力损失最小。闸阀通常适用于不需要经常启闭，而且保持闸板全开或全闭的工况，不适用于作为调节或节流使用。对于高速流动的介质，闸板在局部开启状况下会引起闸门的振动，而振动又可能损伤闸板和阀座的密封面，故节流会使闸板遭受介质的冲蚀。从结构形式上看，各种闸阀的主要区别是所采用的密封元件的形式不同。根据密封元件的形式，常常把闸阀分为几种不同的类型，如楔式闸阀、平行式闸阀、平行双闸板闸阀、楔式双闸板闸阀等。最常用的形式是楔式闸阀和平行式闸阀。

2. 截止阀

截止阀的阀杆轴线与阀座密封面垂直。阀杆开启或关闭行程相对较短，并具有非常可靠的切断动作，使得这种阀门非常适合作为介质的切断、调节或节流之用。截止阀的阀瓣一旦处于开启状况，它的阀座和阀瓣密封面之间就不再接触，因而其密封面机械磨损较小。由于大部分截止阀的阀座和阀瓣比较容易修理，更换密封元件时无须把整个阀门从管线上拆下来，这对于阀门和管线焊接成一体的情形是很适用的。介质通过此类阀门时的流动方向发生了变化，因此截止阀的流动阻力高于其他阀门。

常用的截止阀有以下几种。

（1）角式截止阀

使用角式截止阀，流体只需改变一次方向，以致通过此阀门的压力降比常规结构的截止阀小。

（2）直流式截止阀

在直流式截止阀中，阀体的流道与主流道成一条斜线，这样流动状态的破坏程度比常规截止阀要小，因而通过阀门的压力损失也相应较小。

（3）柱塞式截止阀

柱塞式截止阀是常规截止阀的变形。在该阀门中，阀瓣和阀座通常是基于柱塞原理设计的。阀瓣磨光成柱塞与阀杆连接，密封是由套在柱塞上的两个弹性密封圈实现的。两个弹性密封圈用一个套环隔开，并通过阀盖螺母施加在阀盖上的载荷把柱塞周围的密封圈压牢。弹性密封圈可以更换，它可以用各种各样的材料制成，该阀门主要用于"开"或者"关"，但是特制的柱塞或特殊的套环也可以用于调节流量。

3. 蝶阀

蝶阀的蝶板安装于管道的直径。在蝶阀阀体圆柱形的通道内，圆盘形蝶板绕着轴线旋转，旋转角度为 $0°\sim90°$，旋转到 $90°$ 时，阀门为全开状态。

蝶阀结构简单、体积小、重量轻，只由少数几个零件组成，而且只旋转 $90°$，即可快速启闭，操作简单，同时该阀门具有良好的流体控制特性。蝶阀处于完全开启位置时，蝶板厚度是介质流经阀体时唯一的阻力，因此通过该阀门产生的压力降很小，故蝶阀具有较好的流量控制特性。蝶阀有弹性密封和金属密封两种密封形式。采用弹性密封的阀门的密封圈可以镶嵌在阀体上或附在蝶板周围。采用金属密封的阀门一般比采用弹性密封的阀门寿命长，但很难做到完全密封。采用金属密封的阀门能适应较高的工作温度，采用弹性密封的阀门则具有受温度限制的缺陷。

蝶阀的结构原理尤其适合制作大口径阀门。蝶阀不仅在石油、天然气、化工、水处理等一般工业上得到广泛应用，而且还用于热电站的冷却水系统中。常用的蝶阀有对夹式蝶阀和法兰式蝶阀两种。对夹式蝶阀是用双头螺栓将阀门连接在两管道的法兰之间；法兰式蝶阀的阀门上带有法兰，用螺栓将阀门上两端的法兰连接在管道的法兰上。

4. 球阀

球阀是由旋塞阀演变而来的，它同样要旋转 $90°$ 提升，不同的是旋塞体是球体，有圆形通孔或通道通过其轴线。球面和通道口的比例应满足当球体旋转 $90°$ 时，在进、出口处应全部呈现球面，从而截断流动。

球阀只需要旋转 $90°$ 和很小的转动力矩就能关闭严密，阀体内腔为介质提供了阻力很小、直通的流道。通常认为球阀最适宜直接做开关使用，随着科技的发展，球阀也可用于节流和控制流量。球阀的主要特点是本身结构紧凑，易于操作和维修，适用于水和天然气等一般工作介质，还适用于工作条件恶劣的介质。球阀阀体可以是整体的，也可以是组合式的。

5. 防止介质倒流的阀门

该类阀门的作用是只允许介质向一个方向流动。通常这种阀门是自动工作的，在向一个方向流动的流体压力作用下，阀瓣打开；流体反方向流动时，由流体压力和阀瓣的自重使阀瓣作用于阀座，从而切断流动。止回阀就属于这种类型的阀门，它包括旋启式止回阀和升降式止回阀。旋启式止回阀有一个铰链机构，还有一个像门一样的阀瓣，自由地靠在倾斜的阀座表面上。为确保阀瓣每次都能到达阀座面的合适位置，将阀瓣设计在铰链机构内，以便阀瓣具有足够的旋启空间，并使阀瓣与阀座全面接触。阀瓣可以全部用金属制成，也可以在金属上镶嵌皮革、橡胶或者采用合成覆盖面，这取决于使用性能的要求。旋启式止回阀在完全打开的状态下，流体压力几乎不受阻碍，因此通过阀门的压力降相对较小。升降式止回阀的阀瓣位于阀体阀座的密封面上。此阀门除了阀瓣可以自由升降外，其余部分和截止阀一样，流体压力使阀瓣从阀座密封面上抬起，介质回流导致阀瓣回落到阀座上，并切断流体。根据使用条件，阀瓣可以是全金属结构，也可以在阀瓣架上镶嵌橡胶垫或橡胶环。像截止阀一样，流体通过升降式止回阀的通道也是狭窄的，因此通过升降式止回阀的压力比旋启式止回阀的大些，而且旋启式止回阀的流量受到的限制很少。

6. 按调节介质参数选用的阀门

在生产过程中，为了使介质的压力、流量等参数符合工艺流程的要求，需要安装调节机构对上述参数进行调节。调节机构的主要工作原理是靠改变阀门阀瓣与阀座间的流通面积，达到调节上述参数的目的，这类阀门的统称是控制阀，其中依靠介质本身动力驱动的称为自驱式控制阀，如减压阀、稳压阀等；凡依靠外来动力驱动的称为他驱式控制阀，如电动调节阀、气动调节阀和液动调节阀等。

7. 弹性金属密封蝶阀

弹性金属密封蝶阀是国家级重点新产品。高性能的弹性金属密封蝶阀采用了一个双偏心和一个特殊斜锥椭圆密封结构，解决了传统偏心蝶阀在启闭 0°～10° 瞬间，密封面仍存在滑动接触摩擦的弊病，实现蝶板在开启瞬间密封面即分离、关闭接触即密封的效果，达到延长使用寿命、提高密封性的目的。

（四）机械工业部标准阀门型号编制方法

《阀门 型号编制方法》（JB/T 308—2004）适用于工业管道的闸阀、截止阀、节流阀、球阀、蝶阀、隔膜阀、旋塞阀、止回阀、安全阀、减压阀、疏水阀、柱塞阀等。

1. 阀门型号编制方法（见图 2 - 5 - 24）

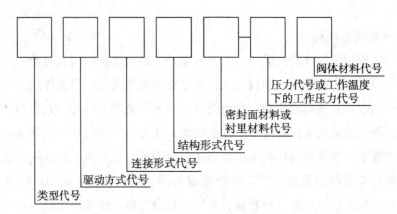

图 2 - 5 - 24　阀门型号编制方法

2. 阀门类型代号用汉语拼音字母表示（见表 2 - 5 - 4）

表 2 - 5 - 4　　　　　　　　阀门类型代号用汉语拼音字母表示

阀门类型	代号	阀门类型	代号
弹簧载荷安全阀	A	排污阀	P
蝶阀	D	球阀	Q
隔膜阀	G	蒸汽疏水阀	S
杠杆式安全阀	GA	柱塞阀	U
止回阀和底阀	H	旋塞阀	X
截止阀	J	减压阀	Y
节流阀	L	闸阀	Z

3. 阀门驱动方式代号用阿拉伯数字表示（见表 2 - 5 - 5）

表 2 - 5 - 5　　　　　　　　阀门驱动方式代号用阿拉伯数字表示

驱动方式	代号	驱动方式	代号
电磁动	0	锥齿轮	5
电磁—液动	1	气动	6
电—液动	2	液动	7
蜗轮	3	气—液动	8
正齿轮	4	电动	9

注：代号 1、代号 2 及代号 8 是用在阀门启闭时，需有两种动力源同时对阀门进行操作。

4.阀门连接端连接形式代号用阿拉伯数字表示（见表 2-5-6）

表 2-5-6　　　　阀门连接端连接形式代号用阿拉伯数字表示

连接形式	代号	连接形式	代号
内螺纹	1	对夹	7
外螺纹	2	卡箍	8
法兰式	4	卡套	9
焊接式	6	—	—

5.阀门结构形式代号用阿拉伯数字表示（见表 2-5-7～表 2-5-16）

表 2-5-7　　　　　闸阀结构形式代号用阿拉伯数字表示

结构形式				代号
阀杆升降式（明杆）	楔式闸板	弹性闸板		0
		刚性闸板	单闸板	1
			双闸板	2
	平行式闸板		单闸板	3
			双闸板	4
阀杆非升降式（暗杆）	楔式闸板		单闸板	5
			双闸板	6
	平行式闸板		单闸板	7
			双闸板	8

表 2-5-8　　　　截止阀、节流阀和柱塞阀结构形式代号用阿拉伯数字表示

结构形式		代号	结构形式		代号
阀瓣非平衡式	直通流道	1	阀瓣平衡式	直通流道	6
	Z形流道	2		角式流道	7
	三通流道	3		—	—
	角式流道	4		—	—
	直通流道	5		—	—

表 2 - 5 - 9　　　　　　　　　　　　球阀结构形式代号用阿拉伯数字表示

结构形式		代号	结构形式		代号
浮动球	直通流道	1	固定球	直通流道	7
	Y 形三通流道	2		四通流道	6
	L 形三通流道	4		T 形三通流道	8
	T 形三通流道	5		L 形三通流道	9
	—	—		半球直通	0

表 2 - 5 - 10　　　　　　　　　　　　蝶阀结构形式代号用阿拉伯数字表示

结构形式		代号	结构形式		代号
密封型	单偏心	0	非密封型	单偏心	5
	中心垂直板	1		中心垂直板	6
	双偏心	2		双偏心	7
	三偏心	3		三偏心	8
	连杆机构	4		连杆机构	9

表 2 - 5 - 11　　　　　　　　　　　　隔膜阀结构形式代号用阿拉伯数字表示

结构形式	代号	结构形式	代号
屋脊流道	1	直通流道	6
直流流道	5	Y 形角式流道	8

表 2 - 5 - 12　　　　　　　　　　　　旋塞阀结构形式代号用阿拉伯数字表示

结构形式		代号	结构形式		代号
填料密封	直通流道	3	油密封	直通流道	7
	T 形三通流道	4		T 形三通流道	8
	四通流道	5		—	—

表 2 - 5 - 13　　　　　　　　　　　　止回阀结构形式代号用阿拉伯数字表示

结构形式		代号	结构形式		代号
升降式阀瓣	直通流道	1	旋启式阀瓣	单瓣结构	4
	立式结构	2		多瓣结构	5
	角式流道	3		双瓣结构	6
—	—	—		蝶形止回式	7

表 2-5-14　　　　　　　　安全阀结构形式代号用阿拉伯数字表示

结构形式		代号	结构形式		代号
弹簧载荷弹簧封闭结构	带散热片全启式	0	弹簧载荷弹簧不封闭且带扳手结构	微启式、双联阀	3
	微启式	1		微启式	7
	全启式	2		全启式	8
	带扳手全启式	4		—	—
杠杆式	单杠杆	2	带控制机构全启式		6
	双杠杆	4	脉冲式		9

表 2-5-15　　　　　　　　减压阀结构形式代号用阿拉伯数字表示

结构形式	代号	结构形式	代号
薄膜式	1	波纹管式	4
弹簧薄膜式	2	杠杆式	5
活塞式	3		

表 2-5-16　　　　　　　　蒸汽疏水阀结构形式代号用阿拉伯数字表示

结构形式	代号	结构形式	代号
浮球式	1	蒸汽压力式或膜盒式	6
浮桶式	3	双金属片式	7
液体或固体膨胀式	4	脉冲式	8
钟形浮子式	5	圆盘热动力式	9

6. 阀座密封面或衬里材料代号（见表 2-5-17）

表 2-5-17　　　　　　　　密封面或衬里材料代号

密封面或衬里材料	代号	密封面或衬里材料	代号
锡基轴承合金（巴氏合金）	B	尼龙塑料	N
搪瓷	C	渗硼钢	P
渗氮钢	D	衬铅	Q
氟塑料	F	奥氏体不锈钢	R
陶瓷	G	塑料	S
Cr13 系不锈钢	H	铜合金	T
衬胶	J	橡胶	X
蒙乃尔合金	M	硬质合金	Y

7. 阀体材料代号（见表2-5-18）

表2-5-18　　　　　　　　　　　阀体材料代号

阀体材料	代号	阀体材料	代号
碳钢	C	铬镍钼系不锈钢	R
Cr13系不锈钢	H	塑料	S
铬钼系钢	I	铜及铜合金	T
可锻铸铁	K	钛及钛合金	Ti
铝合金	L	铬钼钒钢	V
铬镍系不锈钢	P	灰铸铁	Z
球墨铸铁	Q	—	—

注：CF3、CF8、CF3M、CF8M等材料牌号可直接标注在阀体上。

（五）真空阀门型号编制方法

真空阀门型号由基本型号和辅助型号两部分组成，中间用短横线隔开（见图2-5-25）。

基本型号　　　　辅助型号

| 1 | 2 | 3 | — | 4 | 5 | 6 |

1　代表阀门使用真空范围，以其关键字的汉语拼音第一个字母（印刷体大写）表示，按表2-5-19的规定。

2　代表阀门结构形式或功能类别，以其关键字的汉语拼音第一（第二、三）个字母（印刷体大写）表示，按表2-5-20的规定。

3　代表阀门驱动方式，以其关键字的汉语拼音第一个字母（印刷体大写）表示，按表2-5-21的规定，手动式省略。

4　代表阀门通道形式及使用方向，以其关键字的汉语拼音第一个字母（印刷体大写）表示，按表2-5-22的规定，直通式省略，双向阀省略。

5　代表阀门规格——公称通径，单位为毫米（mm），以阿拉伯数字表示。带辅助结构形式的阀门应在数字之前添加相应的印刷体大写字母，按表2-5-23的规定。

6　代表阀门设计序号，以第一次改型设计开始，以字母A、B、C…顺序表示。

图2-5-25　真空阀门型号

表2-5-19　　　　　　　　　　阀门使用的真空范围

代号	C	G	D
关键字意义及拼音字母	"超"高真空阀"chao"	"高"真空阀"gao"	"低"真空阀"di"

表 2 - 5 - 20　　　　　　　　　　　　　　阀门结构形式

代号	关键字意义及拼音字母	代号	关键字意义及拼音字母
D	"挡"板"dang"	Z	"锥"形"zhui"
C	"插"板"cha"	W	"微"调"wei"
F	"翻"板"fan"	U	"球"形"qiu"
M	隔"膜""mo"	Y	"压"差"ya"
I	"蝶"形"die"		

表 2 - 5 - 21　　　　　　　　　　　　　　阀门驱动方式

代号	D	C	Q	Y
关键字意义及拼音字母	"电"动"dian"	"磁"动"ci"	"气"动"qi"	"液"动"ye"

表 2 - 5 - 22　　　　　　　　　　　　　　阀门通道形式

代号	S	J	D
关键字意义及拼音字母	"三"通式"san"	直"角"式"jiao"	"单"向阀"dan"

表 2 - 5 - 23　　　　　　　　　　　　　　阀门辅助结构形式

代号	Q	L	B
关键字意义及拼音字母	充"气""qi"	水"冷""leng"	"扁"阀"bian"

5.4　实训检验

选择相应的管道运输站点,根据站点的地理区位、功能定位、吞吐量等要素,选择相应的管道输送工艺,利用本课程设施设备的知识,进行管道输送工艺流程的设备配置。

6　实训小结

6.1　主题内容

基于物流场景的管道运输设施设备的应用。

6.2　实训报告要求

学生的实训报告以报告的形式进行,内容以导入案例的内容为基础。实训报告可以分组或单独完成,选取涉及管道运输设施设备的相关主题。

6.3 考核要求

本次实训的考核成绩按平时成绩的 30％与实训报告考核成绩的 70％评定。实践教学环节采取现场实习形式，结合必要的讲解、讨论，由学生写出实训报告，并将该报告作为学生本课程学习成效的重要依据。

项目三　物流网络节点设施设备

任务一　码头货运站设施设备

1　导入部分

1.1　导入案例

上海一公司进口一批电子产品，但打开集装箱门后发现装载的是电子废弃物，提单上记载 SLAC（Shipper's Load And Count，托运人装载计数），由 A 船公司出具全程联运提单，采用 CIF（成本、保险加运费）价。

1.2　相关评论

本案例主要涉及一个问题，就是谁装箱？如整箱情况下，货主装箱或货主委托货运站装箱，可能的责任主体是货主；当然货主如能提供海关监装证明，基本可免责。如拼箱情况下，承运人在码头货运站装箱，则承运人承担赔偿责任的可能性较大。因本案例内容陈述简单，存在诸多的假设及可能性，故只能从规则及逻辑推理着手。

2　实训目标

（1）简要认知码头货运站；
（2）掌握码头货运站所涉及的技术与设备；
（3）理解码头货运站的发展趋势。

3 实训步骤与方法

3.1 了解

通过本课程的学习，了解码头货运站的布局与设施设备的概况。

3.2 掌握

从知识点入手，以码头货运站装卸工艺为线索进行讲授，让学生掌握流程中的设施设备状况。

3.3 报告

辅以材料的阅读，最终以实训报告的形式巩固和提升学习效果。

4 学生互动参与设计

4.1 导入案例分析

在进行导入案例分析时，根据内容提示，要求学生参与讨论，探究导入案例的内容与课程的关系。

4.2 码头货运站设施设备的选择

对不同类别、规模的码头货运站，就其生产工艺与设施设备选择的问题，要求学生讨论，提出相应的方案并说明理由，这也可以作为学生实训报告的备选内容。

5 实训内容

5.1 货运站

5.1.1 货运站的分类

根据货运站所处的地理位置，可以分为码头货运站和内陆货运站；按照储存物品种类的多少，可分为综合性货运站和专业性货运站。综合性货运站指同时储存一大类以上不同自然属性的物品的货运站。专业性货运站指在一定时期内，只储存某一类物品的货运站。

货运站的建筑应具有一定的空间，用于储存物品，并根据储存物品的特性配备相应的设备，以保证储存物品的完好性。例如，储存挥发性溶剂的货运站，必须设有通风设备，以防空气中挥发性物质含量过高而引起爆炸。储存精密仪器的货运站，需要防潮、防尘、恒温，因此，应设置空调等设备。在货运站作业时，还有一个基本要求，就是防止搬运和堆放过程中损坏物品，从而要求搬运工具和操作方法的不断升级和完善，使货运站真正起到储存和保管的作用。

5.1.2　货运站的主要参数

货运站最重要的两个性能参数是货运站的库容量和出入库频率。除以上两个主要参数外，决定货运站性能的还有以下因素和参数：储存物品的特性；托盘及其辅助工具的尺寸；货运站的自动化程度；出入库平均作业时间；货运站约束条件（如运输条件，货运站高度、面积及地面承载能力）等。

5.1.3　货运站站台的主要形式

货运站站台（见图 3-1-1）有两种主要形式：一种是高站台，另一种是低站台。为作业与安全起见，尽量克服车辆与月台之间的间距和高度差。出入库站台的高度一般在 1.4~1.6m，其宽度要能保证两人带货顺利相向通行且库门打开时不会碰到车辆，一般应不小于 2.5m，站台作业设备的宽度也不要大于 0.8m。

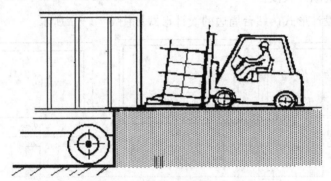

图 3-1-1　货运站站台

不同车辆适合的站台高度如表 3-1-1 所示。

表 3-1-1　　　　　　　　　　不同车辆适合的站台高度

车型	站台高度（m）
平板车	1.32
长途挂车	1.22
市区卡车	1.17
集装箱拖车	1.40
冷藏车	1.32
作业拖车	0.91
载重车	1.17

5.1.4 进货站台和出货站台（码头）的位置安排

为了使物料能顺畅进出仓库，进货站台和出货站台的相对位置很重要，以仓库的物流情况决定进货站台和出货站台的位置安排。通常有以下几种情形。

①进货及出货共用站台。这种设计可以提高空间利用率和设备利用率，但在进、出货的高峰期容易造成进出货相互牵绊，不利于管理。所以，在管理上一般安排进货作业和出货作业分开。

②进货站台及出货站台相互独立但相邻。此种安排的进货作业和出货作业空间分隔，便于管理，设备仍然可以共用。该方式适于库房空间适中，进货和出货常易互相干扰的情况。

③进货站台及出货站台相互独立且不相邻，设备也是专用的。这种安排能使进货与出货迅速、顺畅，但空间利用率及设备使用率降低。

站台停车方式设计。站台形式一般有四种：平行停靠货运站站台、锯齿形站台、垂直停靠货运站站台和港池型货运站站台。其中锯齿形站台的倾角有15°、20°、25°三种，该种站台形式车辆回旋纵深较浅。

站台周边的设计形式。站台周边的设计形式如图3-1-2所示。

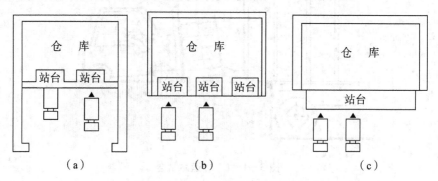

图3-1-2 站台周边的设计形式

5.2 物流集装化技术

5.2.1 物流集装化概述

物流集装化是用集装器具或采用捆扎方法，把物品组成标准规格的单元货件，以加快装卸、搬运、储存、运输等物流活动。物流集装化技术是随着物流管理技术的发展而发展起来的，是物流管理硬技术（物流设备）与软技术（完成物流作业的方法、程序和制度等）的有机结合，是综合规划和改善物流机能的有效技术。所以，物流集装化技术可以称为物流作业的一次技术革命。

5.2.2　物流模数

物流模数指物流设施与设备的尺寸基准。物流模数的尺寸基准属于物流标准化的范畴。所谓标准化，实际上就是经过优选之后的共同规则，为了推行这种共同规则，世界上大多数国家都有标准化组织。

从世界范围看，物流体系的标准化，各个国家都还处于初始阶段。在初始阶段，标准化的重点在于通过制定标准规格尺寸实现全物流系统的贯通，进而取得提高物流效率的初步成果。

（一）确定物流基础模数尺寸

物流基础模数尺寸的作用和建筑模数尺寸的作用基本相同。物流基础模数尺寸一旦确定，设备的制造、设施的建设、物流系统内各环节的配合协调、物流系统与其他系统的配合就有所依据。物流基础模数尺寸即集装基础模数尺寸。集装基础模数尺寸可以根据 600mm×400mm 的倍数系列推导出来，也可以在满足 600mm×400mm 的物流基础模数尺寸的前提下，根据卡车或大型集装箱的分割系列推导出来。目前国际标准化组织中央秘书处及欧洲各国基本认定 600mm×400mm 为物流基础模数尺寸。

（二）物流基础模数尺寸的形成过程

由于物流标准化系统较其他标准系统建立较晚，所以确定物流基础模数尺寸主要考虑了目前对物流系统影响最大而又最难改变的事物，即输送设备。采取"逆推法"，由输送设备的尺寸来推算最佳的物流基础模数尺寸。当然，在确定物流基础模数尺寸时，也要考虑现在通行的包装模数和已使用的集装设备，并从行为科学的角度研究其对人们及社会的影响。从其与人们的关系看，物流基础模数尺寸是适合人体操作的最高限度尺寸。

5.3　托盘

托盘指在运输、搬运和存储过程中，将物品规整为货物单元时，作为承载面并包括承载面上辅助结构件的装置。随着机械化程度的提高，托盘使用量也越来越大。根据材质的不同，托盘可分为木质托盘、钢制托盘、塑料托盘、纸托盘等。托盘是一种重要的集装器具，是在物流领域中为适应装卸机械化而发展起来的一种常用集装器具。托盘总是与叉车同步发展的，叉车与托盘的共同使用促进了装卸活动的发展，使装卸机械化水平大幅提高，使长期以来运输过程中的装卸瓶颈得以改善。托盘的不足之处是保护性比集装箱差、露天存放困难、需要有仓库等配套设施。

5.3.1　托盘的种类

（一）平托盘

平托盘是在承载面和支撑面间夹以纵梁，构成可集装物料，使用叉车或搬运车等进行作业的货盘。它是托盘中使用量最大的一种，可以说是托盘中的通用性托盘。平托盘根据台面、叉车叉入方式和材料等可以分为不同种类。按台面的不同，可分为单面型平托盘、单面使用型平托盘、双面使用型平托盘和翼型平托盘四种。按叉车叉入方式，分为单向叉入型平托盘、双向叉入型平托盘、四向叉入型平托盘三种。按材料，可分为木质平托盘、钢制平托盘和塑料平托盘。木质平托盘制造方便，便于维修，本体也较轻，是使用广泛的平托盘。钢制平托盘是用角钢等异型钢材焊接制成的平托盘，钢制平托盘最大特点是强度高、不易损坏和变形、维修工作量较小。塑料平托盘是采用塑料模具制成的平托盘。其最主要的特点是本体质量轻、耐腐蚀性强、便于用不同颜色分类区别，但其承载能力不如钢制平托盘和木质平托盘。

（二）柱式托盘

柱式托盘是在平托盘基础上发展起来的，其特点是在不压货物的情况下可进行码垛（一般为四层）。柱式托盘还可以作为可移动的货架、货位，不用时可以叠套存放，节约空间。

（三）箱式托盘

箱式托盘多用于散件或散状物料的集装。金属箱式托盘还用于热加工车间集装热料。一般箱式托盘的下部可叉装，上部可吊装，并可进行码垛。

（四）网箱托盘

网箱托盘用于存放形状不规则的物料，可堆叠四层，空箱可折叠。

（五）特种专用托盘

现在各国采用的专用托盘种类繁多，它们都在某些特殊领域发挥作用。

5.3.2　托盘的标准化

托盘标准化包括托盘尺寸规格标准化，托盘制造材料标准化，各种材质的托盘质量标准化，托盘检测方法及鉴定技术标准化，托盘作业标准化，托盘集装单元化，托盘作业一贯化，托盘国际、国内共用化，托盘与物流设施设备、运输车辆、集装箱等尺寸协调合理化等内容。

从某种意义上讲，托盘的标准化不仅是托盘租赁、托盘流通和循环使用的前提，也是实现装卸搬运、包装、运输和保管作业机械化、自动化的决定性因素，没有托盘规格尺寸的统一和以托盘为基础的相关设施设备、装置、工具等的系列化，只能做到局部物流的合理化，难以达到整体物流的合理化。

（一）世界范围内托盘标准化现状

国际标准化组织托盘技术委员会是国际托盘标准制定和修订的专门机构，在 2003 年颁布的 ISO 6780 标准中推出 6 种国际托盘标准规格，其中，欧洲普遍使用 1200mm×800mm、1200mm×1000mm 两种规格的托盘，美国主要使用的规格为 40 英寸×48 英寸，澳大利亚则以 1140mm×1140mm、1067mm×1067mm 两种规格为主，亚洲国家，特别是日本、韩国，分别于 1970 年和 1973 年把 1100mm×1100mm（简称 T11）规格托盘作为国家标准托盘大力推广。

（二）我国托盘标准化现状

我国颁布的国家标准《联运通用平托盘　主要尺寸及公差》GB/T 2934—2007 中，确定了 1200mm×1000mm 和 1100mm×1100mm 两种托盘平面尺寸，且规格 1200mm×1000mm 为优先推荐的托盘规格。为我国托盘标准化的推行起到了促进作用。

5.3.3　托盘的使用

（一）托盘的载重质量

每个托盘的载重质量应小于或等于 2 吨。为了运输途中的安全，所载货物的重心高度不应超过托盘宽度的 2/3。

（二）托盘货物的码放方式

根据货物的类型、托盘所载货物的质量和托盘的尺寸，合理确定货物在托盘上的码放方式。托盘的承载表面积利用率一般应不低于 80%。

（三）托盘承载货物的防护与加固

托盘承载的货物进行固定后，仍不能满足运输要求的应该根据需要选择防护加固附件。防护加固附件一般由木材、塑料、金属或者其他材料制成。

（四）我国现有托盘的材质

相关数字统计表明，我国托盘每年正以不低于 2000 万片的速度递增。其中木质托盘约占 90%，塑料托盘约占 8%，钢制托盘、塑木托盘及其他材质的托盘约占 2%。调查中发现，作为新型材料的塑木托盘，因其具有塑料托盘与木质托盘的优点，在使用中所占比例有上升的趋势。托盘的广泛应用可以大大提高整个物流系统的作业效率，有效降低物流成本。一般认为，一个国家的托盘拥有总量是衡量其物流现代化水平的重要标志。

（五）现有使用托盘的规格

目前流通中的托盘规格比较多。常见规格包括：2000mm×1000mm；1500mm×1100mm；1500mm×1000mm；1400mm×1200mm；1300mm×1000mm；1200mm×1000mm；1200mm×800mm；1200mm×1100mm；1100mm×1000mm；1100mm×1100mm；1100mm×900mm；1000mm×1000mm；1000mm×800mm；1200mm×1200mm；1300mm×1600mm；1300mm×1100mm 等几十种规格。其中塑料托盘的规格相对比较集中，主要是 1100mm×1100mm 和 1200mm×1000mm，占塑料托盘的 50% 左右。这与塑料托盘生产中要使用注塑模具，而模具的开发成本又比较高有直接的关系。木质托盘的规格比较混乱，主要由使用单位根据其产品规格自行定制，这与木质托盘制造工艺比较简单有关。钢制托盘的规格不是很多，主要集中在 2～3 个，主要用于港口码头等，港口码头对托盘的承载重量要求较高。

（六）托盘的作业情况和周转方式

目前，托盘基本上是配合叉车使用的，平均每台叉车配备 800～1000 片托盘。现阶段我国托盘在使用中基本上是属于企业内部周转。对于生产企业，托盘的使用范围仅限于企业的仓库和运输环节的搬运。对于物流企业，托盘用于企业内部调配，没有形成一个托盘顺畅流通的机制。

5.4 叉车

5.4.1 叉车的工作特点、作用及型号

（一）叉车的工作特点

①机械化程度高。

②机动灵活性好。

③可以"一机多用"，在配备各种工作属具后，可以适应各品种、形状和大小的货物的装卸作业，扩大对特定物料的装卸范围，并提高装卸效率。

④能提高仓库容积的利用率，堆码高度一般可达 3～5m。

⑤有利于开展托盘成组运输和集装箱运输。

⑥与大型起重机械比较，成本低、投资少，能获得经济效益。

（二）叉车的作用

①是托盘运输、集装箱运输必不可少的设备。

②作业面广。

③占用的劳动力少，作业效率高，经济效益十分显著。

④提高空间利用率。

⑤加速车船周转。

⑥提高作业安全性，实现文明装卸。

⑦成本低、投资少。

（三）叉车的型号

叉车的型号由以下六部分组成。

1. 厂牌

有的企业用两个汉语拼音字母表示，有的企业用两个汉字表示。厂牌由厂家自定。

2. 结构形式代号

P 表示平衡重式叉车，C 表示侧叉式叉车，Q 表示前移式叉车，B 表示低起升高度插腿式叉车，T 表示插入插腿式叉车，Z 表示跨入插腿式叉车，X 表示集装箱叉车，K 表示通用跨车，KX 表示集装箱跨车，KM 表示龙门跨车。

3. 动力类型代号

汽油机标字母 Q，柴油机标字母 C，液态石油气机标字母 Y。

4. 传动形式代号

机械传动不标字母，动液传动标字母 D，静液传动标字母 J。

5. 主参数代号

以额定起升质量（t）×10 表示。

6. 改进代号

按汉语拼音字母顺序表示。

例如：CPQ10B 表示平衡重式叉车，以汽油机为动力、机械传动、额定起升质量 1t、同类同级叉车第二次改进。CPCD160A 表示平衡重式叉车，以柴油机为动力、动液传动、额定起升质量为 16t、同类同级叉车第一次改进。CCCD100 表示侧叉式叉车，以柴油机为动力、动液传动、额定起升质量为 10t。

5.4.2　叉车的类型

叉车按其动力装置不同，分为内燃叉车和电动叉车；按其结构和用途不同，分为平衡重式叉车、插腿式叉车、前移式叉车、侧叉式叉车、跨车、高位拣选叉车以及其他类型的叉车。

（一）平衡重式叉车

平衡重式叉车是叉车中应用最广泛的结构形式。它的特点是货叉伸到车身的正前方，货物重心落在车轮轮廓之外。为了平衡货物质量产生的倾覆力矩，保持叉车的纵向稳定性，在车体尾部配有平衡重。平衡重式叉车要依靠叉车前后移动才能叉卸货物。

（二）插腿式叉车

插腿式叉车的特点是前方带有小轮子的支腿能与货叉一起伸入货板叉货，然后由货叉提升货物。由于货物重心位于前后车轮所包围的底面积之内，叉车的稳定性好。

（三）前移式叉车

前移式叉车的货叉可沿叉车纵向前后移动。取货卸货时，货叉伸出，叉卸货物后或带货运行时，货叉退回到接近车体的位置，因此叉车行驶时的稳定性较好。前移式叉车分为门架前移式叉车和货叉前移式叉车两种。

（四）侧叉式叉车

侧叉式叉车主要用于搬运长大件货物。门架和货叉位于车体中间的一侧，货叉不仅可以上下运动，还可以前后伸缩。

（五）跨车

跨车即跨运车。它是由门形车架和带抱叉的提升架组成的搬运机械。跨车的种类很多，有船用跨车、堆垛跨车等。

（六）高位拣选叉车

高位拣选叉车操作台上的操作者可与装卸装置一起上下运动，并拣选储存在两侧货架内的货物。此类叉车适用于多品种、少量出入库的特选式高层货架仓库。

（七）其他类型的叉车

为了适应各种用途的需要，叉车还有很多类型。下面的两种属于正叉平衡重式叉车，但其工作装置的结构和性能与普通叉车不同。

1. 三节门架叉车

普通叉车的门架由内外两节门架组成。当要求叉车的起升高度很高（4～5m）时，可采用三节门架叉车。

2. 自由起升叉车

自由起升叉车适于在低矮的场所内作业，如在船舱、车厢内进行装卸或堆垛作业。自由起升叉车是能够全自由起升的叉车，当叉架起升到内门架的顶端时，内门架仍不上升，因此它可以在叉车总高度不变的情况下将货物堆码到与叉车高度大致相等的高度。部分自由起升能提高叉车的通过性，只要门道的净空高度不低于门架全缩时的叉车总高，叉车就可以通过。

5.4.3 叉车的工作原理

（一）叉车的动力装置

电动叉车的动力装置是蓄电池和直流串激电动机，工作原理是由蓄电池向直流串激电动机供电，由直流串激电动机直接驱动叉车的驱动轮。电动叉车的优点是：驱动特性最接近恒功率软特性的要求，其牵引性能优于内燃机；运转平稳无噪声，不排废气，检修容易，操纵简单；营运费用较低，整车的使用年限较长。

内燃机叉车的动力装置是内燃机，工作原理是由内燃机产生的动力通过离合器、变速器、传动轴、驱动器传递到叉车的驱动轮上，驱动叉车完成各项作业。内燃机叉车的特点是：输出功率随着转速的增大而增大，因此，内燃机必须配装增大输出转矩的机械变速器、液力变矩器或液压传动装置后才能使用。内燃机叉车的优点是：不需要充电设备，作业持续时间长，功率大，爬坡能力强，对路面要求低，基本投资少。

（二）底盘

叉车是无轨道运行机械，运行部分装在轮式底盘上。底盘的任务是将发动机发出的动力转变成叉车可以控制的运动，它主要由传动系统、制动系统、转向系统和行驶系统组成。

1. 传动系统

传动系统能将原动机发出的动力传给驱动轮，使叉车能以不同行驶速度前进或后退。以蓄电池为动力源的电动叉车采用电动机械传动方式；内燃机叉车可采用机械式、液力式或静压式三种传动方式。

2. 制动系统

叉车制动系统的作用是使叉车在行驶过程中减速或停车，防止叉车在下坡时超过一定的速度以及保证叉车在停车地点或坡道上能可靠地停住。

3. 转向系统

转向系统是用来使叉车按着驾驶员的指令方向行走的系统。叉车转向系统按转向所需的能源的不同，可分为机械转向系统和动力转向系统两种。机械转向系统以驾驶员的体能为转向能源，由转向器、转向传动机构和操纵机构三部分组成。动力转向系统是兼用驾驶员的体能和发动机动力为转向能源的转向装置。在正常情况下，叉车转向所需能量，只有很小一部分由驾驶员提供，大部分是由发动机通过转向加力装置提供。

4. 行驶系统

行驶系统是保证叉车滚动运行并支撑整个叉车的装置。它由车架、车桥、车轮以及悬架装置等组成。

5.4.4　叉车的主要性能及参数

（一）叉车的主要性能

1. 装卸性

叉车的装卸性指叉车起重能力和装卸快慢的性能。装卸性能对叉车的生产率有直接影响。叉车的起重量大、载荷中心距大、工作速度高，则装卸性能好。

2. 牵引性

叉车的牵引性指叉车行驶速度、加速度、牵引力和爬坡能力等方面的性能。行驶速度和加速度快，牵引力大、爬坡能力强，则牵引性好。

3. 制动性

叉车的制动性指叉车在行驶中根据要求降低车速及停车的性能。通常以在一定行驶速度下制动时的制动距离来衡量。叉车的制动距离一般由试验测定，必要时可通过计算确定。影响叉车制动距离的主要因素是叉车的行驶速度，相同速度下制动距离越小，制动性能越好。

4. 机动性

叉车的机动性指叉车在最小面积内转弯的能力和通过狭窄、曲折通道的能力。衡量叉车机动性的指标主要有最小转弯半径和直角交叉通道宽度，其值越小，叉车的机动性越好。

5. 通过性

叉车的通过性指叉车克服道路障碍而通过各种不良路面的能力。叉车的外形尺寸小、轮压小、离地间隙大、驱动轮牵引力大，则叉车的通过性好。

6. 操纵性

叉车的操纵性指叉车操作的轻便性和舒适性。施加在各操作手柄、踏板及转向盘上的力越小，司机座椅与各操作件之间的位置布置得越得当，则操纵性越好。

7. 稳定性

叉车的稳定性指叉车在行驶和作业过程中，抵抗纵向和横向倾翻的能力。稳定性是保证叉车安全作业的必要条件。叉车的稳定性分为纵向稳定性和横向稳定性两类。世界各国一般通过试验来检查叉车的稳定性。在使用叉车时，必须遵守操作规程，不得超重、超载荷中心距、超速作业。货物举得越高，受到水平力作用时叉车越易倾覆。因转弯时离心力与车速的平方成正比，所以不得超速转弯，以免翻倒。此外，稳定性还和叉车的支承形式有关，三支点叉车的横向稳定性比四支点叉车差。

8. 经济性

叉车经济性主要指叉车的造价和营运费用是否合理，包括动力消耗、生产率、使用方便和耐用程度等。

（二）叉车的参数

1. 叉车的技术参数

叉车的技术参数是用来说明和反映叉车的结构特征和工作性能的。叉车的技术参数包括性能参数、尺寸参数及质量参数。

（1）性能参数

性能参数包括额定起重量、载荷中心距、最大起升高度、门架倾角、起升速度、最大运行速度、最大爬坡度、最小转弯半径、最大牵引力、最小离地间隙、直角堆垛的最小通道宽度、直角交叉的最小通道宽度、自重和自重利用系数、其他性能参数等。

（2）尺寸参数

尺寸参数包括最小离地间隙、轴距、前后轮距、外廓尺寸等。

（3）质量参数

质量参数包括额定起升质量、整备质量、轴负荷等。

2. 叉车的性能参数

（1）额定起重量和载荷中心距

额定起重量指门架处于垂直位置，货物重心位于载荷中心距范围以内时，允许叉车举起的最大货物质量。载荷中心距指设计规定的额定起重量的标准货物重心到货叉垂直段前壁的水平距离，单位为 mm。额定起重量和载荷中心距是叉车的两个相关的指标。载荷中心距是根据叉车稳定性设计决定的，额定起重量不同的叉车，其载荷中心距是不一样的。

（2）最大起升高度

最大起升高度指叉车在平坦坚实的地面上，满载、轮胎气压正常、门架处于垂直位置，货叉满载起升至最高位置，从叉面至地面的垂直距离。港口叉车最大起升高度一般为3~4m，若要求再升高，则要增加门架和起升油缸的高度，或者采用三节门架和多级作用的油缸，这样不仅使叉车的自重和外形尺寸增加，而且由于叉车的总重心位置提高，使叉车工作时的纵向和横向稳定性都变差，因此，当最大起升高度超过一定数值时，必须相应减小叉车的允许起重量。

（3）门架倾角

门架倾角指无载叉车在平坦、坚实的地面上，门架自垂直位置向前或向后倾斜的最大角度。门架前倾是为了便于叉取和卸放货物，后倾是为了在叉车带货行驶时，防止货物从货叉上滑落，增加叉车行驶时的纵向稳定性。门架倾角一般要大于叉车在水平地面上叉卸托盘时的最小前倾角与仓库地面的正常坡度角之和。

（4）起升速度

起升速度指叉车在坚实的地面上满载时，门架处于垂直位置，货叉上升的平均速度。起升速度对叉车作业效率有直接影响。提高起升速度是叉车的发展趋势，这主要取决于叉车的液压系统。过大的起升速度容易发生货损和机损事故，给叉车作业带来困难。电动叉车由于受蓄电池容量和电动机功率的限制，其起升速度低于起重量相同的内燃机叉车。大起重量的叉车，由于作业安全的要求和液压系统的限制，起升速度比中小吨位的叉车低。当叉车的最大起升高度较小时，过大的起升速度难以充分利用。根据港口装卸作业要求，起升速度以15~20m/min为宜。货物下降速度一般都大于起升速度。

（5）最大运行速度

最大运行速度指叉车满载时，在干燥、平坦、坚实的地面上行驶时的最大速度。叉车作业时，行驶时间一般约占全部作业时间的2/3。因此，提高行驶速度、缩短行驶时间对提高叉车作业生产率有很大意义。但是叉车主要用于装卸和短途搬运作业，而不是用于货运。它的作业特点是运距短、停车和起步的次数多，所以在运距为100~200m时，叉车能发挥出最好的效率，而运距超过500m时，则不宜采用叉车搬运。

（6）最大爬坡度

叉车的最大爬坡度指叉车在正常路面情况下，以低速挡等速度行驶时所能爬越的最大坡度，分空载和满载两种情况。叉车满载的最大爬坡度由原动机的最大转矩和低速挡的总传动比决定。叉车空载的最大爬坡度通常取决于驱动轮与地面的黏着力。选用叉车时，其最大爬坡度应满足叉车作业的具体要求，该值应不小于进出场地的最大坡度。

（7）最小转弯半径

叉车的最小转弯半径指在平坦的硬路面上，叉车空载低速前进并以最大转向角转弯时车体最外侧所划出轨迹的半径。采用较短的车身、外径较小的车轮，增大车轮转向时的最大偏转角等可缩短转弯半径。三支点叉车由于转向车轮具有较大的偏转角（接近或等于

90°)，在其他条件相同的情况下，其最小转弯半径比四支点叉车小。叉车的最小转弯半径是决定叉车机动性的主要参数。

(8) 最大牵引力

叉车的最大牵引力分为轮周牵引力和拖钩牵引力。原动机发出的转矩，经过减速传动装置，最后在驱动轮轮周上产生切向力，称为轮周牵引力。当原动机输出功率为定值时，轮周牵引力与叉车行驶速度成反比。当原动机输出最大转矩，叉车以最低挡速度行驶时，轮周牵引力最大。最大轮周牵引力不能大于驱动轮与地面的黏着力，否则，驱动轮将发生打滑现象。叉车的前桥是驱动桥，满载行驶时，前桥负荷大，黏着力大，此时，最大轮周牵引力一般决定于原动机的转矩和总传动比。空车行驶时，黏着力小，最大轮周牵引力又受黏着力的限制。

轮周牵引力在克服叉车行驶时本身遇到的外部阻力后，叉车尾部的拖钩上剩余的牵引力，称为拖钩牵引力。当叉车在水平坚硬的良好路面上以低挡等速行驶时，叉车的外部阻力仅为很小的滚动阻力，此时的拖钩牵引力最大。

牵引力大则叉车起步快、加速能力强、爬坡能力大、牵引性能好。由于叉车的运距短，停车起步的次数多，所以加速能力十分重要。在叉车的技术规格中，通常标出的是拖钩牵引力。当叉车作为牵引车时，必须知道它的拖钩牵引力。

(9) 最小离地间隙

叉车的最小离地间隙指除车轮以外，车体上固定的最低点至车轮接地表面的距离。它表示叉车无碰撞地越过地面凸起障碍物的能力。叉车车体最低点可能在门架底部、前桥中部、后桥中部、平衡重下部。车轮半径增加，可使离地间隙增加，但又会使叉车的重心提高，转弯半径增大，对叉车的稳定性、机动性改善不利。

(10) 直角堆垛的最小通道宽度和直角交叉的最小通道宽度

叉车直角堆垛的最小通道宽度指叉车在垂直道路方向堆垛时所需的最小通道宽度。叉车直角交叉的最小通道宽度指叉车能在直角交叉处顺利转弯所需的最小通道宽度。转弯半径小、机动性好的叉车要求的通道宽度小。

(11) 自重和自重利用系数

叉车的自重指包括油、水在内的叉车总重。叉车的自重利用系数通常有两种表示方法，一种是起重量与叉车自重之比，另一种是起重量和载荷中心距的乘积与叉车自重之比。显然，自重利用系数越大，表示在起重量和载荷中心距相同的条件下，叉车自重越轻，即材料利用较经济，结构设计较合理。由于叉车的载荷中心距并不相同，故后一种表示方法更为合理。

(12) 其他性能参数

除上述参数外，还有外形尺寸、前后桥负荷、轴距和轮距等性能参数。外形尺寸指叉车的总长、总宽和总高。货叉尖端至车体最后部的水平距离为总长；车体两侧最外部之间的横向距离为总宽；门架垂直、货叉落至最低位置时，车体最上端至地面的垂直高度为总高。为使叉车有较好的机动性，外形尺寸特别是车长应尽量缩短。

5.5 实训检验

选择相应的码头货运站，根据码头货运站的地理区位、功能定位、吞吐量等要素，选择相应的装卸工艺，利用本课程设施设备的知识，进行码头货运站设施设备的配置。

6 码头货运站的未来趋势

2020 年，全国集装箱产量为 9863.6 万立方米，同比增长 12.3%；规模以上港口集装箱运量达到 26430 万 TEU（国际标准箱单位），同比增长 1.2%，在 2020 年全社会货运总量同比下降 0.5% 的背景下，集装箱运输市场逆势增长。

一、集装箱泊位逐年增长

集装箱码头包括港池、锚地、进港航道、泊位等水域以及货运站、堆场、码头前沿、办公生活区域等陆域范围，它是能够容纳完整的集装箱装卸操作过程的、具有明确界限的场所。集装箱码头是水陆联运的枢纽站，是集装箱货物在转换运输方式时的缓冲地，也是货物的交接地点，因此，集装箱码头在整个集装箱运输过程中占有非常重要的地位。

从集装箱泊位建设情况看，2010—2019 年中国港口集装箱泊位数量规模整体呈现增长态势，到 2019 年底，国内集装箱泊位数达到 352 个，同比增长 4.1%。

二、港口集装箱吞吐量快速增长

根据交通运输部数据，2016—2021 年中国规模以上港口集装箱吞吐量逐年增长，到 2020 年达到 26430 万 TEU，同比增长 1.2%；2021 年 1 月，全国规模以上港口集装箱吞吐量为 2377 万 TEU，同比增长 13.2%。

从整体看，目前国内的集装箱运输市场仍然具有较大增长空间，集装箱海铁联运、国际铁路联运预计仍然保持强劲增长态势。

另外，随着国内经济的发展以及集装箱物流的推广和发展，内贸集装箱吞吐量在国内主要港口所占比重越来越大。"内循环""扩大内需"是中国经济转型的主要方向，内贸集装箱运输将迎来更大的发展。

在这个大背景下，无论是码头货运站的规模与功能都需要大幅提升，特别是在精细运作、服务能力方面，最终使码头货运站成为一个转运中心、服务中心、增值中心。

7 实训小结

7.1 主题内容

基于物流场景的码头货运站设施设备的应用。

7.2 实训报告要求

学生的实训报告以报告的形式进行，内容以导入案例和扩展阅读的内容为基础。实训报告可以分组或单独完成，选取涉及码头货运站设施设备的相关主题。

7.3 考核要求

本次实训的考核成绩按平时成绩的30％与实训报告考核成绩的70％评定。实践教学环节采取现场实习形式，结合必要的讲解、讨论，由学生写出实训报告，并将该报告作为学生本课程学习成效的重要依据。

8 扩展阅读

集装箱动态跟踪

一、集装箱的发放与交接

集装箱的发放与交接，实行《集装箱设备交接单》制度，必须以集装箱代理人签发的《集装箱设备交接单》办理提箱、交箱及进出堆场等业务。

二、集装箱跟踪管理方式

集装箱跟踪管理指集装箱经营者可随时掌握和控制集装箱动态而采用的管理方式，一般分为手工跟踪管理方式和计算机跟踪管理方式两种。船公司在自己经营的集装箱航线的基本港和挂靠港建立集装箱跟踪管理的信息传递网络，从而随时或定时通过各港的代理人利用各种信息传递方式向船公司提供集装箱的最新动态，经整理可输出所需的各种文件资料。

集装箱计算机跟踪管理方式是目前船公司普遍采用的高效率的方式。首先应将集装箱必要的特征，如箱号、箱型、尺寸、购（租）箱及其地点、日期等存储在计算机内，然后再将集装箱的日常动态和信息用某种特定的代码形式及时输入计算机，并根据事先编制的程序，进行有效的数据处理，可随时直观地看到或打印出集装箱管理部门盘存所需的各种类型的报表。

集装箱计算机跟踪管理方式按其信息和传递系统可分为联机和脱机两大类。所谓联机传递系统指船公司的计算机中心与其在各港代理处设置的终端机联成计算机网络，有关的集装箱动态信息可直接由代理人通过终端输入船公司计算机中心储存处理，并能将处理结果返回至终端。脱机传递系统指信息的传送由各港代理处定时采用普通的通信交换方式传递给船公司，然后再由船公司计算机输入设备输入计算机存储或处理。

集装箱计算机跟踪应用系统的复杂程度，主要因集装箱管理部门需要计算机处理、显示或打印的资料的复杂程度和种类而异。一般而言，该系统由固定资料、动态信息、显示查询和打印盘存报表组成。

目前，利用计算机对集装箱进行管理，已由初级阶段的动态控制，即跟踪管理，发展到高级阶段的编目控制和动态业务处理。船公司不仅能够掌握和跟踪分布在国内外集装箱码头堆场、集装箱货运站、内陆货运站、货主仓库以及运输途中的集装箱的地理位置和使用状态变化的动态信息，而且还可以对各个运输环节的集装箱需求情况做出预测。

9　复习与思考

（1）什么是物流集装化技术？具体包括哪些内容？

（2）简述物流模数的含义。

（3）托盘是如何分类的，有何特点？

（4）试述叉车由几大部分组成，各部分的组成和工作原理分别是什么。

（5）叉车有哪些性能参数？常用的性能参数如何确定？

任务二　航空货运站设施设备

1　导入部分

1.1　导入案例

广州白云国际机场货运站作业流程案例

一、总体情况说明

为了更好地学习和研究航空运输企业的作业流程和模式，我们特地选择了广州白云国际机场货运站。广州新白云国际机场位于广州市北部，白云区人和镇和花都区新华街道、花东镇交界处，一期工程占地面积约为 15 平方公里。新机场距广州市中心——海珠广场的直线距离约 28 公里，距原白云国际机场 18 公里，其航站楼现有面积为 37 万平方米，由主楼、连接楼、指廊和高架连廊组成，共分为四层。三层为出发及候机大厅，二层为到达夹层，一层为到达及接机大厅，负一层则通往地铁及停车场。出发及候机大厅位于航站楼的三层，共有 8 个进出口。出租车和大巴均可直接停靠在航站楼出发大厅的门口。进入出发大厅 4 号门，迎面而来的是一个醒目的电子屏幕，上面有该时段进出港的航班情况。

这是我国首个按照中枢机场理念设计和建设的航空港。第一期工程飞行区两条平行跑道按 4E 级标准建造，一期航站楼面积为 32 万平方米，楼内所有设施设备均达到国际先进水平。

二、进出港货物操作流程

自 2004 年转场运营以来，广州白云国际机场连续实现旅客吞吐量快速增长，成功实现多次跨越。2004 年转场当年，旅客吞吐量超过 2000 万人次，2007 年又突破 3000 万人次，2010 年一举跨越 4000 万人次大关。以每 3 年旅客吞吐量净增 1000 万人次的速度发展。

目前，广州白云国际机场与多家航空公司建立了业务往来，已开通航线 110 多条，通达国内外 100 多个城市，保障机型近 30 种，是中国南方航空股份有限公司和深圳航空有限责任公司的基地机场。

1. 进港货物操作程序

(1) 进港航班预报

预计航班到达时间，预先了解货物情况。

(2) 办理货物海关监管

收到业务袋后，将货运单送到海关办公室，由海关工作人员在货运单上加盖海关监管章。

(3) 分单业务

在每份货运单正本上加盖或书写到达航班的航班号和日期；审核货运单，注意运单上所列目的港、代理公司、品名和运输保管注意事项；联程货运单交中转部门。

(4) 核对运单和舱单

若舱单上有分批货物，则应该把分批货物的总件数标在运单号后面，并注明分批标志。根据分单情况，在整理出的舱单上标明每票运单的去向。核对运单份数和舱单份数是否一致，做好多单、少单记录，将多单的运单号码加在舱单上，多单运单交负责部门。

(5) 制作国际进口货物航班交接单

根据标好的舱单，将航班号、日期、运单号、货物数量、货物重量、特种货物、代理货物、代理商、分批货、不正常现象录入计算机中，再打印国际进口货物航班交接单。

(6) 货物交接

中转货物和中转运单交出港操作，邮件和邮件路单交邮局操作。

2. 出港货物操作程序

(1) 预审货物订舱单

货物订舱单由航空公司吨控室开具，是配载人员进行配载工作的依据。配载人员一般应该严格按照货物订舱单要求配货。

①根据货物订舱单了解旅客人数、货邮订舱情况、有无特殊货物。对于经停的国际航班，还要了解前后站的旅客人数、舱位利用情况。

②估算航班最大可利用货邮载运量和舱位。

③计划平衡，如有问题可在预配货物时进行调整。

④了解相关航线上待运货物的情况。结合货物订舱单，及时发现有无超订情况，如果有疑问，及时与吨控部门沟通。

(2) 整理货物单据

需要整理的货物单据主要包括以下 3 个方面。

①已入库的大货单据。

②现场收运的货物单据。

③中转的散货单据。

（3）货物过磅、入库

①检查货物板、箱组装情况，高度、收口是否符合规定。

②将货物送至电子磅，记录重量并悬挂吊牌。

③对装有轻泡货的板箱，查看运单，做好体积记录。

④在计算机中录入板箱号码、航班日期等，将货物放在货架上。

（4）货物出港

①制作平衡交接单。

②制作舱单。

③货机装载。

1.2 相关评论

航空物流具有运输速度快、空间跨度大、不受地面限制等特点，适于运输小件商品、鲜活商品、季节性商品及贵重商品等高附加值货物。

物流行业目前参与者较多，行业集中度较低，市场化程度较高，行业竞争较为激烈。按目前我国物流行业的竞争特点，可分为三种类型的市场参与者：第一类是大型国有物流企业；第二类是国外大型物流企业；第三类是民营物流企业。

2 实训目标

（1）简要认知航空货运站的布置及装卸工艺；

（2）掌握航空货运站的设施设备；

（3）了解未来航空货运站的发展趋势。

3 实训步骤与方法

3.1 了解

通过本课程的学习，初步了解航空货运站的整体布局与设施设备的概况。

3.2 掌握

从知识点入手，以航空货运站装卸工艺为线索进行讲授，辅以具体设备的图片，让学生掌握流程中的设施设备状况。

3.3 报告

辅以材料的阅读，最终以实训报告的形式巩固和提升学习效果。

4　学生互动参与设计

4.1　导入案例分析

在进行导入案例分析时，根据内容提示，要求学生参与讨论，探究导入案例展示的内容与课程间的关系。

4.2　航空货运站设施设备的选择

对不同类别、规模的航空货运站，就其运作流程与设备选择的问题，要求学生互动，提出相应的解决方案并说明理由，这也可以作为学生实训报告的备选内容。

5　实训内容

5.1　航空货运站的整体布局

航空货运站如图 3－2－1 所示。

图 3－2－1　航空货运站

5.2 航空货运站典型装卸工艺方案介绍

航空货运站工艺方案如图3-2-2所示。

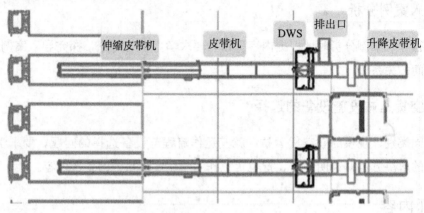

注：DWS为体积测量、称重设备。

图3-2-2 航空货运站工艺方案

5.3 基于物流场景的设施设备的认知

5.3.1 航空货运站

（一）航空货运站的概述

1. 什么是航空货运站

航空货运和航空货运站在航空货运过程中是紧密相连的，航空货运提供的是货物的"空间位移"，而其能实现"空间位移"的一个重要基础就是航空货运站。航空货运站作为向航空货物提供"登机"服务的设施，其作用相当于为旅客提供航空客运服务的机场航站楼。

航空货运站作为航空运输的中间环节，是连接货物与承运飞机的唯一通道，为货物提供从陆侧到空侧的转换服务。航空货运站的业务主要包括货物收运、安检、计重、存储、分解/组装、载重平衡、装载装卸及货物报关/转关等服务。

2. 航空货运站的运转流程

航空货运站的运转流程如图3-2-3所示。

3. 航空货运站的类型

①按照操作的货物类型分为以集装货物和散货操作为主的航空货运站和以快件包裹操作为主的航空货运站。

以集装货物和散货操作为主的航空货运站是航空货运站的传统模式，目前国内外绝大部分航空货运站都是这种类型。此类航空货运站按照不同航空承运人对机型的要求，会对

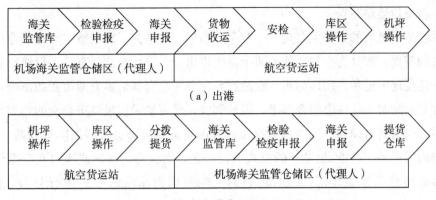

（a）出港

（b）进港

图 3-2-3　航空货运站的运转流程

客机腹舱或全货机提供仓储及机坪操作服务。通常情况下，宽体飞机用于装载集装货物和散货，窄体飞机用于装载散货。以快件包裹操作为主的航空货运站，是经营航空快件业务的航空公司自营的货运站，仅为其公司的自属航空器提供货运操作服务，UPS（美国联合包裹运送服务公司）和 FedEx（联邦快递）的航空货运站均属此类货运站。这种航空货运站操作的货物多以 45 千克以下的小件包裹为主，其货运站的设计、设施设备、操作流程均是为其小件包裹能在货运站中快速运作而服务的，这与以集装货物和散货操作为主的航空货运站有很大的不同。

②按照隶属关系可分为隶属于航空公司的货运站和中性货运站。

隶属于航空公司的货运站属于航空公司自营的货运站，有仅为其自身货运业务提供服务的，也有同时为其他承运人提供货运操作服务的。目前，除了像 UPS、FedEx 这样极个别航空公司的货运站，仅为本公司的货物提供操作服务，大部分航空公司自营的货运站都是对外提供服务的，即作为地面服务代理人为多家航空公司提供货物操作服务。

中性货运站类似机场的候机楼，是航空公司、货运代理人等共同使用的公共服务平台，提供中性和专业的货运操作服务，不隶属于任何航空公司。所谓中性服务，即面向所有客户的服务，可以是任何航空公司，也可以是任何货运代理人。中性航空货运站的模式，在国外民航系统中已被广泛应用。在国内，从 20 世纪 90 年代开始，中性航空货运站作为一种新型而有效的组织形式，已逐渐被认识和采纳。

（二）航空货运站的设计原则

1. 因地制宜，合理规划

（1）航空货运站群

在大型枢纽航空港，尤其是建有一个以上航站楼的航空港，航空货运站往往不是一个单独的货运站，而是航空货运站群。航空货运站群中的每个货运站都是一个可独立操作的航空货运站，但它们又相互关联，为众多的航空公司和货运代理人提供货运操作服务。

（2）航空货运站布局

传统航空货运站的布局大多是"一"字形布局，这是为了满足航空货运作业性质和货物流向性的需要，即分为空侧、陆侧两个方向进出货，设计简洁、直接。但航空货运站的设计往往还受地形地貌、用地面积、建造预算、公司规划等诸多方面因素的影响，因此在规划设计货运站时，往往会综合考虑，因地制宜，尽可能采用最经济合理的规划来布局航空货运站。同时具有国际、国内货物操作业务的货运站大多会按照国际货运站（进港/出港）或国内货运站（进港/出港）的模式进行分区，而仅进行国际或国内业务操作的货运站，大多会按照国际进港/国际出港或国内进港/国内出港的模式进行分区。像 UPS、FedEx 这样以快件包裹操作为主的航空货运站，其布局类似机场航站楼，完全是高科技、现代化的独立的物流中心。其设计理念和传统航空货运站完全不同，它们具有庞大的处理中心，内有多条数千米长的运输带，连接了几十个货机位的不同收发侧翼，来自各地的快件包裹都要经过处理中心的处理。

2. 功能全面、便捷顺畅

航空货运站要对航空货物进行收运、安检、存储、驳运、分解/组装等一系列操作，完成其由陆侧到空侧的转换，因此其必须具备一定的货物存储空间、货物作业空间和能使货运站高效运行的管理空间。

现在的航空货运站往往属于社会运输服务型物流系统工程，具有航空货物快速过站的通道性质，对目前各种机型的客货机运载的集装货物和散货进行快速处理，同时要考虑国际货物的海关监管因素等。以国货航（全称：中国国际货运航空有限公司）T3 航空货运站设计为例，该货运站由多个功能区域组成，包括国际与国内货运站房、综合业务楼、辅助生产用房、代理商用房和特种货物库等，是一个功能齐全的枢纽型现代化航空货运站。其左侧横向地块设计，使得国际与国内货物处理区的陆侧车辆完全分流，便于海关对国际货物处理区进行监管。其右侧纵向地块的布置，根据海关对航空货运大通关基地的规划要求，结合国货航未来的发展，预留了货运站的位置，并考虑了代理商用房。

3. 节能减排、绿色环保

昆明长水国际机场货运站在物流工艺设计方面严格贯彻绿色机场的要求，在工艺流程、设备选型、工艺节能、包装及垃圾处理等方面进行充分论证与考虑，进行了物流工艺的绿色设计。例如，在鲜活库的设计上，货运站在鲜活库的大空间里做了分割，以应对鲜活货量不确定性的波动，货量少时可以启用部分库房，其余库房可以暂时关闭，减少制冷量，以达到节能的目的。在鲜活货物进入货运站的工艺设计方面，交接货运站台采用了内站台的形式，并考虑加设门封，设置贯流风幕阻断冷热空气对流，有利于温度控制和节能。

（三）航空货运站的功能区域

1. 以集装货物和散货操作为主的航空货运站不同类型航空货运站功能区域对照如表 3-2-1 所示

表 3-2-1　　　　　　　　不同类型航空货运站功能区域对照

国际	国内	作用
营业厅	营业厅	办理单证交接、货物交接和收费等
进出港货物汽车装卸站台	进出港货物汽车装卸站台	集装货物、散货装卸
集装货物储存区	集装货物储存区	集装货物储存
出港集装货物组装区	出港集装货物组装区	集装货物组装
散货储存区	散货储存区	散货存储
中转货储存区	中转货储存区	中转货物存储
空侧待运区	空侧待运区	货物组装后进入停机坪前待运
进港散货处理区	进港散货处理区	进港散货理货
进港集装箱货物理货区	进港集装箱货物理货区	进港集装箱货物理货、拆板拆箱
熏蒸室	熏蒸室	用于木质包装熏蒸
灵柩室	灵柩室	存放灵柩
活动物库	活动物库	存放活动物
危险品库	危险品库	存放各类危险品
贵重品库	贵重品库	存放贵重品
冷藏、冷冻、温控库	冷藏、冷冻、温控库	存放需要冷藏、冷冻或温控的货物
进港动植物检验隔离区	—	进港动植物检验检疫暂存待检
超限货物操作区	超限货物操作区	超限货物装卸，需要使用大型吊装设备作业
海关检验区	—	货物在海关过检
海关扣留物品区	—	暂存海关扣留物品

2. 以快件包裹操作为主的航空货运站

以快件包裹操作为主的航空货运站功能区域包括小件分拣区域、包裹分拣区域和特殊件分拣区域。

（1）小件分拣区域

员工从输送带上取出小件，放进滑槽，接着快速将小件分门别类，然后小件被放上另一条传送带，送入引导区。员工在引导区迅速把每个小件的标签朝上（如果货件的标签向下，就等于没贴标签），放上长 3km 以上的活动轨道，这条特殊的蛇形运输带，称为倾斜盘分拣机。倾斜盘分拣机共有超过 6700 个货件放置口，每个货件放置口一次只能放一个货件。倾斜盘分拣机的设计，能够尽快把货件自动送入正确目的地。

（2）包裹分拣区域

45kg 以下的包裹则采用不同的分类方式。包裹在处理中心的低楼层进行全自动化处理，这些无人操作的区域被称为"主要区"，里面有数千米长的运输带，设有数十架摄影机和条码阅读器，负责将货件送往正确目的地，一旦主要区的摄影机成功读取货件标签，系统就会知道货件的目的地，然后把货件带往正确的地点。

（3）特殊件分拣区域

处理中心有运送特殊件的专用系统，能顺利输送特殊的货件，特殊件专用系统包括货箱、员工和交通灯。员工先手动扫描特殊件的标签，再把特殊件放到运输带的大塑料箱里，这些塑料箱是参考航空行李分拣机设计的，能将形状特殊的货件牢牢固定。员工把特殊件从滚筒滑入大塑料箱，并确认特殊件已固定，然后按下代表起动的绿灯，特殊件就会被送出去。特殊件货箱的前进速度高达 300m/min，输送轨道类似云霄飞车的轨道。做好设定的系统能预知货箱将要到达的交叉口，于是指示轨道像铁路一样变换，把货箱送到正确的位置。

5.3.2 货运设备

货运设备指从事航空货物运输所必需的设备，包括地面设备和集装设备。

（一）地面设备

地面设备包括可移动的地面设备（如各种类型的托盘车、拖斗车、升降平台车、传送带车）和不可移动的集装板托架、集装箱托架。

1. 可移动的地面设备

（1）集装箱拖车（小拖盘）（见图 3-2-4）。

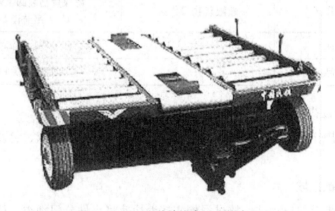

图 3-2-4 集装箱拖车（小拖盘）

（2）过桥式集装箱拖车（见图 3-2-5）。

图 3-2-5　过桥式集装箱拖车

（3）集装板（箱）拖车（大拖盘）（见图 3-2-6）。

图 3-2-6　集装板（箱）拖车（大拖盘）

（4）20 英尺集装板拖车（见图 3-2-7）。

图 3-2-7　20 英尺集装板拖车

（5）大型散装拖斗车（大拖斗）（见图 3-2-8）。

图 3-2-8　大型散装拖斗车（大拖斗）

（6）小型散装拖斗车（小拖斗）（见图 3-2-9）。

图 3-2-9　小型散装拖斗车（小拖斗）

（7）传送带车（见图 3-2-10）。

图 3-2-10　传送带车

（8）升降平台车（见图 3-2-11）。

图 3-2-11　升降平台车

2. 不可移动的地面设备

（1）集装板托架（见图 3-2-12）。

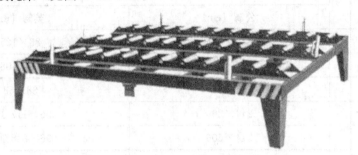

图 3-2-12 集装板托架

（2）集装箱托架（见图 3-2-13）。

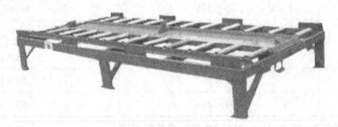

图 3-2-13 集装箱托架

（二）集装设备

集装设备指在飞机上使用的，用来装载货物、邮件和行李的专用设备，包括各种类型的集装器（集装箱、集装板）及其附属设施。集装设备也被业界称作飞机上的活动部件。

1. 集装器（集装箱、集装板）

集装器识别代码是国际航空运输协会规定的表示集装器的种类、规格和所属人的代码。集装器在投入使用前，必须在国际航空运输协会进行代码注册。

按照国际航空运输协会的规定，集装器的识别代码由三部分组成（见表 3-2-2）。

表 3-2-2　　　　　　　　　　　　集装器的识别代码

第一部分			第二部分	第三部分
集装器三字代码			集装器编号	集装器所属人代码
1	2	3		
A	L	F	40012	CA

第一部分表示集装器的种类、底板尺寸（见表 3-2-3）及标准轮廓。第二部分表示该集装器的编号。第三部分为该集装器所属人代码。

表 3-2-3 集装器底板尺寸代码

字母代码	集装器底板尺寸	
	公制 (cm)	英制 (in)
A	224×318	88×125
B	224×274	88×108
E	224×135	88×53
F	244×299	96×117 3/4
G	244×606	96×238 1/2
H	244×913	96×359 1/4
V	244×1220	96×480
K	153×156	60×62
L	153×318	60×125
M	244×318	96×125
N+	156×244	62×96
P+	120×153	47×60
Q+	153×244	60×96

注：以上代码为 1984 年 10 月 1 日以后注册的集装器所用。

2. 集装板

(1) P1 型集装板（标准集装板）（见图 3-2-14）。

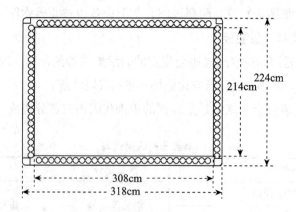

集装板类型：P1
集装板代号：P1P、PAP、PAG、P1A、P1C、PAJ、PAX
最大毛重：6804kg（含板网重量125kg左右）
适用机型：所有宽体飞机主货舱、下货舱（含波音707F、727F/QC、737F/QC主货舱）

图 3-2-14 P1 型集装板（标准集装板）

（2）P2 型集装板（见图 3－2－15）。

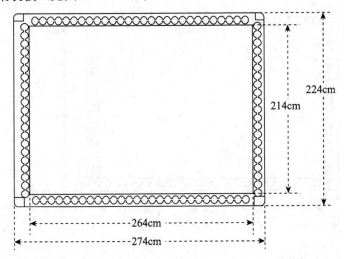

224cm
214cm
264cm
274cm

集装板类型：P2

集装板代号：P2A、P2G、P2J、P2P、PBC、PBJ、PDP、PDJ

最大毛重：4536kg（含板网重量100kg左右）

适用机型：所有宽体飞机主货舱、波音727F/QC、737F/QC主货舱

图 3－2－15　P2 型集装板

（3）P4 型集装板（见图 3－2－16）。

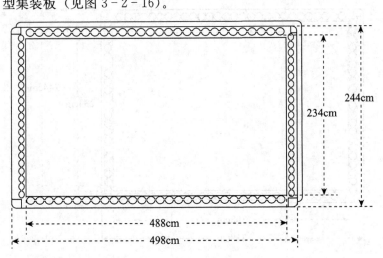

244cm
234cm
488cm
498cm

集装板类型：P4

集装板代号：P4A、P4M、PMA、PZA、PRA

最大毛重：11340kg（含板网重量400kg左右）

适用机型：波音747F/COMBI飞机主货舱

图 3－2－16　P4 型集装板

（4）P5 型集装板（见图 3 - 2 - 17）。

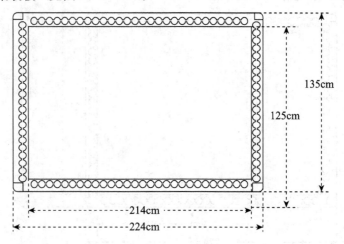

集装板类型：P5

集装板代号：P5P

最大毛重：1136kg（含板网重量70kg左右）

适用机型：A320

图 3 - 2 - 17　P5 型集装板

（5）P6 型集装板（见图 3 - 2 - 18）。

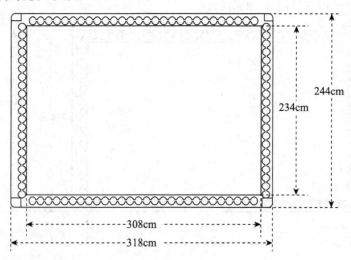

集装板类型：P6

集装板代号：P6P、PMC、P6C、P6Q、PMP、PQP

最大毛重：6804kg（含板网重量135kg左右）

适用机型：所有宽体飞机主货舱、下货舱

图 3 - 2 - 18　P6 型集装板

（6）P7 型集装板（见图 3-2-19）。

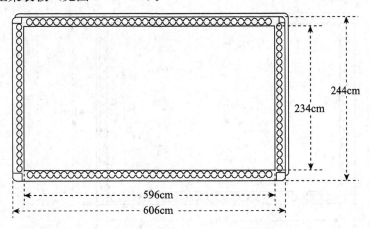

集装板类型：P7

集装板代号：P7A、P7E、P7G、PGA、PGE、PGF、PSA、PSG

最大毛重：13608kg（含板网重量500kg左右）

适用机型：波音747F/COMBI 主货舱

图 3-2-19 P7 型集装板

（7）P8 型集装板（见图 3-2-20）。

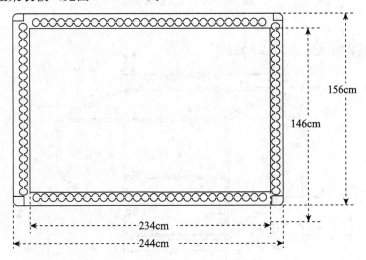

集装板类型：P8

集装板代号：PPC、FQA

最大毛重：2449kg（含板网重量100kg左右）

适用机型：波音767下货舱

图 3-2-20 P8 型集装板

（8）P9 型集装板（见图 3－2－21）。

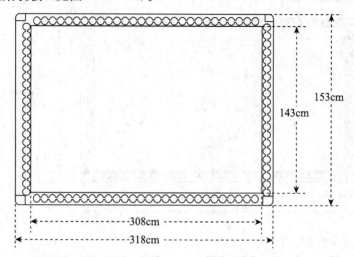

集装板类型：P9

集装板代号：P9A、P9B、P9P、P9R、P9S、PLA、PLB、FLA

最大毛重：3175kg（含板网重量150kg左右）

适用机型：所有宽体飞机下货舱（波音767除外）

图 3－2－21 P9 型集装板

3. 集装箱

（1）LD1 集装箱（见图 3－2－22）。

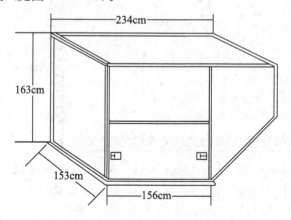

集装箱代号：AKC、AVC、AVK、AVJ

最大毛重：1588kg

轮廓容积：5.2m³

可用容积：4.7m³

适用机型：波音747下货舱

图 3－2－22 LD1 集装箱

（2）LD2 集装箱（见图 3 - 2 - 23）。

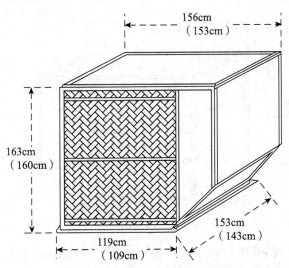

集装箱代号：DPE、APA、DPA
最大毛重：1225kg（含箱重100kg左右）
轮廓容积：3.8m³
可用容积：3.4m³
适用机型：波音767下货舱

图 3 - 2 - 23　LD2 集装箱

（3）LD3 集装箱（见图 3 - 2 - 24）。

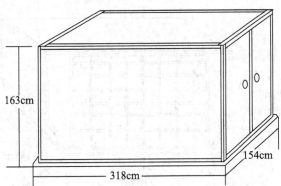

集装箱代号：ALD、ALP、AW2、AWB、DLP
最大毛重：3175kg
轮廓容积：7.7m³
可用容积：7.2m³
适用机型：所有宽体飞机下货舱（波音767除外）

图 3 - 2 - 24　LD3 集装箱

149

（4）LD5 集装箱（见图 3 - 2 - 25）。

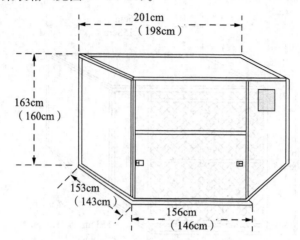

集装箱代号：AVE、AKE、AVA、AVB、AVM、DVA、DVP、DVE
最大毛重：1588kg（含箱重100kg左右）
轮廓容积：4.8m³
可用容积：4.3m³
适用机型：所有宽体飞机下货舱

图 3 - 2 - 25　LD5 集装箱

（5）LD6 集装箱（见图 3 - 2 - 26）。

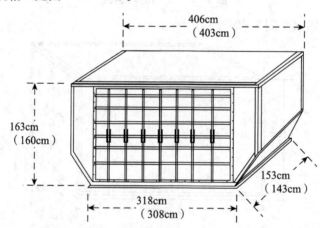

集装箱代号：ALF、AWA、AWF
最大毛重：3175kg（含箱重160kg左右）
轮廓容积：9.6m³
可用容积：8.9m³
适用机型：所有宽体飞机下货舱（波音767除外）

图 3 - 2 - 26　LD6 集装箱

（6）LD7 集装箱（见图 3-2-27）。

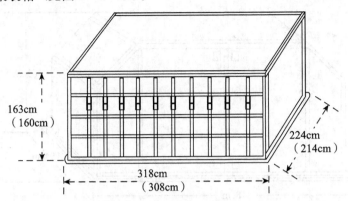

集装箱代号：AAP、AA2

最大毛重：6033kg（包括箱重200kg左右）

轮廓容积：11.3m³

可用容积：10.6m³

适用机型：所有宽体飞机下货舱、主货舱

图 3-2-27 LD7 集装箱

（7）LD8 集装箱（见图 3-2-28）。

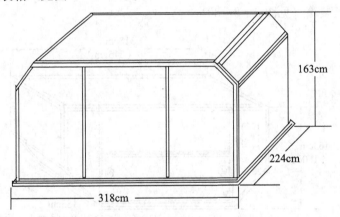

集装箱代号：ALE、DLC、DQF、DLF、MQP

最大毛重：3175kg

轮廓容积：7.3m³

可用容积：7.0m³

适用机型：所有宽体飞机下货舱（波音767除外）

图 3-2-28 LD8 集装箱

（8）LD9 集装箱（见图 3-2-29）。

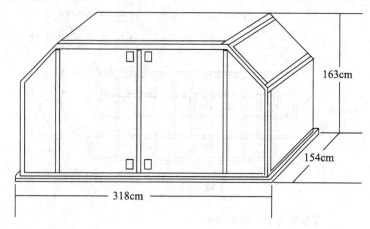

集装箱代号：MWN

最大毛重：3175kg

轮廓容积：6.8m³

可用容积：6m³

适用机型：所有宽体飞机下货舱（波音767除外）

图 3-2-29　LD9 集装箱

（9）LD10 集装箱（见图 3-2-30）。

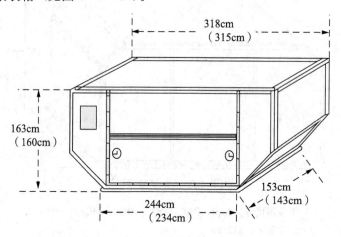

集装箱代号：ALE、DLA、DLF、MQP、DQF

最大毛重：2449kg（含箱重125kg左右）

轮廓容积：7.9m³

可用容积：7.2m³

适用机型：波音767下货舱

图 3-2-30　LD10 集装箱

（10）10 英尺集装箱（见图 3 - 2 - 31）。

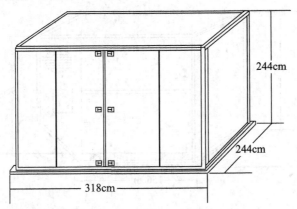

集装箱代号：AMA、AMK、AQ6、RQ6、RQA

最大毛重：6804kg

轮廓容积：18.5m³

可用容积：17.5m³

适用机型：波音747F/COMBI、MD-11主货舱

图 3 - 2 - 31　10 英尺集装箱

（11）冷藏集装箱（见图 3 - 2 - 32）。

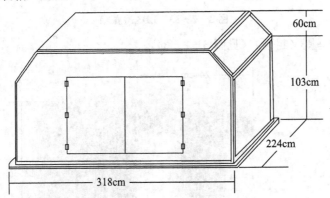

集装箱代号：RA4、RAK、JAN

最大毛重：6033kg

轮廓容积：10.1m³

可用容积：8m³

适用机型：所有宽体飞机下货舱（波音737F/QC除外）

温度范围：-10~-5℃

干冰载量：70kg

干冰使用时间：24小时

图 3 - 2 - 32　冷藏集装箱

（12）LD3 冷藏箱（见图 3 - 2 - 33）。

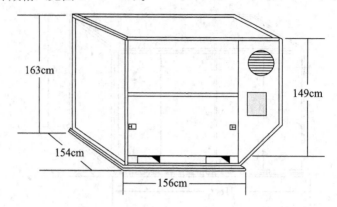

集装箱代号：RKN
标准自重：300kg
最大毛重：1588kg
容积：2.8m³
适用机型：所有宽体飞机下货舱（波音767除外）
干冰使用时间：24小时
干冰载量：35kg
温度范围：–10～–5℃

图 3 - 2 - 33　LD3 冷藏箱

（13）三马位马厩（封顶）（见图 3 - 2 - 34）。

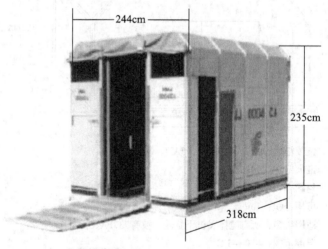

集装箱代号：HMJ
标准自重：805kg
容积：可装3匹马
最大毛重：3800kg
适用机型：B–747COMBI、B–747F主货舱

图 3 - 2 - 34　三马位马厩（封顶）

5.4　实训检验

选择相应的航空货运站，根据航空货运站的地理区位、功能定位、吞吐量等要素，选择相应的航空货运站装卸工艺，利用本课程设施设备的知识，进行航空货运站装卸流程的设备配置。

6　实训小结

6.1　主题内容

基于物流场景的航空货运站的物流设施设备的应用。

6.2　实训报告要求

学生的实训报告以报告的形式进行，内容以导入案例的内容为基础。实训报告可以分组或单独完成，选取涉及航空货运站设施设备的相关主题。

6.3　考核要求

本次实训的考核成绩按平时成绩的 30％ 与实训报告考核成绩的 70％ 评定。实践教学环节采取现场实习形式，结合必要的讲解、讨论，由学生写出实训报告，并将该报告作为学生本课程学习成效的重要依据。

任务三　铁路货运场站设施设备

1　导入部分

1.1　导入案例

铁路场站及枢纽设计

（一）已知资料

①单线铁路区段站 D 在铁路上的位置如图 3-3-1 所示。

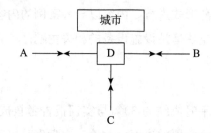

图 3-3-1　单线铁路区段站 D 在铁路上的位置

②该站站坪长度为 2100 米。

③各衔接方向限制坡度：A、B、C 三方向均为 6‰，到发线有效长度为 850 米。

④机车类型：货运机车为东风 4 型内燃机车（DF4），客运机车为北京型内燃机车。

⑤机车交路：本站为货运机车基本段，三方向均采用肩回交路。货运机车都入段，客运机车不入段。

⑥行车联络方法：半自动闭塞。

⑦道岔操纵方法：大站继电集中。

⑧该站平均每昼夜行车量（列数）如表 3-3-1 所示。

表 3-3-1　　　　　　　　　　　　平均每昼夜行车量

	A	B	C	本站	合计
A	—	4+13+0+0	2+6+0+0	0+0+2+1	6+19+2+1
B	4+12+0+0	—	1+4+0+0	0+0+2+1	5+16+2+1
C	2+7+0+0	1+2+0+0	—	0+0+1+1	3+9+1+1
本站	0+0+2+1	0+0+2+1	0+0+1+1	—	0+0+5+3

	A	B	C	本站	合计
合计	6＋19＋2＋1	5＋15＋2＋1	3＋10＋1＋1	0＋0＋5＋3	14＋44＋10＋6

注：表中数字为客＋直通＋区段＋摘挂。

⑨本站作业车工作情况：货场、机务段各取（送）两次，调车机车每昼夜入段两次。

（二）设计要求

①分析已知资料，确定车站原则性配置图。

②确定车站各项设备的位置及数量。

③设计车站布置详图，并绘制比例尺平面图（1：2000）。

④编写设计说明书。

（三）设计任务

1. 分析原始资料

2. 选择车站原则性配置图

①车站类型的确定；②各项设备位置的确定；③第三方向C衔接位置的确定。

3. 确定车站各项设备

（1）货物运转设备的确定具体包括：

①货物列车到发线数量的确定；

②牵出线数量的确定；

③调车线数量的确定；

④机走线、机待线及机车出入段线的确定。

（2）客运设备的确定具体包括：

①旅客列车到发线数量的确定；

②客运其他线路的确定；

③站台数量、长度、宽度及横越设备的确定。

4. 咽喉设计

（1）确定每个咽喉区作业项目。

（2）根据确定的设备数量绘制咽喉区布置详图。

（3）检查各项必要的平行作业是否得到保证。

（4）车站咽喉长度，到发线有效长度和车站全长的计算，具体包括：

①确定股道间距；

②确定道岔辙叉号数及相邻道岔中心距离；

③确定警冲标和出站信号机的位置；

④确定个别股道的连接尺寸；

⑤计算车站咽喉长度；

⑥计算到发线有效长度；

⑦确定车站的全长。

1.2　相关评论

发挥铁路低碳运输优势，挖掘铁路货运场站集聚货源的潜力，推动铁路货运场站向现代物流转型已经成为发展趋势。通过阐述我国铁路及物流发展政策环境，分析中国铁路总公司对铁路货运场站的发展要求，探讨铁路货运场站向现代物流转型的优势。在此基础上，提出推动铁路货运场站向现代物流转型的对策，即带动铁路货运场站货源集聚、强化铁路货运场站多式联运、打造"一网三平台"物流信息生态圈、统筹利用铁路货运场站资源。

2　实训目标

(1) 了解铁路货运场站的布置及装卸工艺；

(2) 掌握铁路货运场站的设施与设备；

(3) 了解未来铁路货运场站的发展趋势。

3　实训步骤与方法

3.1　了解

通过本课程的学习，初步了解铁路货运场站的整体布局与设施设备的概况。

3.2　掌握

从知识点入手，以铁路货运场站为线索进行讲授，辅以具体设备的图片，让学生掌握流程中的设施与设备状况。

3.3　报告

辅以材料的阅读，最终以实训报告的形式巩固和提升学习效果。

4　学生互动参与设计

4.1　导入案例分析

在进行导入案例分析时，根据内容提示，要求学生参与讨论，探究导入案例的内容与课程的关系。

4.2　铁路货运场站设施设备的选择

对不同类别、规模的铁路货运场站，就其运作流程与设备选择的问题，要求学生讨论，提出相应的方案并说明理由，这也可以作为学生实训报告的备选内容。

5　实训内容

5.1　铁路货运场站的整体布局

铁路货运场站的整体布局如图 3－3－2 所示。

图 3－3－2　铁路货运场站的整体布局

5.2　铁路货运场站典型装卸工艺介绍

铁路货运场站典型装卸工艺如图 3－3－3 所示。

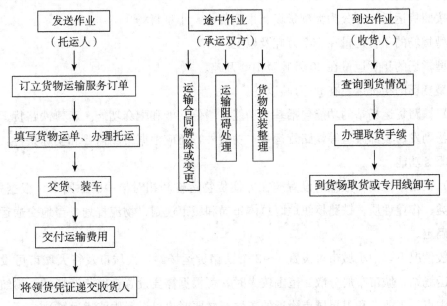

图 3－3－3　铁路货运场站典型装卸工艺

5.3 基于物流场景的设施设备的认知

5.3.1 铁路货运场站选址

①充分考虑市场需求和多式联运需要，靠近工业园区、物流园区、厂矿企业和港口码头等货源集散地，与城市总体规划及产业布局相一致，与其他运输方式紧密衔接。

②符合铁路枢纽总图规划和区域交通规划，与货运生产力布局相匹配，与接轨的线路和车站能力相适应，并宜靠近技术作业站，确保进出车流顺畅。

③为港口服务的铁路货运场站应紧贴码头后方，实现铁水联运无缝衔接。

④危险品专业性货场应设在市郊和城市主导风向的下方。

⑤充分考虑道路、水、电、气等外部市政配套设施的同步建设与投入使用。

⑥具有良好的地形、地质、水文和气象条件，并符合国家土地、安全、环保、消防、卫生等方面法律法规的要求。

5.3.2 铁路货运场站设计

(1) 铁路货运场站设计应以货物集装化、装卸机械化、信息集成化、安全检测监控智能化、服务便捷化和管理现代化为原则，并根据市场需求，拓展物流服务功能。

(2) 货场的分类。

①按照办理货物的品类和性质，可分为综合性货场和专业性货场。

专业性货场又可细分为成件包装货物货场、长大笨重货物货场、散堆装货物货场、液体货物货场、危险货物货场、集装箱货场、行邮行包货场等。

综合性货场为办理多种货物品类的货场。

②按照货运量，可分为大型货场、中型货场、小型货场。

大型货场的年货运量在 100 万吨及以上。

中型货场的年货运量在 30 万吨至 100 万吨。

小型货场的年货运量在 30 万吨以下。

(3) 铁路货运场站的功能包括基本功能、增值功能和配套功能。新建铁路货运场站除具备货物到发、装卸搬运等铁路货运基本功能外，还应根据市场需要和实际条件，具备多项物流服务功能。

(4) 铁路货运场站数量的设置应在方便货物运输和相对集中的原则下，根据货运量、货物品类、作业性质、铁路枢纽地区总体布局和城市规划、物流规划、当地交通运输条件等因素确定。

一般情况下，中小城市可设置 1~2 个铁路货运场站，大城市及特大城市可设置多个铁路货运场站。城市布局分散、范围较大时，可根据需要设置铁路货运场站。枢纽周边的居民集中点、工业区和卫星城市附近的车站，必要时也可设置铁路货运场站。

（5）铁路货运场站内流线应根据货运流程，结合货运场站平面布置方案设计。

（6）铁路货运场站应根据办理的货物品类、作业量和作业性质，结合生产需要和当地条件，设置排水、消防、照明、装卸搬运、堆垛、配送、检斤、量载、通信及信息管理、维修和生产、货运安全检测设备等。

（7）铁路货运场站及货运设备的设计应根据货运量、货物品类、作业性质、运营要求、货源及货流方向、城市规划和交通条件，结合地形、地质和水文条件等因素确定，并应符合下列规定。

①铁路货运场站平面布置应紧凑合理，并根据预测货运量预留远期发展条件。

②铁路货运场站应避开地质不良和地势低洼易于积水的地区，并应做好排水设计。

③铁路货运场站应采用先进环保的装卸设备和计量安全检测设备。

④既有铁路货运场站改建时，应充分利用既有设备。

⑤铁路货运场站的排水设计应符合《铁路给水排水设计规范》（TB 10010—2016）的规定。

⑥铁路货运场站设计应符合《铁路工程设计防火规范》（TB 10063—2016）、《建筑设计防火规范》（GB 50016—2014）的规定。

⑦铁路货运场站内对外办公场所的配置应方便货主。

⑧运量较大、品名单一或办理大宗货物的铁路货运场站，具备整列组织到发条件的，应按整列装卸条件设计，且主要货流方向应符合直通运输的要求。

⑨危险货物比较集中的城市应设置专业性危险货物货场，其设计应符合国家现行的防火、防爆、防毒、卫生和环境保护等有关规定。

5.3.3　铁路货运场站分类

（1）铁路货运场站可分为通过式和尽端式两种，设计时应根据其作业性质和当地条件综合比较确定。具体如图 3-3-4 和图 3-3-5 所示。

（2）主要设备配置。

①铁路货运场站到发场与调车场宜采用横列布置。

②铁路货运场站调车场与货场的布置应根据地形条件、货场作业量和作业性质等因素，经技术经济比较后确定。铁路货运场站调车场与货场可设计为横列式或纵列式，货场宜设在调车场同侧。

③铁路专用线在铁路货运场站接轨时应符合下列规定。

a. 当路企直通列车、枢纽小运转列车直接进入铁路专用线时，不应改变主要去向列车的运行方向。

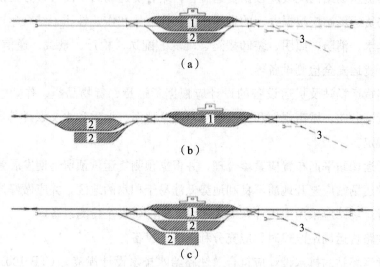

（a）

（b）

（c）

1—到发场及调车场；2—货场；3—专用线。

图 3 - 3 - 4　通过式铁路货运场站

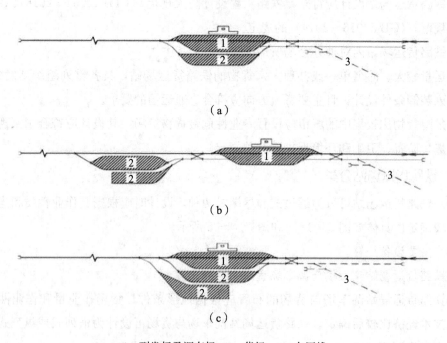

（a）

（b）

（c）

1—到发场及调车场；2—货场；3—专用线。

图 3 - 3 - 5　尽端式铁路货运场站

　　b. 铁路专用线应在站内接轨，不应在区间与正线接轨；铁路专用线在站内接轨时，应设置安全线，若接轨处能利用其他站线及道岔作为隔开设备并有联锁装置时，也可不设安全线。

　　c. 应考虑铁路货运场站远期货运量及城市发展。

d. 铁路货运场站咽喉区的布置应设有列车到发、转线和调车作业的平行进路。

e. 配属机车的铁路货运场站，当调车作业繁忙，且车站距机车整备地点较远时，可设置机车整备设备。

整备设备的设置位置，应使机车出入、列车到发和其他作业交叉干扰较小，并便于值班员联系。

f. 在装卸作业量大且无列车检修所的铁路货运场站，当日装卸车辆在 100 辆以上或有特殊需要时，宜设装卸检修所并配备相应的房屋、设备等。路企直通的专用线，也可根据机车交路在装卸集中的地点设置装卸检修所。

5.3.4　货场

（一）货场可分为贯通式、尽端式及混合式三种

贯通式货场如图 3-3-6 所示。

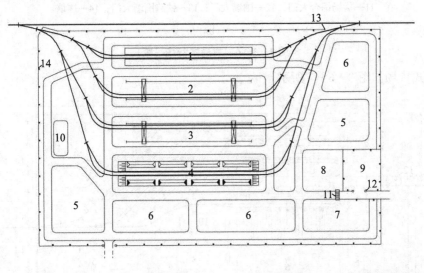

1—散堆装货物作业区；2—长大笨重货物作业区；3—集装箱货区；4—成件包装货物作业区；
5—生产加工区；6—仓储区；7—商品交易区；8—办公区；9—停车场；10—综合维修区；
11—货场综合大门；12—围墙大门；13—铁路围墙大门；14—围墙。

（a）

图 3-3-6　贯通式货场

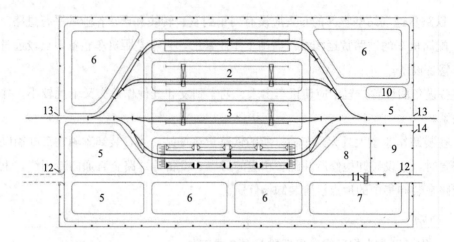

1—散堆装货物作业区；2—长大笨重货物作业区；3—集装箱货区；4—成件包装货物作业区；
5—生产加工区；6—仓储区；7—商品交易区；8—办公区；9—停车场；10—综合维修区；
11—货场综合大门；12—围墙大门；13—铁路围墙大门；14—围墙。

(b)

图3-3-6 贯通式货场（续）

尽端式货场如图3-3-7所示。

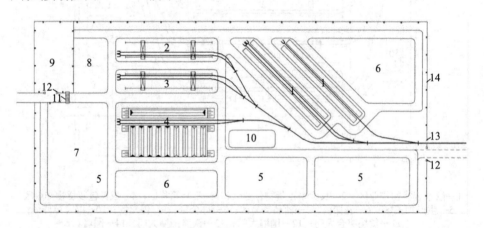

1—散堆装货物作业区；2—长大笨重货物作业区；3—集装箱货区；4—成件包装货物作业区；
5—生产加工区；6—仓储区；7—商品交易区；8—办公区；9—停车场；10—综合维修区；
11—货场综合大门；12—围墙大门；13—铁路围墙大门；14—围墙。

图3-3-7 尽端式货场

混合式货场如图 3-3-8 所示。

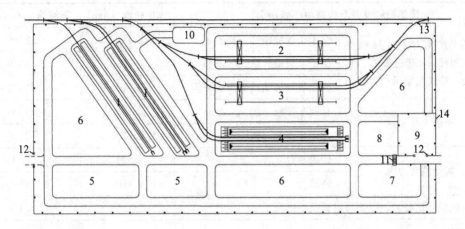

1—散堆装货物作业区；2—长大笨重货物作业区；3—集装箱货；4—成件包装货物作业区；
5—生产加工区；6—仓储区；7—商品交易区；8—办公区；9—停车场；10—综合维修区；
11—货场综合大门；12—围墙大门；13—铁路围墙大门；14—围墙。

图 3-3-8　混合式货场

货场物流功能区布置可根据货场物流功能需要，结合各作业区布置情况、场地情况等因素采用集中布置或分散布置形式。

（二）线路及货区配置

（1）货物装卸线宜采用平行或部分平行布置，亦可采用其他布置形式。

（2）综合性货场各作业区的相互位置应根据货物品类等按下列要求布置。

①散堆装货物作业区应远离成件包装货物，宜邻长大笨重货物作业区和集装箱货物货区。

②集装箱货区宜布置在成件包装货物和长大笨重货物作业区之间。

③散堆装货物作业区宜布置在货场外侧，主导风向下方。

④如设有危险货物作业区，其应远离其他作业区和生产办公区。

⑤各作业区的位置应符合国家消防、环保和卫生的有关规定。

（3）装卸线与相邻线的距离应根据装卸机械类型、货位布置、道路等设施以及相邻线路的作业性质及线间构筑物等因素计算确定。曲线地段应按国家现行《标准轨距铁路限界　第 2 部分：建筑限界》（GB 146.2—2020）的有关规定加宽线间距。

（4）货物装卸线直线地段的建筑物和设备至线路中心线距离应符合表 3-3-2 的规定。曲线地段应按现行的国家标准《标准轨距铁路限界　第 2 部分：建筑限界》的规定加宽。

表 3-3-2   建筑物和设备至线路中心线距离

建筑物和设备至线路中心线距离		高出轨面（mm）	至线路中心（mm）
跨线桥柱、天桥柱、触网支柱、照明杆、皮带通廊柱、管道支架、桥式起重机	位于正线或站线一侧	≥1100	≥2400
	位于站场最外站线的外侧	≥1100	≥3000
	位于最外梯线或牵出线一侧	≥1100	≥3500
轨道无柱雨棚	有调车作业一侧	≥1100	≥3500
	无调车作业一侧	≥1100	≥2440
货物站台边缘	普通站台	1100	1750
	高站台	≤4800	1850
起重机机械固定杆或走行部与附属设备边缘		≥1100	≥2440
货位边缘		—	≥2440
跨线式装车仓等建筑物边缘	装车线中心线的一侧	≤5000	2440
	装车线中心线的另一侧	≤5000	2000
装卸油品栈桥边缘	装卸线中心线靠栈台的一侧	>3000	1850
		≤3000	2000
	装卸线中心线的另一侧	≤5000	3500
货场机车车辆出入的大门和栅栏大门边缘	有调车人员随车出入	≤3000	≥3200
	超限货车进出入	≤3000	≥2440
洗罐线		≥1200	≥2000
清扫房、扳道房、围墙边缘	一般	≥1100	≥3500
	改建困难	≥1100	3000（保留）
道路边缘		—	≥3750

（5）货场存车线的设置应根据货物作业量和车辆取送及调车作业的复杂程度、车站与货场的距离及货场设备的作业能力等因素确定。当货场距车站较远或取送车次数较多时，应通过技术经济比较，在车站或货场附近设置存车场（线）。存车线宜与到发线合设，也可单独设置。

5.3.5 集装箱货区

（1）集装箱货区应具有集装箱的运输及装卸、多式联运及门到门运输、拆装箱作业、临修及清洗、装卸和运输机械的检修及清洗、铁路运输信息和站内集装箱信息的处理和传输等功能，根据需要可提供集装箱的国际联运、集装箱的消毒和储存、空箱调配及货物仓储等功能。

（2）集装箱货区应设装卸场，根据需要可设拆装箱场。

装卸场应设主箱场、辅助箱场、场内道路、门区、停车场及辅助生产设施等。

拆装箱场应设拆装箱场场地、拆装箱库、道路、大门等。拆装箱场应独立设置，并应有与装卸场衔接的通道、大门及信息管理系统。

（3）集装箱装卸场与到发线及调车场间的距离，应根据装卸机械类型、装卸工艺、箱位布置、道路、围墙、车场高程等因素确定。

（4）主箱场各装卸作业区宜平行布置，亦可采用其他布置形式。

相邻装卸作业区装卸线间的距离，应根据装卸机械类型、箱位布置、道路等因素确定。

在同一个装卸作业区内，有接发车条件的装卸线线间距不应小于5m，无接发车条件的装卸线线间距不应小于4.2m。采用集装箱正面吊运起重机并设移动接触网时，装卸线线间距应不小于6.5m。

（5）装卸场装卸线的数量应根据装卸作业区的数量和每个装卸作业区内装卸线的数量确定。每个装卸作业区内装卸线的数量，可根据作业量、装卸机械类型、平面布置形式、公铁直接换装比例、到发中转箱在站存留时间、列车在站停留时间、中转运量等因素协调确定。

集装箱作业量较大的装卸场每个装卸作业区宜设2～3条装卸线。集装箱作业量较小的装卸场每个装卸作业区宜设1～2条装卸线。

办理整列装卸作业的装卸线，其有效长度应与到发线的有效长度一致；不办理整列装卸作业的装卸线，其有效长度宜为到发线有效长度的1/2；集装箱作业量较小的装卸场若改建困难，装卸线有效长度也可以根据需要设置。

（6）主箱场装卸机械采用轨道式集装箱门式起重机时，平面布置应符合下列规定。

①轨道式集装箱门式起重机走行轨紧靠装卸线布置时，走行轨中心至装卸线中心的距离，应保证轨道式集装箱门式起重机支腿突出部分不侵入《标准轨距铁路建筑限界　第2部分：建筑限界》建限-1规定的限界。

②轨道式集装箱门式起重机应设置悬臂，跨内设汽车通道时，装卸线宜设置在跨内靠走行轨一侧；跨内不设汽车通道时，装卸线宜在跨内居中设置。轨道式集装箱门式起重机不设悬臂时，跨内应设汽车通道，装卸线宜设置在跨内靠走行轨一侧。跨内汽车通道的宽度不宜小于7m。汽车通道邻装卸线布置时，汽车通道边缘至无列车技术作业的装卸线中心的距离应不小于2.5m，至有列车技术作业的装卸线中心的距离应不小于3m。

③箱位边缘至无列车技术作业的装卸线中心的距离应不小于2.5m，至有列车技术作业的装卸线中心的距离应不小于3m。箱位边缘至轨道式集装箱门式起重机走行轨中心的距离，应为相应箱位侧的走行轨中心至支腿突出部分的宽度另加不小于0.8m的安全距离。

④箱位端部边缘至轨道式集装箱门式起重机走行轨端部的距离应不小于轨道式集装箱门式起重机宽度与箱位长度各半之差再加 2m。

⑤轨道式集装箱门式起重机走行轨端部与尽头式装卸线车挡的投影距离不宜小于 5m；当装卸线为尽头式时，轨道式集装箱门式起重机走行轨端部与装卸线两端道路边缘的垂直距离不宜小于 8m；当装卸线为贯通式时，该距离不宜小于 5m。

（7）主箱场装卸机械采用集装箱正面吊运起重机时，平面布置应符合下列规定。

①装卸线中心至纵向作业通道边缘的距离应为 2.5m。

②每个装卸作业区的两侧应各设两排箱位。

③装卸线两端道路边缘距装卸线的装卸有效长度起讫点的距离：当装卸线为尽头式时，尽头一端不宜小于 13m，另一端不宜小于 10m；当装卸线为贯通式时，两端均不宜小于 10m。

（8）集装箱正面吊运起重机或空箱堆垛机的作业通道宽度应根据所采用的装卸机械型号确定，但应不小于 15m；设置运输机械通道时，其作业通道宽度应不小于 18.5m。

（9）两相邻箱位边缘间的距离应不小于 0.3m。

（10）箱场内的箱位应布置合理，并标明位置和编码。主箱场的箱位宜沿装卸线纵向布置，辅助箱场的箱位宜沿流动装卸机械作业通道纵向布置。

5.3.6 长大笨重货物作业区

（1）长大笨重货物作业区应满足物流功能需求，设置装卸作业区、仓储物流区、展示交易区、配套功能区等。

（2）长大笨重货物作业区的设置应根据作业量、装卸机械类型、作业性质等确定，可根据需要设置 1~2 个作业区，作业量较小时可设置 1 个作业区。

（3）设置多个作业区时，各作业区宜平行横列布置，货物装卸线宜采用贯通式，也可根据地形和工程情况，采用贯通式与尽头式混合布置形式。

平行布置时，相邻作业区装卸线间距离，应根据所采用的装卸机械类型、货物线和货位布置形式、道路布置情况等计算确定。

5.3.7 成件包装货物作业区

（1）成件包装货物作业区在综合性货场中，应设置装卸作业区、仓储物流区、包装和流通加工区、展示交易区，同时应综合其他货物集中设置海关监督区和配套功能区。

行邮行包作业区应设置装卸作业区、仓储物流区、展示交易区及其他增值功能区、配套功能区、场内道路、门区、停车场等。

（2）装卸作业区与仓储物流区的布置形式应根据作业性质、地形条件等因素，经技术经济比较确定。宜采用集中式布置，也可以采用相融式、综合式或其他合理的布置形式。

（3）各装卸作业区宜平行布置，亦可采用其他布置形式。

相邻装卸作业区装卸线间的距离应根据货物站台、汽车装卸货物区、线间构筑物、场内道路、排水设施及场地高程等因素确定。

(4) 装卸作业区装卸线和站台的数量应根据装卸作业区的数量和每个装卸作业区内装卸线与站台的数量确定。每个装卸作业区内装卸线和站台的数量及相互关系，可根据货运量及其性质等因素确定。

各装卸作业区宜采用两台夹两线或两台夹一线的布置形式，也可以采用其他合理的布置形式。

装卸线的装卸有效长度应根据年货运量、各类货车的平均净载重量、单位面积堆货量、货物占用货位时间、货位排数、货位宽度和每天取送车次数等因素经计算确定。行邮行包作业区装卸线的装卸有效长度应不小于 600m，宜预留延长至 850m。

(5) 汽车装卸货物区的宽度不宜小于 20m。运量较小的中间站货场也可采用 10.5m。

(6) 装卸线道床宜采用便于清洁和排水的道床形式。

5.3.8 商品车作业区

(1) 商品车作业区应具有商品汽车的运输、装卸、多式联运及门到门运输，商品汽车及其零配件的仓储，商品汽车的检修和清洗，铁路运输信息和站内商品汽车信息的处理和传输等功能。根据需要可扩展商品汽车国际联运的功能。

(2) 商品汽车作业区应设置装卸作业区、商品汽车存放区、交验区、商品汽车零配件库、场内道路、大门、停车场等。

(3) 装卸线宜采用平行布置，亦可采用其他布置形式。相邻装卸线间距离应不小于 5m。

(4) 装卸线总有效长度应根据汽车运量、装卸效率、行车组织等因素确定，并应为到发线有效长度的整数倍。每条装卸线的装卸有效长度宜与到发线有效长度一致，根据需要可为到发线有效长度的 1/2，特别困难的情况下，装卸线的装卸有效长度可根据地形条件确定。

5.3.9 散堆装货物作业区

(1) 散堆装货物应根据货物的运量、性质、自然条件、环保及装卸车作业要求，选配经济合理的装卸机械和货运设备，采用合理的作业区布置形式。

(2) 散堆装货物装卸作业区应集中布置。污染严重的装卸作业区与其他装卸作业区应分开设置，并将污染严重的装卸作业区设在下风方向，怕污染的装卸作业区应远离其他装卸作业区。

(3) 大宗煤炭、矿石散堆装货物作业区不宜与综合性货场合设，宜另选址建设专用散堆装货物作业区。

(4) 各装卸作业区宜平行布置，亦可采用其他布置形式。

相邻装卸作业区装卸线间的距离应根据货物站台、货位、汽车装卸货物区、场内道路、排水设施等因素确定。

（5）装卸作业区装卸线、站台和堆货场的数量应根据装卸作业区的数量和每个装卸作业区内装卸线、站台和堆货场的数量确定。每个装卸作业区宜设 1 条装卸线，每个装卸作业区内站台、堆货场的数量及与装卸线的关系可根据货运量及货物性质等确定。

（6）装卸线道床宜采用便于清洁和排水的道床形式。

（7）散堆装货物作业区应配套建设抑尘设施和防尘网、防尘墙等防尘设施，北方地区应配套设置防冻设施。

5.3.10　其他货物作业区

（1）铁路上需要冷藏运输的货物应使用机械冷藏车。根据机械冷藏车的运行线路和作业需要，应在适当地点设置机械冷藏车车辆段和加油点。冷藏集装箱到发货区应设地面电源及充电设施。

（2）在危险货物比较集中的城市，应设置专业性的危险货物货场。如危险货物较少，也可在综合性货场内设置危险货物专用仓库或货区。

危险货物货场应配置相应的装卸机械、消防设备、安全检测设备、报警装置和应急设施设备。

危险货物货场和爆炸品仓库的设置地点及危险货物运输设备的布置，应符合国家现行的防火、防爆、防毒、卫生和环保等相关规定，并应征求地方政府意见，符合地方规划。

（3）办理危险货物、牲畜、畜产品、水产品和鲜货的卸车站或排空货车较多的车站、货场，应设置洗刷消毒所，其规模和设备应根据洗刷消毒车辆的作业量和性质确定。

洗刷消毒所的设置地点应远离其他铁路设备及居民区。洗刷消毒所应设置处理污水和废渣的设备，污水和废渣的处理应符合国家现行标准的规定。

（4）办理牲畜装卸的车站应设置牲畜站台、牲畜圈、饮水处和其他辅助设备。当需要运输牲畜时，应在适当的车站设置供牲畜饮水的给水栓。

5.3.11　物流功能区

（1）物流功能区应提供铁路货运功能外的其他增值服务功能，功能设置应充分结合铁路优势，开拓物流增值服务以提高经济效益。

（2）物流功能区主要包括仓储区、配送区、流通加工区、海关监管区、展示交易区、管理办公区、生活服务区、停车场及维修服务区等。

物流功能可分为主导功能、附加功能和辅助功能。货运站物流功能分类如表 3-3-3 所示。

表 3－3－3　　　　　　　　　　　货运站物流功能分类

功能分类		具体功能
物流功能	主导功能	运输
		仓储
		流通加工
		装卸搬运
		配送
		物流信息
	附加功能	物流方案设计
		商务手续办理
		商品展示与交易
		海关监管
		口岸物流
		物流金融服务
		物流咨询服务
	辅助功能	餐饮、住宿
		停车、检修、加油
		工商、税务、保险、银行
		邮政、通信
		物业管理

（3）物流功能区功能及规模按以下原则确定。

①与区域经济发展相适应：采用定性分析与定量计算相结合的方法，在调查物流业相关统计数据的基础上，对区域物流现状和未来发展趋势进行研究，为确定规模提供可靠的支撑。

②与市场需求相协调：应在分析区域物流需求的基础上，确定货运站物流功能及相应规模。

③内部和外部系统性：应在保证物流作业流程合理的前提下，使各功能区布局紧凑，减少土地占用。对于与区域内其余物流节点的竞合关系，应以货运站服务范围、服务对象等为依据，体现区域物流设施建设的系统性，避免重复建设和过度建设。

④适度超前：规模应适当超前于当前物流需求，杜绝过度保守和盲目建设，使货运站建设既符合当前需要，又能为未来发展提供保障。

（4）物流功能区平面按下列原则布置。

①近距离原则：保证货运站内货物运输与搬运总距离最短，实现运输成本最低，提高

货运站的效率和整体运作的有序性。

②布局优化原则：应尽量使彼此货物流量大、关系密切的功能区靠近，而货物流量小、关系不密切的功能区可以布置得远一些。尽量避免货物运输的迂回和倒流。

③系统规划原则：既重视硬件系统的规划设计，也注重软件系统的构建，形成一个有机的整体。规划结构要注意集约化、市场化、社会化和开放性，适应多家投资、多家经营的需要。

④柔性化原则：确立规划的阶段性目标，建立阶段性进度，以保证规划的最终实现。功能分区既要着眼于满足现实物流资源配置和业务流程设计要求，又要兼顾远期发展要求。

⑤环境友好性原则：平面布置需考虑与周围环境的和谐程度，综合考虑大型基建设施和地址条件的关系，绿化要求，废水废气的排放与周边水流、风向等的关系。

5.3.12 货运设备

（一）仓库、站台、货棚和堆货场

（1）仓库、站台和货棚平面布置形式可分为矩形、阶梯形和锯齿形，设计时优先采用矩形布置。

（2）仓库或货棚应根据货物的种类、货位布置等因素设计，并符合下列规定。

①在多雨、雪地区或作业量较大的仓库或货棚宜采用跨线布置。

②仓库或货棚应在靠场地一侧及铁路一侧设置挑檐，在降水较多的地区，挑檐伸出长度应满足雨雪天气的正常作业要求。在降雪及大风多发地区，挑檐设计应具备较强的抗倾覆能力。

③仓库长度和宽度应根据功能需求、年货运量、货位布置、装卸机械类型及作业方式等因素确定，并应满足消防要求。

④仓库外墙轴线距站台边缘距离应根据作业机械类型、回转半径、仓库货物种类等计算确定，靠近铁路一侧宜采用4m、场地一侧不宜小于4m，也可将仓库外墙外移与站台平齐并在墙内留有不小于4m的作业空间。

⑤站台仓库场地一侧装卸作业场地宽度应满足公路货运车辆作业要求，大中型货场该宽度一般不宜小于20m。

（3）站台按其用途和距轨面高度可分为普通货物站台和尽端式站台、高站台和低站台等，设计时应遵循以下原则。

①站台长度和宽度应根据货物种类、作业量、取送车数、装卸作业过程、装卸机械类型、仓库设置等计算确定。

②普通货物站台的边缘顶面，靠铁路一侧宜高出轨面0.95～1.1m，靠场地一侧宜高出场坪1.1～1.3m，根据需要设置可调节高度的升降平台。

③邻靠装卸线的普通货物站台宜采用矩形布置，也可以根据作业需要采用普通货物站台与尽端式站台相连的 L 形或 U 形站台。

④普通货物站台端部应设置成斜坡，以便叉车等机械作业，斜坡宽度应不小于 3.5m，斜坡坡度不小于 1∶12。

⑤装卸自行移动的车辆时，宜设置尽端式站台。尽端式站台可单独设置，也可与平行线路的普通货物站台合并设置。尽端式站台分为带车钩和不带车钩两种。宜采用带车钩缓冲装置的尽端式站台。

⑥尽端式站台单独设置时，宽度应不小于 4.5m，长度应不小于 6m，端部宜设与站台等宽的斜坡。尽端式站台铁路端部边缘顶面距轨面的高度应为 1.15m。

⑦站台应采用整体浇筑，站台边缘镶嵌角钢。

⑧站台道路一侧应按需要设上站台台阶。

（4）站台与装卸线可根据到发运量、运输组织、装卸作业工艺要求等，采用一台一线、两台夹一线的形式，也可采用两台夹二线、两台夹三线及三台夹二线等布置形式。

（5）散堆装货物货场的设计应结合货物运量及性质，自然条件、环保及装卸车作业要求。

卸车线可采用栈桥或路堤形式。当使用机械时，可采用翻车机配皮带输送系统、抓斗配平货位或扒料机配低货位等。

装车线可采用高站台或滑坡仓、跨线漏斗仓等形式。当使用机械时，可采用装载机配站台、快速定量装车系统配皮带输送系统等。

（6）散堆装货物站台或堆货场宽度可根据堆货量、货物种类、货位排数、货位宽度、搬运工具所需道路宽度、装卸机械作业宽度等确定。单侧装车时应不小于 12m；双侧装车时应不小于 20m。

（7）散堆装货物站台长度除应满足堆货量的需要外，还应满足取送车组长度的要求。当整列装卸时，其长度应满足货物列车车列长度的要求。

（8）仓库、站台与线路间的相互位置应符合下列规定。

①车挡距最近库门中心的距离应不小于 17m，至站台端部坡顶的距离应不小于 10m。

②库内车挡距最近库门中心的距离应不小于 9m，站台端部通道宽度应不小于 7m。

③仓库端墙轴线至站台端部坡顶应不小于 2m。

（9）堆货场按货物种类应分为集装箱堆场、长大笨重货物堆场和散装货物堆场。

（10）堆货场的长度除应满足堆货场面积需要外，还应满足取送车组长度的需要；整列装卸的堆货场长度应满足货物列车车列长度的要求。

（二）装卸及运输机械

（1）装卸机械应根据货物种类、运量、集疏运方式、运营费用、货运站场地条件等因素进行配置，其规模应与货运站的相关作业需求匹配。

（2）集装箱主箱场装卸机械类型应根据年作业量、集疏运方式、箱场布置、用地情况、运营费用等因素确定，宜选用轨道式集装门式起重机、集装箱正面吊运起重机或其他专用的集装箱装卸机械。

集装箱辅助箱场宜采用集装箱正面吊运起重机或其他专用的集装箱装卸机械进行重箱的装卸作业，采用集装箱空箱堆垛机进行空箱的装卸作业。

集装箱拆装箱场应配备小型低门架叉车，进行集装箱的拆装作业。

（3）长大笨重货物宜使用轨道式门式起重机、桥式起重机、汽车起重机及相应索具。

（4）成件包装货物宜使用叉车（配托盘）、输送机（带）等装卸搬运设备。

（5）商品汽车宜使用液压变幅式升降平台或专用移动式商品汽车装卸机械进行滚装作业。

（6）散堆装货物装卸设备应根据装车量、物料特性和堆场工艺布置等因素比较确定，具体规定如下。

①装车量较大时，宜采用移动式装车机或计量仓装车。装车量较小时，可采用单斗装载机或抓斗装卸机械（桥式抓斗起重机、门式抓斗起重机、履带式抓斗起重机、轮胎式抓斗起重机）装车。

②卸车量在 $100 \times 10^4 t$ 及以下时，可选用抓斗装卸机械（桥式抓斗起重机、门式抓斗起重机、履带式抓斗起重机、轮胎式抓斗起重机）；体积大、黏性大的物料，宜采用抓斗装卸机械。卸车量在 $400 \times 10^4 t$ 以上，可选用翻车机。

（7）危险货物、鲜活货物等特殊货物应配备与装卸货物相适应的专用机械，为保证通风、防火、防爆、防毒和温度适宜，应配备相应的设备。

（8）轨道式集装箱门式起重机应符合下列要求。

①额定起重量应不小于36t。

②跨度和有效悬臂长度应满足集装箱装卸场的工艺要求，跨度应符合现行的《通用门式起重机》（GB/T 14406—2011）的规定，有效悬臂长度应不小于7.5m。

③起升高度公式：

$$H = (h+1) H_c + C_i \qquad (3-3-1)$$

式中：H——轨道式集装箱门式起重机的起升高度，mm；

h——集装箱最高堆码层数；

H_c——集装箱的高度，mm；

C_i——安全间距，一般为500mm。

（9）集装箱正面吊运起重机应符合下列要求。

①起重量第一排不宜小于42t，第二排不宜小于31t。

②有效起升高度第一排不宜小于 12m，第二排不宜小于 9m。

③转弯半径不宜大于 8.5m。

（10）集装箱空箱堆垛机应符合下列要求。

①额定起重量不宜小于 8t。

②空箱堆码层数应不小于 5 层。

③转弯半径不宜大于 5.5m。

（11）小型低门架叉车应符合下列要求。

①额定起重量应为 1.5～2.5t。

②外形高度应不大于 2180mm。

③门架自由提升高度应为 1～1.5m。

④转弯半径不宜大于 2.5m。

⑤轮压应不大于集装箱底板单位面积允许压力。

（12）集装箱作业场内运输及场外门到门运输宜采用拖挂式运输车辆，配属的集装箱牵引车及挂车的性能应根据具体的路况及所运输的箱型确定。

集装箱牵引车宜采用平头式牵引车，挂车宜采用半挂车。场内运输宜采用场内运输用集装箱牵引车和半挂车；场外门到门运输宜采用公路运输用集装箱牵引车和半挂车。

（13）成件包装作业场和商品汽车作业场场内运输、场外门到门运输宜采用专用车辆，配属的牵引车的性能应根据具体路况及运输货物的类型确定。

（14）集装箱作业场装卸机械的配置数量应根据其作业箱数、日均作业时间、作业效率等因素确定，公式如下：

$$C_i = N_i \cdot Z / (P_i \cdot T_i \cdot W_i) \tag{3-3-2}$$

式中：C_i——装卸机械的配置数量；

$\quad\quad N_i$——装卸机械日均需要完成的作业箱数，TEU；

$\quad\quad Z$——标准箱（TEU）与实际使用集装箱的折算系数；

$\quad\quad P_i$——装卸机械工作效率，轨道式集装箱门式起重机、集装箱空箱堆垛机取 20～30 箱次/h，集装箱正面吊运起重机取 20～25 箱次/h；

$\quad\quad T_i$——装卸机械日均作业时间，取 15～17h；

$\quad\quad W_i$——装卸机械的完好率，轨道式集装箱门式起重机取 0.95，集装箱空箱堆垛机及集装箱正面吊运起重机取 0.7。

（15）集装箱拆装箱场和成件包装作业场叉车的配置数量应根据其作业量、叉车的生产能力等因素确定，公式如下：

$$C_叉 = \alpha \cdot Q / (G \cdot W) \tag{3-3-3}$$

式中：$C_\text{叉}$——叉车的配置数量，台；

Q——集装箱拆装箱场、成件包装作业场日作业量，t；

α——到发波动系数，一般取 1.1～1.3；

G——叉车生产能力，t/d；

W——叉车的完好率，一般取 80％。

叉车的生产能力应根据叉车日均作业时间、作业效率、最大起重量、额定荷载利用系数等因素确定，公式如下：

$$G = 3600 Q_\text{叉}\, TK / T_\text{周} \qquad (3-3-4)$$

式中：G——叉车生产能力，t/d；

$Q_\text{叉}$——叉车的最大起重量，一般为 1.5t 或 2t；

K——叉车额定荷载利用系数，一般取 0.7～0.9；

T——叉车日均作业时间，一般取 15～17h；

$T_\text{周}$——叉车升、降及往返搬运一次货物所需的总时间，s。

（16）商品汽车作业场的液压变幅式升降平台配置数量应根据场内商品汽车装卸站台的数量确定，专用移动式商品汽车装卸机械配置数量应根据场内装卸线的数量确定。

（17）场内运输的集卡配置数量应根据辅助箱场日均总作业箱数、场内运输的集卡运输能力及作业时间等因素综合确定，公式如下：

$$C_\text{内} = N / (P_c \cdot T_c \cdot W_c) \qquad (3-3-5)$$

式中：$C_\text{内}$——场内运输的集卡配置数量，台；

N——辅助箱场日均总作业箱数，TEU；

P_c——场内运输的集卡运输能力，取 8～10TEU/辆·h；

T_c——场内运输的集卡日均作业时间，取 15～17h；

W_c——集卡的完好率，一般取 90％。

（18）散堆装货场装载机的配置数量应根据其作业量、装载机的生产能力等因素确定，公式如下：

$$N_z = \alpha \cdot Q_x / (Q_z \cdot W_z) \qquad (3-3-6)$$

式中：N_z——装载机的配置数量，台；

Q_x——散堆装货场日作业量，t；

α——到发波动系数，一般取 1.1～1.3；

Q_z——装载机生产能力，t/d；

W_z——装载机的完好率，一般取 67％～70％。

装载机的生产能力应根据日均作业时间、铲斗容积、物料堆密度、铲斗充填系数、一次作业的循环时间等因素确定，公式如下：

$$Q_z = 3600 \cdot V \cdot T \cdot \rho_d \cdot \psi / T_周$$

式中：Q_z——装载机的生产能力，t/d；

    T——装载机日均作业时间，一般取 15～17h；

    V——铲斗容积，m³；

    ρ_d——物料堆密度，t/m³；

    ψ——铲斗充填系数，一般取 0.6～0.8；

    $T_周$——一次作业的循环时间，s。

（19）散堆装货场抓斗装卸机械的配置数量应根据其作业量、抓斗装卸机械的生产能力等因素确定，公式如下：

$$N_q = \alpha \cdot Q_x / (Q_q \cdot W_q) \tag{3-3-7}$$

式中：N_q——抓斗装卸机械的配置数量，台；

    Q_x——散堆装货场日作业量，t；

    α——到发波动系数，一般取 1.1～1.3；

    Q_q——抓斗装卸机械的生产能力，t/d；

    W_q——抓斗装卸机械的完好率，一般取 96%。

抓斗装卸机械的生产能力应根据日均作业时间、抓斗容积、物料堆密度、充填系数、一次作业的循环时间等因素确定，公式如下：

$$Q_q = 3600V \cdot T \cdot \rho_q \cdot \psi / T_周 \tag{3-3-8}$$

式中：Q_q——抓斗装卸机械生产能力，t/d；

    T——抓斗装卸机械的日均作业时间，一般取 15～17h；

    V——抓斗容积，m³；

    ρ_q——物料堆密度，t/m³；

    ψ——抓斗充填系数，一般取 0.6～1.0；

    $T_周$——一次作业的循环时间，s。

（20）散堆装货场翻车机的配置数量应根据其作业量、翻车机的生产能力等因素确定，公式如下：

$$N_f = \alpha \cdot Q_x / (Q_f \cdot W_f) \tag{3-3-9}$$

式中：N_f——翻车机的配置数量，台；

    Q_x——散堆装货场日作业量，t；

    α——到发波动系数，一般取 1.1～1.3；

    Q_f——翻车机的生产能力，t/d；

    W_f——翻车机的完好率，一般取 90%。

翻车机的生产能力应根据日均作业时间、铁路车辆平均载重量、翻车机一次翻卸车辆数量、翻车机卸车周期等因素确定，公式如下：

$$Q_f = \frac{3600 \cdot T \cdot G \cdot m}{T_周} \qquad (3-3-10)$$

式中：Q_f——翻车机的生产能力，t/d；

    T——翻车机日均作业时间，一般取 15～17h；

    G——铁路车辆平均载重量，t/辆；

    m——翻车机一次翻卸车辆数量，辆；

    $T_周$——翻车机卸车周期，s。

（21）定量装车设备能力应满足在规定时间内装完一列车，从空车对准货位到一列车全部装满并计量完毕所需的时间，不宜超过 2h。

（三）门区及检斤设备、安全检测设备

（1）货场根据其规模可设 1～3 个大门，并应与城市道路连接。

门区的数量应根据日均货运量、门区工作时间、运输汽车到达的不平衡系数及汽车平均净载重量等因素确定。

门区的设置应根据内外交通组织流线、道路连接情况、货场办公营业场所及外部停车场位置等因素确定。

（2）门区应设置视频监控设备。集装箱货场门区应安装门禁系统，其他无集装箱作业的货场根据需要安装门禁系统。

（3）年运量在 30 万吨及以上的货场应配置检斤设备。计量检测室应设于视线良好的地段。

①货场出入口处应设置称重不小于 100t 的电子汽车衡，并设置汽车检斤时需要的停车场地，且不影响主要道路上其他车辆通行。

②轨道衡应设置在货车集中出入货场的线路上，并符合下列规定：

a. 轨道衡应设在平直线路的中段，称量区两端引轨区不少于 25m，称量区两端引轨区外的直线段不少于 50m。在此区段内无道岔；

b. 应避开长大坡道线路，线路坡度应小于 2‰，轨面横向水平高之差应小于 2mm；

c. 轨道衡的设置应避开不利的地理位置，如桥梁、道口、立交处等；

d. 应避开电气化区段分相点；

e. 设备应联网运行，实现检测信息共享。

（4）货场应根据需要配置超偏载检测设备，设备应符合下列规定。

①设备应安装在货车集中出入的直线段，线路坡度不超过 2‰，轨面横向水平高之差应小于 2mm。

②检测区前后应有 100m 以上的直线段。

③检测区距道岔的距离应大于50m。

④安装地点应避开电气化区段分相点、高压输电线、短梁、短隧道、铁路道口及易发生洪水、塌方和冻胀的位置。

⑤采用碎石道床。

⑥应采用50kg/m或60kg/m钢轨的无缝线路，检测区无钢轨接头和损伤。

⑦设备应联网运行，实现检测信息共享。

（四）场内道路

（1）场内道路可分为三级。

①主干道：大型货场连接主要出入口通道的道路、车流量较大的道路。

②次干道：大中型货场的环形道路，中小型货场连接主要出入口通道的道路。

③支道：除干道外的汽车道路。

（2）场内道路主要技术标准如表3-3-4所示。

表3-3-4　　　　　　　　　　　　　场内道路主要技术标准

项　目		主干道	次干道	支道
设计车速（km/h）		15	15	15
路面宽度（m）		15～30	7.0～15	3.5～7.0
最小圆曲线半径（m）	行驶单辆汽车	—	—	20
	行驶拖挂车	50	50	—
交叉口路面内缘最小转弯半径（m）	行驶单辆汽车	—	—	9
	行驶拖挂车	15	15	—
停车视距（m）		15	15	15
会车视距（m）		30	30	30
交叉口停车视距（m）		20	20	20
最大纵坡（%）		3	3	3
竖曲线最小半径（m）		100	100	100

注：①路面宽度的取值应根据工艺要求、通行车辆和流动机械类型等确定；②场内道路平面转弯处不宜超高和加宽设计；③主要出入口通道内外路段，应根据使用要求适当加宽路面；④集装箱作业区主箱场与辅助箱场间的道路，应根据流动装卸机械作业要求和车流量适当加宽。

（3）道路边缘至相邻建筑物的最小距离。

道路边缘至相邻建筑物的最小距离如表3-3-5所示。

表 3-3-5 道路边缘至相邻建筑物的最小距离

相邻建筑物名称			最小距离（m）
建筑物边缘	建筑物面向道路一侧无出入口时		1.5
	建筑物面向道路一侧有出入口，但无汽车引道时		3.0
	建筑物面向道路一侧有电瓶车出入口时		4.5
	建筑物面向道路一侧有出入口并有汽车引道时	连接引道的道路为单车道	通行微型、轻型载货车 8.0
			通行中型、重型载货车 11.5
		连接引道的道路为双车道	通行微型、轻型载货车 6.0
			通行中型、重型载货车 9.5
	地上管线支架、柱、杆等边缘		1.0
	箱位边缘		1.5
	围墙边缘		1.5

注：有特殊要求的建筑物及管线至道路边缘的最小距离，应符合国家现行标准的规定。

（4）场内道路平面布置应满足高峰时段场内车辆疏运的要求，结合地形条件及装卸作业区平面布置，宜按单向环形车流布置。连接出入口通道的主干道及集装箱作业区主箱场和辅助箱场间的道路，可按双向车流布置，并应设置明显的车辆运行路线标志。尽头式道路应具备回车条件。

（五）其他货运设备

（1）货场各生产作业场所应根据需要设置相应的货区办公室、间休室、工具间、机械维修间、流动装卸机械停放库等；货场还应设置货场办公、生产调度、营业厅（室）等房屋，并根据需要设置为物流服务的商务、咨询、海关、金融及商品展示交易的房屋和生活服务设施。房屋布置应遵循下列原则。

①货场内与运转作业直接相关的生产房屋的布置应满足使用需要，并保证值班人员作业安全。

②货区办公室，用于生产调度的房屋和为物流服务的商务、咨询、海关、金融等机构的房屋及商品展示交易的房屋应集中设置在综合办公楼内。综合办公楼的位置在货场的入口附近，一面设在货场围墙外方，面向社会营业，一面通向货场，方便人员进出。综合办公楼应根据实际业务需要进行功能设置。

③货运员办公室可设在仓库的端部和股道、堆货场的适当地点。

④间休室、工具间、流动装卸机械停放库宜集中布置，并分别设在各主要货区或靠近货运员办公室的位置。

⑤货场出入口左侧应设门卫室。门卫室可与计量检测房合建。

⑥装卸机械及集装箱维修、篷布维修、备品材料存放和充电等生产房屋宜分类集中

布置。

⑦在货场各装卸作业和人员集中的区域，应设置公共厕所等生活设施。

⑧在综合办公楼附近适当位置应根据需求设置综合服务中心。

（2）货场应设置围墙，其高度不宜低于 2.4m。

（3）货场应配备装卸机械、集装箱维修设备和充电设备。大型货场可设置篷布维修组及相应的维修设备。若维修量不大，可与集装箱维修设备合并设置。

（4）铁路货运场站仓库内应配套设置装卸作业低压照明设施及插座；室外照明宜采用投光灯塔，满足昼夜不间断作业及视频监控照明要求。

（5）货场内灯塔立柱，消防栓及抑尘、防冻喷洒装置等的设置位置应避免影响作业和运输车辆、装卸机械通行，并设置防护栏等防撞保护设施。消防栓可采用多项隐蔽式设计。

（6）铁路货运场站应按《铁路运输标识　第 1 部分：货运》（TB/T 3509.1—2018）的规定设置货运标识，并应符合国家相关要求。

（7）铁路货运场站出入口、营业厅、作业区、货车集中出入的线路咽喉处等场所应安装视频监控设备，并实行联网集中监控。

（8）货场平过道宜采用重型橡胶铺面。道口应设置警示标志、限界架、减速器和路灯等设备设施。

5.3.13　信息

（1）铁路货运中心信息系统设计应满足货运生产组织、安全管理和现场作业的需求，统筹规划，资源共享。

（2）铁路货运中心信息系统设计应以现有成熟技术为基础，并对技术发展有一定前瞻性，确保系统技术先进、安全、可靠。应充分采用物联网等技术和手段提高铁路货运中心信息化水平。

（3）铁路货运中心信息系统设备配置应具有高可靠性、可维护性和可扩展性，应适度超前，并留有一定的余量。

5.4　实训检验

选择相应的铁路货运场站，根据铁路货运场站的地理区位、功能定位、吞吐量等要素，选择相应的集装箱装卸工艺，利用本课程设施设备的知识进行铁路货运场站装卸流程的设备配置。

6 实训小结

6.1 主题内容

基于物流场景的铁路货运场站的物流设施设备的应用。

6.2 实训报告要求

学生的实训报告以报告的形式进行，内容以导入案例的内容为基础。实训报告可以分组或单独完成，选取涉及铁路货运场站设施设备的相关主题。

6.3 考核要求

本次实训的考核成绩按平时成绩的 30% 与实训报告考核成绩的 70% 评定。实践教学环节采取现场实习形式，结合必要的讲解、讨论，由学生写出实训报告，并将该报告作为学生本课程学习成效的重要依据。

任务四　公路货运站设施设备

1　导入部分

1.1　导入案例

工作人员被夹在倒退行驶的叉车和板子之间的叉车事故，如图3-4-1所示。

图3-4-1　叉车事故

叉车驾驶员在倒退行驶时，发现了车辆后方的受害人。留意了2～3次，一边慢行一边倒退行驶，发现受害人的身影不见了。驾驶员认为受害人已经离开，便继续倒退行驶。但实际情况是受害人正在蹲着数板子的张数，结果受害人头部被夹在叉车后部和板子之间，最终因伤势过重死亡。

问题：

1. 请分析事故原因。

2. 在分析事故原因的基础上提出避免事故发生的对策。

1.2　相关评论

中国物流配送市场的规模已经突破12万亿元，是出行市场的10倍，占GDP总量的15%。目前中国拥有全球最大的物流市场，年物流运输费用可达1.6万亿美元，其中公路物流费用约占75%，达1.2万亿美元（约8.5万亿元），为美国市场的近两倍。其中，快递运输、零担运输、整车运输业务三分公路货运行业，分别占市场容量的5%、40%

和 55%。

2 实训目标

（1）了解公路货运站的布置及装卸工艺；

（2）掌握公路货运站的设施与设备；

（3）了解未来公路货运站的发展趋势。

3 实训步骤与方法

3.1 了解

通过本课程的学习，初步了解公路货运站的整体布局与设施设备的概况。

3.2 掌握

从知识点入手，以公路货运站为线索进行讲授，辅以具体设备的图片，让学生掌握流程中的设施与设备状况。

3.3 报告

辅以材料的阅读，最终以实训报告的形式巩固和提升学习效果。

4 学生互动参与设计

4.1 导入案例分析

在进行导入案例分析时，根据内容提示，要求学生参与讨论，探究导入案例提出的问题，并提供解决方案。

4.2 公路货运站设施设备的选择

对不同类别、规模的公路货运站，就其运作流程与设备选择的问题，要求学生讨论，提出相应的方案并说明理由，这也可以作为学生实训报告的备选内容。

5 实训内容

5.1 公路货运站的整体布局

公路货运站的整体布局如图 3 - 4 - 2 所示。

图 3 - 4 - 2　公路货运站的整体布局

5.2　公路货运站典型装卸工艺方案介绍

公路货运站装卸工艺流程如图 3 - 4 - 3 所示。

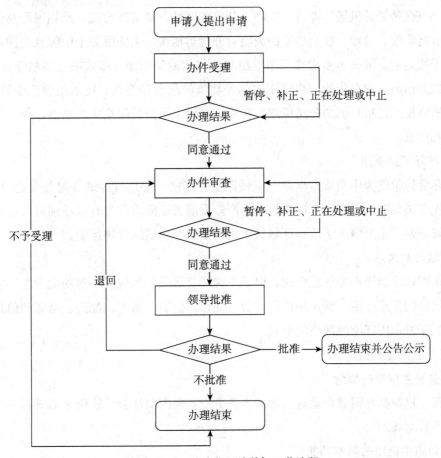

图 3 - 4 - 3　公路货运站装卸工艺流程

5.3 基于物流场景的设施设备的认知

5.3.1 公路货运枢纽

（一）货运枢纽的概念

货运枢纽是两条或两条以上货物运输线路交会的关键节点，是货物集散、中转、仓储及装卸的载体，能够提供货运信息。货运枢纽包括城市仓库、铁路货运场站、公路货运站、水运货运码头、市内汽车运输场站，是市内和城市对外的仓储、转运的枢纽。

（二）货运枢纽分级

当前货运由单一运输方式向多式联运转变是我国城市物流业的发展趋势，并且货运枢纽布局与城市空间、产业布局密切相关，有必要从功能性质、辐射范围等方面对货运枢纽进行分级，按此要求货运枢纽可分为国际及省际货运枢纽、城际货运枢纽和城市配送站。

1. 国际及省际货运枢纽

该类枢纽是依托机场、港口、铁路、公路等区域重要基础设施，承担国际及全国范围内大型货运集散、中转、控制功能的大型对外货运枢纽，主要服务于国际及全国范围内的长距离干线运输，可分为多式联运型枢纽和单式运输型枢纽。多式联运型枢纽包括机场、港口和铁路枢纽，它在货运网络中不仅作为物流的起点和终点，还承担物流中转的功能。单式运输型枢纽是指外围的公路枢纽，在货运网络中承担货物集中的功能，作为干线运输的起点和终点。

2. 城际货运枢纽

城际货运枢纽为中型货运枢纽，以铁路货运场站、公路货运站等对外交通设施为主，配套设置各类集疏运设施，形成满足城市产业发展货运需求并具有区域辐射功能的货物集散、中转场站，主要服务于所在区域城市群的中短距离城际货物运输。

3. 城市配送站

城市配送站属于小型货运枢纽，以城市内部货运服务和地区辐射功能为主，主要服务于中心城区的生产生活，满足用户的订货、储存、包装、加工、配送、结算和信息处理等需求，属于城市内部物流网络的节点。

（三）公路主枢纽

1. 公路主枢纽的概念

公路主枢纽是全国综合运输网络的重要节点，是面向社会开放服务的具有一系列基本功能的客货运场站。

2. 公路主枢纽的基本功能

（1）运输组织功能。

（2）中转和装卸储运功能。

（3）中介代理功能。

（4）通信信息功能。

（5）辅助服务功能。

3. 公路主枢纽组织量分析与预测

公路主枢纽组织量分析与预测是公路主枢纽规划最重要、最基础的工作，做好组织量分析与预测是组织量规划的重要内容，同时也是科学、准确、合理地确定枢纽场站规模的重要依据。

（1）公路主枢纽组织量的含义

公路主枢纽组织量指通过公路主枢纽信息服务系统进行处理并调配的各种运输方式货运组织量和客运组织量，它是反映公路主枢纽在交通运输中的作用的一个定量指标。从组织量构成方面看，客运组织量指主枢纽组织的客运发送量；货运组织量则包括货运适站量、货运代理量、信息配载量和市场交易量等。

（2）公路主枢纽组织量预测

①影响公路主枢纽组织量规模的因素

影响公路主枢纽组织量规模的因素有：经济规模和发展水平；经济体制与经济政策；运输市场的完善程度；运输场站的布局与规模、运输场站设施；信息化水平；其他因素。

②公路主枢纽组织量预测

公路主枢纽组织量预测分为客运组织量预测和货运组织量预测。公路主枢纽组织量预测应充分研究公路客货运输市场的变化趋势和特点，以及影响公路主枢纽组织量规模的主要影响因素，分析可能纳入公路主枢纽信息服务系统的客货运量占全社会公路客货运量的比重，在此基础上，结合公路客货运量的预测值进行测算。

4. 公路主枢纽适站量分析

（1）公路主枢纽适站量的含义

公路主枢纽适站量指适宜进入公路主枢纽场站进行站务作业或短时堆放、储存的货运量和经由枢纽发送的客运量。

公路主枢纽适站量是公路主枢纽组织量的重要组成部分，同时也是确定公路主枢纽场站布局、建设规模（等级）、建设序列、场站功能和作业性质的重要依据。

（2）公路主枢纽适站量预测

①客运适站量

公路主枢纽客运适站量指从公路主枢纽客运站内发送的旅客量。它包括公路正常客运适站量和铁路转移旅客适站量两部分。

②货运适站量

货运适站量指适合进入公路货运站并经操作处理的货物吞吐量。

货运适站量包括公路零担量、公路国际集装箱量、批多量小的工业制成品及工商业的物资储运量、公铁联运量、公水联运量、其他运输方式转移适站量等。货运适站量是确定公路货运站建设规模的理论基础，其预测方法大致可分为总量预测法和分项预测法。

总量预测法用于直接预测各部分适站量的总和。分项预测法用于公路零担量预测，公路国际集装箱量预测，其他运输方式转移适站量预测，仓储适站量和公铁、公水联运适站量预测等。

5. 公路主枢纽规模

公路主枢纽是综合运输系统中的重要节点，具有占地面积大、作业规模大、设备及建设投资大的特点。公路主枢纽规模适度，运作高效安全，投资和运营费用合理是综合运输系统成功的关键。

5.3.2 公路货运站

（一）公路货运站的功能

1. 物流过程的连接点

公路货运站是连接长途运输和短途配送的中转基地，是公路与铁路、水路、空运等各种运输方式的连接点。在此情况下，公路货运站必须具有接单、拣货、分装、倒装、运输、配送的综合功能。

2. 商流活动的连接点

公路货运站是生产商、批发商和零售商之间的连接点，具有保管、库存调节、流通加工（拆零、配货、贴标签）、信息处理、售后服务等功能。

3. 国际物流活动的连接点

公路货运站也可以设置为连接国内物流和国际物流的节点，应具有进口代理、通关报检以及保税等功能。

（二）公路货运站的设备

1. 信息系统通用设备

信息系统通用设备包括货物信息采集设备、计算机网络设备和计算机管理系统等。

2. 仓储设备

仓储设备是专门用于存放成件物品的保管设备，如货架。

3. 装卸搬运设备

（1）叉车，又称铲车、叉式举货机，是物流领域最常用的具有装卸、搬运双重功能的机械。

（2）吊车，吊装吊卸的起重机械的总称，其功能较为单一，主要是进行装卸。

4. 集装设备

集装设备主要包括集装箱和托盘。

5. 拣选设备

常用的拣选设备是输送机，它以搬运为主要功能。

（三）公路货运站的设置形式

1. 整车货运站

整车货运站是进行运输企业调查、组织货源、办理货运等商务作业的机构。

货运车辆可在运输企业的专用场地内停放与保管，运力单位一般负责在发货单位仓库内装车时和运输过程中货物的保管，将货物直接运送到收货单位的仓库卸车。由于大批货物的装卸地点一般比较固定，所以载运工具适于采用大载质量的汽车和高生产率的装卸机械。

2. 零担货运站

零担货物一般由单位或货主根据需要自行运到货运站，也可以双方商定后由货运站指派业务人员上门办理托运手续。

零担货运站的站务作业工作量大且复杂，对货运站的建设要求较高，货运站的设备和设施应满足零担货运的需要。

3. 集装箱货运站

集装箱货运站的功能主要有：

①对港口、火车站与货主的集装箱进行门到门的运输。

②集装箱适箱货物的拆箱、装箱、仓储、接取和送达。

③空、重集装箱的装卸、堆放，以及集装箱的检查、清洗、消毒、维修。

④车辆、设备的检查，以及清洗、维修和存放。

⑤为货主代办报关、报检等货运代理业务。

（四）公路货运站的站级划分

普通货运站分为四级，依据货运站实际完成的年换算货物吞吐量确定，如表 3-4-1 所示。

表 3-4-1　　　　　　　　普通货运站等级划分

普通货运站等级	年换算货物吞吐量（吨）
一级站	600×10^3 以上
二级站	$300 \times 10^3 \sim 600 \times 10^3$
三级站	$150 \times 10^3 \sim 300 \times 10^3$
四级站	150×10^3 以下

零担货运站分为三级，如表 3-4-2 所示。

表 3 - 4 - 2   零担货运站等级划分

零担货运站等级	年货物吞吐量（吨）
一级站	60000 以上
二级站	20000～60000
三级站	20000 以下

集装箱货运站分为四级，如表 3 - 4 - 3 所示。

表 3 - 4 - 3   集装箱货运站等级划分

单位：千标准箱

集装箱货运站等级	年箱运量（海港附近）	年堆存量（海港附近）	年箱运量（河港附近或陆运枢纽附近）	年堆存量（河港附近或陆运枢纽附近）
一级站	30 以上	9 以上	20 以上	6 以上
二级站	16～30	6.5～9	10～20	4～6
三级站	8～16	4～6.5	5～10	2.5～4
四级站	4～8	2.5～4	2～5	1～2.5

5.3.3 公路其他场站

（一）停车场（库）

停车场（库）的主要任务是保管、停放车辆，国内汽车停车场（库）不仅要进行营运工作，还要做简单的技术保养和运行材料的供应。

1. 停车场（库）的分类

①暖式车库：适于救护车、消防车等特种车辆的停放和保管。

②冷式车库：库内为自然温度，多用在机关单位、宾馆等的停车处。

③车棚：用于临时性车辆的保管。

④露天停车场：广泛用在专业运输单位和公交车辆的停车处。

2. 停车场（库）的设置

停车场（库）内车位的设置分为尽头式和贯通式。

停车场（库）内还要按照车辆回场后的工艺过程，设置清洗、加油、检验等设备以及必需的照明、清洁和消防设施。多层车库还要有能使车辆纵向上下移动的设备，即斜道或升降机。停车场（库）车位设置如图 3 - 4 - 4 所示。

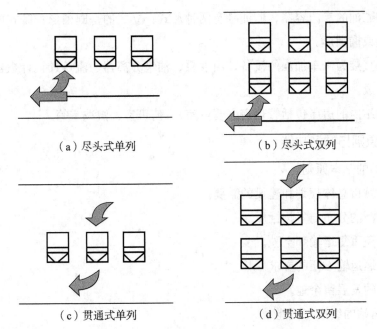

（a）尽头式单列　　　　　　　　（b）尽头式双列

（c）贯通式单列　　　　　　　　（d）贯通式双列

图 3-4-4　停车场（库）车位设置

（二）保养场

保养场是执行汽车各级技术保养，进行维护性作业的基地。

保养场的主要设备有：保养工作沟、栈桥、举升器和翻转机等。

保养工作沟亦称地沟或修理坑，建在车轮之间的称为轮间地沟，用于检视、润滑、紧固和调整底盘及发动机下部；侧面地沟主要用于轮胎作业。两者兼有者，称为混合式地沟。我国以轮间地沟较多。

栈桥是布置在地平面以上，两端（尽头式）或一端（贯通式）设有斜道的"举升"装置。

举升器是利用介质或机械组件将停有汽车的支承台顶离地面的设备，其动力传动方式有液压、气压、液—气压以及机械四种。

翻转机主要用于小轿车的保养，它先将汽车前后两端固定在起重旋转设施上，然后升起并绕纵轴旋转 90°。

（三）汽车修理厂

汽车修理厂是专门修理汽车和总成的部门，一般设置在汽车站内部。

汽车修理的基本方法包括就车修理和总成互换修理，具体作业方式包括定位作业法和流水作业法（大修理厂），其工艺布置形式包括直线型流水线式、门形流水线式、直角型流水线式和尽头式工段配置。

（四）汽车加油站

汽车加油站是汽车增添燃料的场所，主要由贮油罐、加油柱和管理室三部分组成。

贮油罐是贮油的专门容器。贮油罐有两种形式：立式的呈圆桶形；卧式的油罐亦称油槽，可呈圆形或椭圆形。

加油柱是直接为汽车加油的设备，由油泵、油气分离器、流量计、计数器、加油栓及电气设备等组成。

汽车加油站内的房屋包括管理室（营业室）、值班室、盥洗室等。

5.3.4 建站原则与站务功能

（一）建站的基本原则

①要符合城市总体规划和建设的需要。

②考虑货源的分布与货物性质。

③尽量避免重复运输和空驶。

④满足交通运输方便的要求。

⑤为以后的发展留余地。

（二）货运站的组成与功能

1. 零担货运站

（1）零担货运站的组成

零担货运站由站房、仓库、货棚、装卸场、停车场及生产辅助设施等组成。站房包括托运处、提货处及工作间，其中托运处由货物受理人员工作间和托运人办理托运手续的场所组成。站房内还应设置调度、开票、收款、台账统计等业务管理人员的工作间。同样，提货处由办理提货手续人员工作间和提货人办理提货手续的场所组成。零担货运站的仓库与货棚由货位、操作通道、进出仓门、装卸站台等组成。零担货运站的装卸场及停车场分别为车辆装卸货物和车辆停放时必需的场所。

生产辅助设施包括行车人员的宿舍、食堂，装卸工作人员的休息室，行政及后勤管理人员的办公室，业务资料室等。

（2）零担货运站主要作业流程

零担货运站主要作业流程如图 3-4-5 所示。

零担货运站同样有人流、货流和车流，但以货流为主线，其次是车流，人流相对处于次要地位，并且往往伴随着部分货流一起移动。

按照零担货物在站内的流动方向，货流又可以分为发送流线和到达流线。发送流线是指零担货物的受理托运、检货司磅、验收入库、仓库保管、分线装配、交接装车、零担车出站，同时包括中转零担货物的换装转运。到达流线是指零担车进站、卸货、验收入库、仓库保管以及货主提货，同时包括中转零担货物的保管和中转。

为了避免零担货运站的各流线相互干扰和交叉，必须注意下列问题。

①应分开设立托运处和提货处，把货物托运及提取两条流线分开，组织站内货物单向

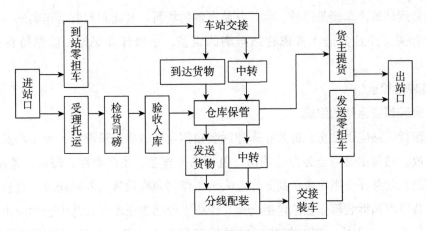

图 3－4－5　零担货运站主要作业流程

流动。

②将车流和货流分开，由于发送车辆多数集中在上午，到达车辆多数集中在下午，所以一级零担货运站应单独设置车辆进出站口，其他级别的零担货运站进出可共用一个站口。仓库附近是车流与货流的汇集处，容易发生发送货物与到达货物、发送车辆与到达车辆相互干扰与交叉。所以，通常大型零担货运站的仓库两侧均设置装卸场，以便到达车辆和发送车辆分开停靠，保证出入仓库的货流单向流动，同时也避免了车流间的相互干扰和交叉。

（3）零担货运站各作业单元的功能要求

①托运处、提货处及工作间应设置在车站站房内。为了便于货主运送货物，必须与主干道衔接。

②仓库是保管、存放受理托运货物、到站交付货物及中转货物的场所。仓库作业是零担货运站站务作业的关键环节。仓库的位置应便于货物的入库和提取，合理的仓库布置应满足以下功能要求。

a. 有利于仓储生产的正常进行，并适应零担货物仓储的生产工艺要求。

b. 有利于提高零担车辆的装卸效率。

c. 保证仓库的安全和文明生产，货棚是为了满足少量笨重货物的需要而设置的场所。

③装卸站台设置在靠近装卸场的仓库一侧，设置装卸站台的主要要求是：能满足同时有多辆车进行装卸作业，并有利于装卸机械（如叉车）作业，以减轻装卸工人的劳动强度。

装卸站台一般分为直线型和阶梯型两种。直线型又分为平行式和垂直式。

④零担货运站的装卸场是装卸车辆行驶、调车和装卸货物的场所，应与站内的车辆进出通道合理地衔接，避免车流在站内相互交叉、干扰。场地的大小与所采用的车型相适应，保证车辆行驶和装卸作业方便，避免车辆在场内行驶时采用不合理的辅助调车。

零担货运站的停车场是停放、保管驻站车辆的场所，其面积与营运车辆的车型及驻站车辆数量有关，并且要适当考虑驻站车辆的维护、小修作业场地，以保持良好的车辆状况。

2. 集装箱货运站

(1) 集装箱货运站的组成

集装箱货运站应由站房、拆装箱库和拆装箱作业区、集装箱堆场、停车场及生产辅助设施等组成。站房主要为业务办公用房，包括商务作业、生产调度、海关、检疫、理货、商检等部门。业务办公用房包括商务作业人员工作间和收发货人办理托运、提货手续的场所等。拆装箱库和拆装箱作业区包括仓库、作业平台和作业区等，其中仓库应由货位、操作通道和作业仓门组成。集装箱货运站的停车场及生产辅助设施，与零担货运站大致相同。

(2) 集装箱货运站的作业流程

集装箱货运站的作业流程如图 3-4-6 所示。

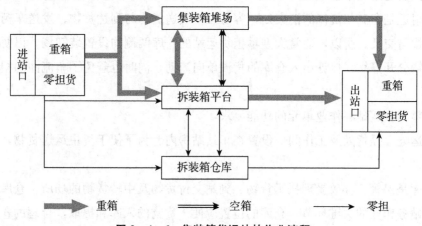

图 3-4-6 集装箱货运站的作业流程

(3) 集装箱货运站各组成部分的功能要求

① 合理的集装箱堆场布置应符合下列基本原则。

a. 中转箱区应设置在车辆换装方便之处。

b. 拼装箱应尽量设置在仓库的附近，这样可使作业干扰小，减少中间运输量。

c. 周转和维修箱区，可布置在作业区的外围，便于取送和维修，并减少对正常作业区的干扰。

d. 合理采用集装箱的运输机械，除保证机械进出场地畅通和足够的作业半径外，应尽量减少其行走距离，提高机械利用效率。

e. 合理布置箱位，既要充分利用堆场面积，又要留足箱与箱之间的距离，做到发送安全方便。多数集装箱堆场采用双层堆码方法。

堆场内应有一定坡度，以利于排水。

②拆装箱库及其作业区应满足下列功能要求。

a. 设置拆装箱平台，要留有足够的场地，便于进行拆箱和装箱作业。

b. 能满足机械装卸作业所需的场地要求，以免相互干扰。

c. 留有适当的理货空间，有利于货物的集结疏运。

5.3.5　公路运输场站设计

公路运输场站设计是指以各类公路运输场站为对象，着重研究各类公路运输场站的功能、组成、工艺过程、建设规模及其相互关系，研究合理的工艺布局和工艺设计原理，研究对其投资的技术经济效果的整个过程。

简言之，公路运输场站设计就是对整个场站进行功能设计及平面布置的过程，其最终结果要使生产作业线布局合理，场区、厂房及站房的空间利用合理，提高生产效率。

（一）公路运输场站设计的基本内容

公路运输场站设计的基本内容包括以下 10 项。

①站址的选择与考察。

②确定生产规模和生产工作制度。

③研究场站的组织机构，进行劳动定员。

④确定企业的生产纲领，计算设备需求量。

⑤计算生产、生活等用房的面积，确定建筑物的结构、形式和形状。

⑥选择生产工艺，并对方案进行多方面的评比选优。

⑦计算各种材料的储备量。

⑧动力、照明系统的选择及需求量计算。

⑨总平面设计、主体建筑平面设计及立面设计。

⑩编制投资概算书，论证投资效益。

（二）公路运输场站设计的主要任务

公路运输场站设计的主要任务包括以下 3 项。

①研究各种类型公路运输场站的功能、组成、工艺过程、建设规模及其相互关系。

②研究合理的工艺布局和工艺设计原理。

③研究公路运输场站建设投资的技术经济效果等。

（三）现代场站设计的基本要求

现代场站设计的基本要求包括以下 7 项。

①应当符合先进的汽车运输组织和营运方式。

②应当有利于广泛开展专业化的企业协作。

③应当采用减轻劳动强度、提高劳动生产率和降低车辆维修费用的新技术和新工艺。

④汽车的停放应当适合于车辆的类型和环境条件。

⑤客运站应为旅客创造一个"宾至如归"的便利、舒适的候车环境。

⑥应当采用先进合理的建筑结构，使施工方便、经济实用。

⑦设计完工需要提交的文件包括一套图纸和两本书。

a. 一套图纸即总平面图、主要生产设施平面图和立面图；

b. 两本书即设计说明书（以基本内容中的①、②两项为依据）和投资概算书（场站建设项目投资建设前方案合理性和经济可行性的论证）。

（四）基本建设工程项目程序

基本建设工程项目程序就是基本建设项目全过程中，各项工作必须遵循的先后顺序，是从项目的设想、决策、设计、施工到竣工验收整个过程中各个阶段和各个环节的先后顺序，是在基本建设工程项目的全过程中各环节、各步骤之间客观存在的不可破坏的先后顺序，由其自身的特点和客观规律决定。

一个基本建设工程项目从计划建设到建成投产，一般要经过建设决策、建设实施和交付使用三个阶段，其最主要的步骤是可行性研究。

可行性研究是指在确定建设工程项目时，运用技术经济学原理，对工程项目不同方案的可能性和经济性的分析。

可行性研究的任务是对建设工程的主要问题（如产品的需求量，原材料和动力的构成、来源及需求量，生产方法和生产规模等）从技术和经济两个方面进行全面的研究分析，对提出的投资建议和试验研究建议的所有方面，进行尽可能详细的调查研究，并在此基础上，对企业建成投产后的经济效果进行预测和必要的论证。可行性研究是选择工程项目、进行方案决策的重要依据和前提。

可行性研究包括初步可行性研究和详细可行性研究两个阶段。初步可行性研究主要是从投资的角度研究工程是否合理和可行，从而做出是否投资的决定。资料粗略，初步审查。详细可行性研究是为一个项目的投资决定提供技术上、经济上和销售渠道方面的依据。

（五）公路货运站的工艺计算

公路货运站的工艺计算，主要是指设计零担货运站和集装箱货运站时所采用的工艺计算方法。因规模不大，一般将初步设计和技术设计合并进行。

1. 零担货运站的工艺计算

（1）年度货物吞吐量的计算

零担货运站的设计年度是指零担货运站竣工投入使用后的适用年度。为了保证零担货运站有较长的适用期限，零担货运站的设计年度至少与统计年度相隔 10 年。

零担货运站的建设规模，应以设计年度的使用要求为依据，因此必须计算设计年度的货物吞吐量。

零担货运站设计年度货物吞吐量 Q_s 的计算公式：

$$Q_s = Q_t \ (1 + a_i) \ n_i \qquad (3-4-1)$$

式中：Q_t——统计年度货物吞吐量，t；

α_i——货物吞吐量预计每年递增幅度；

n_i——统计年度至设计年度的年数。

（2）零担货运站的面积计算

①站房面积计算公式：

$$S_1 = S_2 + S_3 + S_4 \qquad (3-4-2)$$

式中：S_1——站房面积，m^2；

S_2——托运处面积，m^2；

S_3——工作间面积，m^2；

S_4——提货处面积，m^2。

②托运处面积计算公式：

$$S_2 = S_5 + S_6 \qquad (3-4-3)$$

式中：S_5——托运处工作间面积，m^2；

S_6——办理托运手续和货物临时堆放场所的面积，m^2。

$$S_6 = 1.20 D_{max} = 1.20 D_0 \beta_0 \qquad (3-4-4)$$

式中：D_{max}——日均货物最大受理量，t；

D_0——日均货物受理量，t；

β_0——日均货物受理量系数，取 $1.20 \sim 1.25$。

③提货处面积计算公式：

$$S_4 = S_7 + S_8 \qquad (3-4-5)$$

式中：S_7——提货处工作人员工作所需的面积，m^2；

S_8——办理提货手续场所的面积，m^2。

④工作间面积计算公式：

$$S_3 = (4 \sim 6) \ K \cdot R \qquad (3-4-6)$$

式中：R——工作人员数量，人；

K——折合系数。

（3）仓库与货棚的面积计算

①仓库面积

零担货运站仓库面积以日均货物最大吞吐量为依据，并结合货物平均堆存期以及每吨货物平均占地面积计算。日均货物最大吞吐量是指零担货运站在货物吞吐量偏高期内平均每日的货物吞吐量。

$$S_9 = 4T_{max}Y_d = 4T_0\gamma Y_d \qquad (3-4-7)$$

式中：S_9——仓库面积，m^2；

T_{max}——日均货物最大吞吐量，t/d；

Y_d——货物平均堆存期，d；

T_0——日均货物吞吐量，t/d；

γ——日均货物吞吐量系数，取 1.23～1.25。

②装卸站台面积

$$S_{10} = L_t \cdot B_t \qquad (3-4-8)$$

式中：L_t——装卸站台长度，m；

B_t——装卸站台宽度，m。

③仓库的进出仓门数量

仓库的进出仓门数量，取决于日均货物最大吞吐量 T_{max} 及每个仓门的日均吞吐量。

$$N_a = T_{max}/30 \qquad (3-4-9)$$

式中：N_a——仓库的进出仓门数量。

④货棚的面积

根据零担货运站货物存放情况，货棚与仓库面积比为 1：（4～5）较为合适。

$$S_{11} = （0.2～0.25）S_9 \qquad (3-4-10)$$

式中：S_{11}——货棚的面积，m^2。

（4）装卸场的面积计算

不同情况下，装卸场的面积公式：

$$S_{12} = 13L_t \text{ 或 } S_{12} = 22L_t \qquad (3-4-11)$$

式中：S_{12}——装卸场的面积，m^2。

（5）停车场的面积计算

$$S_{13} = 3C_m \cdot S_t \qquad (3-4-12)$$

式中：S_{13}——停车场的面积，m^2；

C_m——日均驻站最大车辆数，辆；

S_t——车辆最大投影面积，m^2/辆。

（6）生产辅助设施计算

其中，行车人员宿舍的面积是较为主要的方面，其计算公式为：

$$S_{14} = 4R_x \qquad (3-4-13)$$

式中：S_{14}——行车人员宿舍的面积，m^2；

R_x——驻站最大行车人员数量，人。

（7）零担货运站的设施与设备

为了方便货主，便于作业，提供优质服务，提高经济效益，各级零担货运站必须结合企业实际配置各种设施和设备。

（8）零担货运站人员

零担货运站人员的配备，应按零担货物吞吐量确定。

2. 集装箱货运站的工艺计算

（1）工艺计算的参数选择

①基本箱型

多数情况下采用 10t、20t、30t 的集装箱较为合理。

②拆装箱工作量

拆装箱工作量是在站内进行起封、拆装标准箱（或基本箱型）的工作总量。

集装箱运输中有三种类型的集装箱，分别是中转箱、拼装箱、集零箱。

③重载箱比例

重载箱比例是重载箱与总的集装箱数量（包括周转箱）之比。

④集装箱保管期

推荐中转箱按 1d 计，发送箱按 2d 计，周转箱按 4d 计，库内其他货物均可按 3d 计。

⑤堆放层数

通常以双层堆码较多。

（2）集装箱货运站面积的计算

①业务办公用房包括工作人员工作间和货主办理手续的场所。工作人员工作间的面积以每人占用 6～8m² 计算；货主办理手续的场所的面积可按工作人员工作间总面积的一半计算。

业务办公用房的面积：

$$S_1 = S_2 + S_3 = 1.5S_2 = 1.5R_1 (6\sim 8) = (9\sim 12) R_1 \qquad (3-4-14)$$

式中：S_2——工作人员工作间的面积，m²；

S_3——货主办理手续的场所的面积，m²；

R_1——工作人员数量，人。

②生产调度及联合办公用房面积

$$S_4 = (9\sim 12) R_4 \qquad (3-4-15)$$

式中：S_4——生产调度及联合办公用房的面积，m²；

R_4——生产调度及联合办公人员数量，人。

③拆装箱库面积

根据集装箱货运站业务开展情况，拆装箱并非全部入库，仍有一部分货物放在露天场或作业平台上，一般库与场面积之比为 7：3。所以拆装箱库面积的公式为：

$$S_5 = 0.7Q_H\alpha_1 t_H/g_0 = 0.7C_1 G_1 \alpha_1 t_H/g_0 \tag{3-4-16}$$

式中：S_5——拆装箱库的面积，m^2；

$\quad$ Q_H——日均拆装箱货物总质量，t；

$\quad$ α_1——集装箱货物到发不均匀系数，取 1.5；

$\quad$ t_H——货物占用仓库货位时间，取 2.5d；

$\quad$ g_0——单位面积堆货质量，取 0.25t/m^2；

$\quad$ C_1——日均拆装箱数量，箱；

$\quad$ G_1——每箱货物的平均质量，标准箱取 11t/箱。

④拆装箱作业工位数及作业平台面积

a. 拆装箱作业工位数的公式

$$N_c = n_c\alpha_1/(n_b B_d) \tag{3-4-17}$$

式中：n_c——日均拆装箱数量，箱；

$\quad$ α_1——修正系数；

$\quad$ n_b——每班拆装箱数量，箱；

$\quad$ B_d——每日工作班数。

b. 拆装箱作业平台面积

为了集装箱装卸和拆装箱工作的方便，可在仓库或露天场周围（一侧或两侧）的作业工位上设置拆装平台，其面积及高度均可参考零担货运站仓库装卸站台确定。

⑤拆装箱作业区面积计算

单面作业拆装箱作业区面积：

$$S_6 = 2\alpha L_t \tag{3-4-18}$$

式中：S_6——单面作业拆装箱作业区面积，m^2；

$\quad$ α——运输车辆长度，m；

$\quad$ L_t——拆装仓库总长度，m。

双面作业拆装箱作业区面积：

$$S_7 = 2S_6 = 4\alpha L_t \tag{3-4-19}$$

式中：S_7——双面作业拆装箱作业区面积，m^2。

⑥维修车间面积

参照客运站维修车间面积计算。

⑦驾驶员宿舍面积

$$S_8 = 4R_8 \tag{3-4-20}$$

式中：S_8——驾驶员宿舍面积，m^2；

R_8——驾驶员数量，人。

⑧集装箱堆场面积

集装箱堆场面积包括有效堆场面积和辅助堆场面积。有效堆场面积包括集装箱占用的实际面积与场内箱排之间的通道、箱间距离的占用面积；辅助堆场面积包括装卸设备及其安全距离、汽车停靠作业位置及吊装作业、运输通道的占用面积。

有效堆场面积与平面箱位数及每个平面箱位面积有关。平面箱位指堆场场地平均堆存一个标准箱所占用的地面位置；平面箱位面积指平均堆存一个标准箱占用堆场场地的面积。

箱位通常采用单元布置形式，每个单元布置四个平面集装箱，且多数斜置停放。如图3-4-7所示。

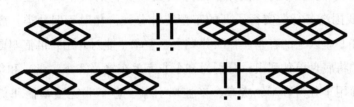

图 3-4-7 箱位布置形式

集装箱行与行之间通常留有1.5m的检查通道，以便进场检查箱号，进行吊装和堆箱码垛。

有效堆场面积的计算公式：

$$S_9 = M\alpha_0 = n_y k_4 t_j \alpha_0 / (T_m C_d K_5) \tag{3-4-21}$$

式中：S_9——有效堆场面积，m^2；

M——平面箱位数量，个；

α_0——每个平面箱位面积，m^2；

n_y——年堆放集装箱数量，个；

k_4——不均衡系数，一般取1.3～1.5；

t_j——平均堆存期，日；

T_m——年工作日数，日；

C_d——堆存层数；

K_5——高度利用系数，取0.85～0.95。

辅助堆场面积与所选装卸设备、作业方式、通道布置等因素有关。

$$S_{10} = K_9 S_9 \tag{3-4-22}$$

式中：S_{10}——辅助堆场面积，m^2；

K_9——辅助面积系数，可取2.5～3.0。

（六）公路货运站的装卸设备与设施

1. 货运车辆

（1）货运车辆的概念及分类

货运车辆应根据公路货运站承担的货物运输任务的种类、运量、运距和运输条件，结合车辆性能和形式进行综合分析、合理选择，以充分发挥运输效率。

乘用车是在设计和技术特性上主要用于载运乘客及其随身行李或临时物品的汽车，包括驾驶员座位在内最多不超过9个座位。它也可以牵引一辆挂车。乘用车涵盖了轿车、微型客车和不超过9座的轻型客车。乘用车可细分为基本型乘用车（轿车）、多用途车、运动型多用途车、专用型乘用车和交叉型乘用车。

商用车是在设计和技术特征上用于运送人员和货物的汽车，并且可以牵引挂车。从2005年开始，我国汽车行业实行了新的车型统计分类。相对于旧分类，商用车包含了所有的载货汽车和9座以上的客车。在旧分类中，整车企业对外出售的底盘是列入整车统计的，在新分类中将底盘单独列出，分别为客车非完整车辆（客车底盘）和货车非完整车辆（货车底盘）。商用车分为客车、货车、半挂牵引车、客车非完整车辆和货车非完整车辆五类。

（2）运输车辆配备

零担车辆的吨位容量应根据各营运线路的日均货物吞吐量选定。为了方便货主，零担货运站还应配备适当数量的中小型车辆，以便扩大业务范围，满足上门取货、送货上门以及快件零担运输的需要。集装箱货运站的车辆配备应与箱型相适应，同时也应配备适当数量的中小型车辆，为货主接收货物提供方便服务。

集装箱货运站所配备的集装箱专用运输车辆数量，可根据年运输量计算：

$$N_j = QL_a / (T_m \alpha_d L_d \gamma_b) \qquad (3-4-23)$$

式中：N_j——集装箱专用运输车辆数量，辆；

Q——年运输量，箱；

L_a——平均运距，km；

T_m——年工作天数，d；

α_d——车辆工作效率；

L_d——平均车日行程，km；

γ_b——汽车箱位利用率，一般取0.8~0.9。

2. 装卸设备与设施

（1）集装箱货运站各种装卸工艺方案的比较与优化

①龙门起重机装卸工艺方案特点

其优点是：堆码层数多，堆放列数多，"堆三过四"是堆放三列、每列四层；所需的作业通道很窄（可以和集装箱专用车辆通道共用）；堆场作业面积利用率高，一般每个标准箱需 35m²，即 35m²/TEU；使用寿命较长，一般为 20 年以上；装卸效率高，一般为 17TEU/h。

其缺点是：造价高；对堆场结构要求复杂，硬度、强度要求高，尤其是轮胎式龙门起重机；一般采用电力装置，停电时易受影响，货运站内必须配备专门发电机组。

②叉车起重机装卸工艺方案特点

其优点是：操作灵活，既可以用于堆场也可以用于换装作业区；适应性很强，对堆场基础要求低；造价很低。

其缺点是：堆场面积利用率低，叉车只能存"一列两层"；作业通道宽，一般需要 4m，若用叉车则需要 13m，专用车则需要 17m；使用年限短，一般是 5~8 年。

③汽车起重机装卸工艺方案特点

其优点是：相对叉车起重机来说，可以跨箱作业；堆场层数比较多，一般可以堆 3 层；操作灵活。

其缺点是：大多采用液压系统，可靠性差（漏油、效率差）；完好率较低。

（2）选择工艺方案的方法

可根据作业量选择工艺方案，将集装箱货运站分为四级。

一级站以龙门起重机为主，以叉车起重机、汽车起重机为辅。

二级站以汽车起重机为主，以叉车起重机为辅。

三级站和四级站以叉车起重机为主。

3. 自动化仓库

自动化技术在仓储领域（包括主体仓库）中的发展可分为五个阶段：人工仓储阶段、机械化仓储阶段、自动化仓储阶段、集成化仓储阶段和智能自动化仓储阶段。在 20 世纪 90 年代后期及 21 世纪的若干年内，智能自动化仓储将是自动化技术的主要发展方向。

（1）自动化仓库的分类

①按货架高度可分为高层自动化仓库（货架高度＞15m）、中层自动化仓库（货架高度为 5~15m）和低层自动化仓库。

②按建筑形式可分为整体式自动化仓库和分离式自动化仓库。

③按货物存取形式可分为单元货架式自动化仓库、移动货架式自动化仓库和拣选货架式自动化仓库。

④按货架构造形式可分为单元货架式自动化仓库、贯通式自动化仓库、自动化柜式自动化仓库和条形货架自动化仓库。

⑤按所起的作用可分为生产性自动化仓库和流通性自动化仓库。

⑥按与生产连接的紧密程度可分为独立型自动化仓库、半紧密型自动化仓库和紧密型

仓库自动化仓库。

（2）自动化仓库的设备配置

①起重设备的选择。

自动化仓库的起重设备包括平衡重式叉车、前移式叉车和三向堆垛叉车。

②巷道堆垛起重机的配置。

巷道堆垛起重机可选择以下形式：基本型（一条巷道配置一台起重机）；双排配置型；多巷道配置型（多巷道配置一台巷道机）；起重机与重力式货架组合配置；巷道机与悬臂式货架组合配置；多巷道机与输送机配置。

（七）公路货运站的平面布置

1. 公路货运站平面布置的基本原则

①合理划分区域。

②避免站内行驶路线的交叉。

③为货主提供方便。

④比较不同的方案。

2. 公路货运站平面布置的基本类型

①按仓库外形分为一字形、L形和T形。

②按仓库的高度分为平地式和高台式（1.2~1.3米）。

③按建造层数分为单层和多层。

④按存放货物的类型分为综合仓库和专用仓库。

5.4 实训检验

选择相应的公路货运站，根据公路货运站的地理区位、功能定位、吞吐量等要素，选择相应的公路货运站装卸工艺，利用本课程设施设备的知识，进行公路货运站装卸流程的设备配置。

6 实训小结

6.1 主题内容

基于物流场景的公路货运站物流设施设备的应用。

6.2 实训报告要求

学生的实训报告以报告的形式进行，内容以导入案例的内容为基础。实训报告可以分组或单独完成，选取涉及公路货运站设施设备的相关主题。

6.3　考核要求

　　本次实训的考核成绩按平时成绩的 30％ 与实训报告考核成绩的 70％ 评定。实践教学环节采取现场实习形式，结合必要的讲解、讨论，由学生写出实训报告，并将该报告作为学生本课程学习成效的重要依据。

项目四　典型物流系统设施设备

任务一　自动化立体仓库

1　导入部分

导入案例

蒙牛乳业（泰安）有限责任公司（以下简称"泰安公司"）乳制品自动化立体仓库，是内蒙古蒙牛乳业（集团）股份有限公司委托太原刚玉物流工程有限公司设计制造的第三座自动化立体仓库。该库后端与泰安公司乳制品生产线衔接，与出库区连接，库内主要存放成品纯鲜奶和成品瓶酸奶。库区面积 8323 平方米，货架总高度分别有：21 米、19.35 米、17.7 米、16.05 米、14.4 米和 12.75 米。货架规模：常温区有 14964 个；低温区有 46687 个。托盘尺寸：1200 毫米×1000 毫米，库内货位总数 19632 个。入库能力 150 盘/小时，出库能力 300 盘/小时。出入库系统采用联机自动方式。

入库区由 66 台链式输送机、3 台双工位高速穿梭车组成。链式输送机负责将生产线码垛区完成的整盘货物转入各入库口。双工位高速穿梭车则负责将生产线端输送机输出的货物向各巷道入库口进行分配及将空托盘回送。

储存区包括高层货架和 17 台巷道堆垛机。高层货架采用双托盘货位，实现货物的存储功能。巷道堆垛机则按照指令完成从入库输送机到目标货位的取货、搬运、存货及从目标货位到出货输送机的取货、搬运、出货任务。

托盘（外调）回流区分别设在常温储存区和低温储存区内部，由 12 台出库口输送机、14 台入库口输送机、巷道堆垛机和货架组成。这些设备分别完成空托盘回收、存储、回送，外调货物入库，剩余产品与退库产品入库、回送等工作。

出库区设置在出库口外端，分为货物暂存区和装车区，由 34 台出库输送机、叉车和运输车辆组成。叉车司机通过电子看板、RFID 终端扫描完成装车作业，反馈发送信息。

维修区设在穿梭车轨道外侧，在某台穿梭车更换配件或处理故障时，其他穿梭车仍可以正常工作。

计算机控制室设在二楼，用于出入库登记、出入库管理和联机控制。

2　实训目标

（1）了解仓库的基建及公用工程设施，熟悉典型的自动化立体仓库系统组成，掌握自动化立体仓库机械设备组成。

（2）具有针对企业仓储业务情况，对现有物资信息数据进行分析，并在考虑未来发展的基础上对仓库系统提出设施配备要求的能力。

（3）了解自动化立体仓库的发展趋势。

3　实训步骤与方法

3.1　了解

通过本课程的学习，初步了解自动化立体仓库整体布局与设施设备的概况。

3.2　掌握

从知识点入手，以自动化立体仓库的操作为线索进行讲授，辅以具体设备的图片，让学生掌握流程中的设施与设备状况。

3.3　报告

辅以材料的阅读，最终以实训报告的形式巩固和提升学习效果。

4　学生互动参与设计

4.1　导入案例分析

在进行导入案例分析时，根据内容提示，要求学生参与讨论，探究导入案例的内容与课程间的关系。

4.2　自动化立体仓库设备的选择

对不同类别、规模的自动化立体仓库，就其运作流程与设备选择的问题，要求学生讨论，提出相应的方案并说明理由，这也可以作为学生实训报告的备选内容。

5 实训内容

5.1 自动化立体仓库概述

自动化立体仓库又称高层货架仓库（简称"高架仓库"），或自动化仓库系统。因其采用了几层、十几层乃至几十层的货架储存单元货物，且这类仓库能充分利用空间储存货物，故常形象地将其称为"立体仓库"。自动化仓库系统（Automated Storage and Retrieval System，AS/RS）是不需要人工处理就能自动存储和取出物料的系统。这个定义涵盖了不同复杂程度及规格的极为广泛的系统。

自动化立体仓库就是采用高层货架存放货物，以巷道堆垛起重机为主，结合入库与出库周边设备进行自动化仓储作业的一种仓库。

5.1.1 自动化立体仓库系统组成

自动化立体仓库系统主要由货架、传输设备、存储设备、堆垛机、控制系统、通信系统、计算机管理监控系统等组成。自动化立体仓库系统能够按照指令自动完成货物的存取，并能对库存货物进行自动管理，完全实现自动化作业。

5.1.2 自动化立体仓库系统的功能

①大量储存，一个自动化立体仓库的货位数可以达到 30 万个，如 30 万个托盘，以平均每托盘储存 1 吨货物计算，则一个自动化立体仓库可同时储存 30 万吨货物。

②自动存取，自动化立体仓库的出入库及库内搬运作业全部实现由计算机控制的机电一体化。

③可以扩展到分类、计量、包装、分拣、配送等功能。

5.1.3 自动化立体仓库的分类

①按照自动化立体仓库的高度不同，可分为低层自动化立体仓库、中层自动化立体仓库和高层自动化立体仓库。低层自动化立体仓库的高度在 5m 以下，中层自动化立体仓库的高度在 5~15m，高层自动化立体仓库的高度在 15m 以上。自动化立体仓库的建筑高度最高可达 40m，常用的自动化立体仓库的高度在 7~25m。

②按照操作对象的不同，自动化立体仓库可分为托盘单元式自动化立体仓库、箱盒单元式自动化立体仓库、拣选式自动化立体仓库、单元拣选式自动化立体仓库、高架叉车仓库等。其中，采用托盘集装单元方式保管物料的自动化立体仓库，被国内企业广泛采用。

③按照储存的物品的不同特性，可分为常温自动化立体仓库、低温自动化立体仓库和防爆型自动化立体仓库等。

④按货架构造形式，可分为单元货格式仓库、贯通式仓库、水平旋转式仓库和垂直旋

转式仓库。

⑤按自动化立体仓库所起的作用，可分为生产性仓库和流通性仓库。

5.1.4　自动化立体仓库的特点

1. 自动化立体仓库的优点

自动化立体仓库能较好地满足特殊仓储环境的需要，保证货品在整个仓储过程中安全运行，提高作业质量。由于采用了高层货架和自动化管理系统，大大提高了仓库的单位面积利用率和劳动生产率，降低了劳动强度；减少了货物处理和信息处理过程中的差错，能够合理有效地进行库存控制，便于实现系统的整体优化。

2. 自动化立体仓库的缺点

自动化立体仓库有以下不足：①结构复杂，配套设备多，需要的基建和设备投资很大；②货架安装精度要求高，施工比较困难，且施工周期长；③储存货品的品种受到一定的限制，不同类型的货架适合储存不同的货品，因此，自动化立体仓库一旦建成，系统的更新改造比较困难。

3. 自动化立体仓库的适用条件

自动化立体仓库适用于货品出入库作业频率较高，且货物流动比较稳定的情况。系统运行需要有较大的资金投入和一支高素质的专业技术队伍，另外对货品包装的要求也比较严格。因此仓库应有足够的承载能力。

5.2　自动化立体仓库的基建及公用工程设施

5.2.1　库房建筑

库房一般由地坪、墙体、屋顶和门窗组成。

1. 地坪

地坪主要指承受货物、货架、人和机械设备等的荷载地坪，因此，地坪必须有足够的强度以保证安全使用。根据使用的建筑材料可分为土质地坪、三合土地坪、沥青地坪、砖石地坪、混凝土地坪以及钢筋混凝土地坪等。对地坪的基本要求是平坦坚实，耐摩擦和冲击，表面光洁不起灰尘。地坪的承载能力应视堆放物品性质、当地地质条件和使用的建筑材料确定，一般载荷量应在 $5\sim10t/m^2$。

2. 墙体

墙体是库房的主要组成部分，起承重、围护和分隔的作用。墙体一般可分为内墙和外墙，按承重与否又可分为承重墙和非承重墙。根据所起作用的不同，墙体可以选择不同的结构和材料。外墙的表面接触外界环境，会受风吹、雨淋、日晒等，所以，对承重外墙除要求其具有承重能力外，还需要考虑保温、隔热、防潮等围护要求，以减少外部温度、湿度变化对货品的影响。

3. 屋顶

屋顶由承载部分和覆盖部分构成，承载部分除承担自身重量外，还要承担雪的荷载；覆盖部分的主要作用是抵御雨、雪、风、沙的侵袭，同时也起保温、隔热、防潮的作用。对屋顶的一般要求是防水、保温、隔热，并具有一定的防火性能，符合自重轻、坚固耐用等要求。

4. 门窗

门窗是库房围护结构的组成部分，要求具有防水、保温、防火、防盗等性能。其中，库房窗户主要起通风和采光的作用，因此，窗户的形状、尺寸、位置和数量应能满足库内采光和通风的需要，且要求关启方便，关闭严密。库门主要供人员和搬运车辆通行，作业完毕后要关闭，以保持库内的温湿度，保证货品存放安全，因此，对库门要求关启方便、关闭严密。库门的数量、尺寸应根据库房的面积、吞吐量、运输工具的类型、货品的规格和形状等因素确定。

5.2.2 消防系统

自动化立体仓库的库房比较大，货物和设备多且密，且仓库的管理和操作人员较少，故自动化立体仓库的消防系统大多采用自动消防系统。

一个功能全面的自动消防系统，由以下分支系统组成：①自动报警系统，火灾初起时进行探知和警报；②自动消防系统，及时扑灭火灾并进行有效的防护。自动消防系统由消防控制设备、自动消防设备等组成。

消防控制设备安装于消防控制室内，接到自动报警系统的火警信号后，即发出联动控制指令，起动安装在火灾现场的自动消防设备，进行灭火和防护。所以，消防控制设备是自动消防系统的核心部分。

与自动报警系统配合的自动消防系统，又称为自动灭火系统，它分为喷水灭火系统、卤代烷灭火系统、泡沫灭火系统、干粉灭火系统等，此外它还包括排烟风机、排烟口、防火门、防烟门、防烟垂壁等消防设备的联动系统。

喷水灭火系统是按适当的间距和高度，安装一定数量喷头的供水灭火系统，该系统安装在建筑物或工艺设备上，火灾发生时可自动喷水灭火，具有工作性能稳定、灭火效率高、维护方便、使用期长等优点。喷水灭火系统又可细分为湿式喷水灭火系统、干式喷水灭火系统、预作用喷水灭火系统、雨淋喷水灭火系统、喷雾喷水灭火系统、水幕喷水灭火系统六种。下面简单介绍湿式喷水灭火系统和干式喷水灭火系统。

（1）湿式喷水灭火系统是不管有无报警信号，报警阀上、下管路始终充满水的灭火系统。

（2）干式喷水灭火系统无报警时，报警阀上管路中充有压缩空气，闭式喷头报警后，报警阀自动打开，来自气压水罐中的压力水，先将上部管路中的气体从已打开的喷头处排出，再喷水灭火。干式喷水灭火系统比湿式喷水灭火系统作用慢，影响控火速度，管理也较复杂。

5.2.3 照明系统

为了使仓库内的工作人员顺利地进行生产活动，在自动化立体仓库外围的工作区和辅助区必须有一套良好的照明系统。自动化立体仓库的照明系统由日常照明、维修照明、应急照明三部分组成。对于存储感光材料的黑暗库来说，照明系统要特殊考虑。

5.2.4 通风及采暖系统

自动化立体仓库内部的环境温度一般在5～45℃，可采用自然通风和机械通风，在仓库屋顶上及侧面安装通风机、通风窗，满足通风调温的要求。通过在库内安装中央空调、暖气系统（或制冷系统）等设施，可以自动控制库内温度。对于仓库内散发有害气体的，可设置离心通风机将有害气体排到室外。

5.2.5 动力系统

自动化立体仓库一般需要动力电源，动力系统多采用三相四线供电，中性点可直接接地。动力电压为交流电压，一般为380V/220V，50Hz。动力系统根据所有设备用电量的总和确定用电容量。动力系统的主要设备有：动力配电箱、电力电缆、控制电缆、电缆桥架等。

5.2.6 其他设施

其他设施包括给水、排水设施，避雷接地设施和环境保护设施等。

给水设施主要保证消防用水、工作用水；排水设施主要排出工作废水、清洁废水、雨水系统产生的水等。

环境保护方面，根据《中华人民共和国环境保护法》等相关法律，对生产过程中产生的污物、噪声采取必要的措施。

自动化立体仓库建筑可高达40m，属于高层建筑，应防直击雷。雷击时，巨大的雷电流沿着建筑物泄入大地，会对建筑物内部空间产生各种影响。直击雷防护措施可以减弱或避免雷电流对建筑物内部空间产生的影响。建筑物防直击雷的措施包括设置避雷针、避雷带、避雷网、引下线、均压环、等电位、接地体等。自动化立体仓库一般设置避雷网防直击雷，其引下线应不少于2根，间距应不大于30米。电器设备不带电的金属外壳及穿线用的钢管、电缆桥架等均应可靠接零；工作零线、保护零线均应与变压器中性点有可靠的连接；为了防止静电积累，所有金属管道均应可靠接地。

5.3 自动化立体仓库的机械设备

5.3.1 高层货架的分类

按负载能力,高层货架可分为轻负载式高层货架和单元负载式高层货架。

1. 轻负载式高层货架(见图 4-1-1)

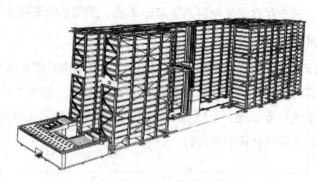

图 4-1-1 轻负载式高层货架

轻负载式高层货架高度为 5~10m,以塑料篮等容器为存取单位,存取重量在 50~100kg,一般以重量轻、体积小的货物为储存对象,如电子零件、精密机器零件、汽车配件、药品及化妆品等。

2. 单元负载式高层货架(见图 4-1-2)

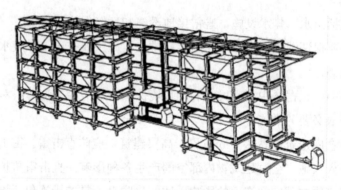

图 4-1-2 单元负载式高层货架

单元负载式高层货架高度可达 40m,储位量可达 10 万余个托盘单元,适用于大型仓库,其普遍高度为 6~15m,储位数为 100~1000 个托盘单元。随着仓储自动化技术的不断发展,存取时间越来越快。

5.3.2 巷道堆垛机

巷道堆垛机又叫巷道堆垛起重机,是自动化立体仓库中最重要的搬运设备。巷道堆垛机一般由机架、运行机构、升降机构、司机室、货叉伸缩机构、电气控制机构等组成。

单立柱结构的堆垛机机架由一根立柱和下横梁组成。立柱多采用较大的 H 形钢或焊接制作，立柱上附加导轨。整机重量较轻，消耗材料少，因此制造成本相对较低，但刚性稍差。该设备的参数如下。

①主要性能：可在高度为 6～24m 的仓库内作业，最高可达 40m。

②运行速度：标准型为 80m/min，高速型为 200m/min。

③起升速度：标准型为 20m/min，高速型为 50m/min。

④货叉伸缩速度：标准型为 12m/min，高速型为 50m/min。

5.3.3　桥式堆垛起重机

桥式堆垛起重机主要由桥架、大车运行机构、小车运行机构、电气设备等组成。司机室有单独的起升机构，以保证司机有良好的视野，同时司机室还安装了安全装置，以保证操纵者的安全。

5.3.4　其他系统及设备

（一）周边搬运系统

周边搬运系统包括搬运输送设备、自动导向车、机器人、叉车、台车、托盘等，其作用是配合巷道堆垛机完成货物运输、搬运、分拣等作业，还可以临时取代其他主要搬运系统，使自动存取系统维持工作，完成货物出入库作业。

（二）控制系统

自动化立体仓库的控制形式有手动控制、随机自动控制、远距离自动控制和计算机自动控制四种，其设备包括穿梭车、链式输送机、自动导引搬运车等。

1. 穿梭车

穿梭车通过导轨或地链约束和引导小车运行。它有两套传动机构，分别是输送机构和运动机构。穿梭车的约束导轨有双轨和单轨两种，主要分为单轨往复穿梭车和双轨往复穿梭车。

2. 链式输送机

①平顶式板链输送机：以承托方式对物料进行输送，使用的链条都是本身具有平面顶板的输送链条，可以是铰卷式平顶链条，也可以是其他结构的链条装配上平顶板的输送链。

②悬挂链输送机：将众多工装吊具按等距间隔用特制输送链条连接，安装于悬空架设的导轨上，动力部件驱动链条使工装吊具沿导轨移动，从而完成输送作业的输送机。

③链式提升机：是垂直输送货物的一种链条输送机，其优点在于占用空间小、输送效率高。但它对输送物料的外表形态及体积都有限制，多以件货为主。

3. 自动导引搬运车

自动导引搬运车，简称"AGV"，是装备有电磁或光学等自动导引装置，能够沿规定的导引路径行驶，具有安全保护以及各种移载功能的运输小车，是自动化物流系统中的关键设备之一。AGV是在计算机和无线局域网络的控制下，经磁、激光等导向装置引导并沿程序设定路径运行完成作业的无人驾驶自动小车。AGV具有安全保护以及各种移载功能，采用电池驱动（交、直流），是自动化物流系统中的关键设备之一，为现代制造业物流和自动化立体仓库提供了一种高度柔性化和自动化的运输方式。

（1）AGV的基本组成

AGV主要由车体、蓄电和充电装置、驱动装置、转向装置、车上控制器、安全保护装置、信息传输与处理装置等组成。

①车体：由车架和相应的机械装置组成，是AGV的基础部分，是其他总成部件的安装基础。

②蓄电和充电装置：AGV常以24V或48V直流蓄电池为动力。蓄电池供电一般应保证连续工作8小时以上。

③驱动装置：AGV的驱动装置由车轮、减速器、制动器、驱动电机及速度控制器组成，是控制AGV正常运行的装置。其运行指令由计算机或人工控制器发出，将电源接通驱动电机速度控制器，其运行速度、方向、制动的调节均由计算机控制。为了安全，断电时制动装置靠机械实现制动。AGV的结构如图4-1-3所示。

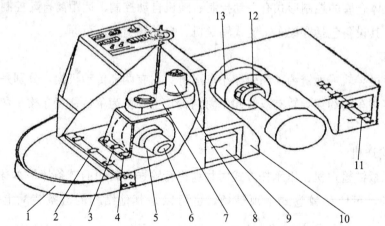

1—安全挡圈；2，11—认址线圈；3—失灵控制线圈；4—导向探测线圈；5—驱动轴；
6—驱动电机；7—转向机构；8—导向伺服电机；9—蓄电池箱；10—车架；
12—制动用电磁离合器；13—车轮。

图4-1-3 AGV的结构

（2）AGV的分类

①根据AGV装卸物料方式的不同，可分为料斗式AGV、辊道输送式AGV、链条输

送式 AGV、垂直升降式 AGV 和叉车式 AGV。

②按照导引原理的不同，可分为外导式 AGV 和自导式 AGV。

a. 外导式 AGV（固定路径导引）

在运行路线上设置导向信息媒介，如导线、色带等，车上的导向传感器检测并接收导向信息（如频率、磁场强度、光强度等），再将此信息实时处理，控制车辆沿运行线路运行。在行驶路径上设置用以导引的信息媒介物，如电磁导引、光学导引、磁带导引（磁性导引）等，AGV 通过检测其信息而得到导引。

b. 自导式 AGV（自由路径导引）

采用坐标定位原理，即在 AGV 上预先设定运行作业路线的坐标信息，并在车辆运行时，实时检测车辆位置坐标信息，再将两者比较、判断，控制车辆导向运行。在 AGV 控制器上储存着区域布置的尺寸坐标，通过识别车体当前方位，自动选择行驶路径。

（3）AGV 系统的控制方式

AGV 系统由三级控制方式构成，即中央控制计算机、地面控制器（系统）和车上控制器，以完成整个 AGV 系统的动作控制。

①中央控制计算机是整个系统的控制指挥中心，它与各区域内的地面控制器进行通信，地面控制器接受中央控制计算机的管理。

②地面控制器（系统），即 AGV 上位控制系统，是 AGV 系统的核心，其主要功能是对 AGV 系统中的多台 AGV 进行任务分配、车辆管理、交通管理、通信管理等。

③车上控制器解释并执行地面控制器传送来的指令，实时记录 AGV 的位置，并监控车上的安全装置。

（三）码垛机与码垛机器人

自动化立体仓库系统中大量使用码垛机或码垛机器人完成码垛、拆垛的工作。

机器人自动装箱、码垛工作站是一种集成化的系统，它包括工业机器人、控制器、编程器、机器人手爪、自动拆/叠盘机、托盘输送及定位设备、码垛模式软件。它还具有自动称重、贴标签、检测及通信系统，并与生产控制系统连接，以形成一个完整的集成化包装生产线。机器人自动装箱、码垛工作站可应用于建材、家电、电子、化纤、汽车、食品等行业。

机器人自动装箱、码垛工作站的具体应用有以下几种。

（1）生产线末端码垛的简单工作站：这种柔性码垛系统从输送线上下料并将工件码垛、加层垫，紧跟着有一条输送线将码好的托盘送走。

（2）码垛/拆垛工作站：这种柔性码垛系统可将三垛不同货物码成一垛，机器人还可抓取托盘和层垫，一垛码满后由输送线自动输出。

（3）生产线中码垛：工件在输送线定位点被抓取并放到两个不同的托盘上，同时层垫也被机器人抓取。托盘和满垛由输送线自动输出或输入。

（4）生产线末端码垛的复杂工作站：工件来自三条不同的输送线，它们被抓取并放到三个不同的托盘上，层垫也被机器人抓取。托盘和满垛由输送线自动输出或输入。

（四）自动分拣系统

分拣是指将货品按品种、出入库先后顺序进行分类堆放的作业。这项工作可以通过人工方式进行，也可以用自动化分拣系统处理。自动化分拣系统能连续、大批量地分拣货物，分拣误差率极低，分拣作业基本实现无人化。

1. 自动分拣系统的特点

（1）一次性投资巨大。

（2）对商品外包装要求高。推行标准化包装，使大部分货品的包装符合国家标准；根据分拣货品统一的包装特性，定制特定的分拣机。

2. 自动分拣系统的组成

自动分拣系统种类繁多，一般由控制装置、分类装置、输送装置及分拣道口组成。以上四部分装置通过计算机网络联结，配合人工控制及相应的人工处理环节构成一个完整的自动分拣系统。

3. 自动分拣系统的种类

自动分拣系统有多种形式，大致可分为直线型分拣系统和环型分拣系统两种。直线型分拣系统主要包括滑块式辊柱分拣机、滚轮分拣机、滚筒分拣机等；环型分拣系统主要包括翻盘式分拣机、托盘式分拣机（如大托盘高速分拣机）和交叉带式分拣机等。

（1）滑块式辊柱分拣机

在输送机的滑道上装有可沿杆长方向滑动的滑块，滑块的驱动力一般是电磁力，若干个移动的滑块引导货物由主输送机进入分流输送机。滑块式辊柱分拣机能够迅速、安全、轻柔、准确地分拣各类货品，可以根据重量、体积、形状等进行分拣。滑块式辊柱分拣机如图4-1-4所示。

图4-1-4　滑块式辊柱分拣机

（2）大托盘高速分拣机

大托盘高速分拣机用于包裹和印刷品分拣。采用可编程控制器，实现上位机联网、条码扫描、故障显示，其分拣效率高、功能齐全、性能稳定。

大托盘高速分拣机的主机运行速度为 0.5～1.25m/s，主机分拣率为 2400～4800 件/小时，小车承载能力≤28kg，驱动功率为 5.5kW，空翻差错率不大于 1‰，实物分拣差错率不大于 2‰，整机最大噪声不大于 72dB，货物的最大重量为 28kg，货物的最大长度为 700mm。

5.3.5 自动化立体仓库的信息管理系统

自动化立体仓库的信息管理系统主要包括计算机监控系统、数据库系统和网络系统。

计算机监控系统涉及管理计算机、监控计算机、控制具体设备执行的 PLC（可编程逻辑控制器）等。数据库系统完成底层数据的存储。网络系统则完成复杂信息的传送和交换。

（一）自动化立体仓库的信息管理系统功能设计

自动化立体仓库的信息管理系统应具有以下几种功能。

（1）需求管理系统：根据生产计划、销售状况、库存情况、货物清单、日期等信息确定物料需求数量和时间。

（2）订货管理子系统：订单制作及处理。

（3）存储管理系统：入库管理、货位管理、出库管理等。

（4）不合格品管理系统：验收管理、生产返品管理、市场返品管理等。

（5）库存管理系统：库存状况分析、ABC 分类管理、拉动式库存管理、呆滞品管理等。

（6）系统维护：系统初始化、各种设施编码和处理方式（如拼盘方式、出入库方式、批量方式）等。

（二）自动化立体仓库的计算机控制系统功能要求

自动化立体仓库的作业流程一般是入库—库内搬运—货物存放—取货—货物出库。整个工作在计算机控制系统的控制下进行。计算机控制系统一般为三级管理控制系统：上位机与局域网相连，下位机与 PLC 相连，通过无线和有线方式传递数据。

计算机控制系统的功能要求：计算机控制系统主要控制分拣机的运行速度，分拣导入机械的起动及运行的时间，AGV、穿梭车、输送机的运送速度，码垛机器人的速度及作业量。

5.4 实训检验

选择一个的自动化立体仓库，根据其地理区位、功能定位、规模等要素，结合本课程设施设备的知识，进行自动化立体仓库的设备配置。

6 实训小结

6.1 主题内容

基于物流场景的自动化立体仓库的设施设备的应用。

6.2 实训报告要求

学生的实训报告以报告的形式进行，内容以导入案例、扩展阅读的内容为基础。实训报告可以分组或单独完成，选取涉及自动化立体仓库设施设备的相关主题。

6.3 考核要求

本次实训的考核成绩按平时成绩的30％与实训报告考核成绩的70％评定。实践教学环节采取现场实习形式，结合必要的讲解、讨论，由学生写出实训报告，并将该报告作为学生本课程学习成效的重要依据。

7 扩展阅读

Smart WMS（智慧仓储管理系统）协助提升第三方物流仓储管理水平

随着市场竞争的日趋激烈，客户要求的交货速度越来越快，企业的市场部门需要将产品覆盖到更远的区域，销售部门则要更快、更频繁地获得全国各地的库存数据，这些都迫使企业不得不在物流管理上做出巨大的投入，耗用大量时间和精力。但是，企业没有过多的精力进行仓储方面的管理，于是第三方物流仓储管理应运而生。

同样，在越来越激烈的市场竞争下，第三方物流企业也面临着一些行业内共性的问题。Smart WMS认为，通过优秀的仓储管理软件可以很好地帮助第三方物流企业提升效率，突破局限，本文从案例角度揭示应用 Smart WMS后第三方物流企业仓储管理效益的提升。

客户是一家北方刚起步的第三方物流中心，有近7000平方米的仓库。库内分配较为合理，有入库缓冲区、出库缓冲区、仓储坏货区、仓储搁置区、仓储好货区，拥有近20000个货位。近期公司与一家大型服装企业签订了协议，为该公司提供仓储物流方面的服务。

该服装企业的产品有多种颜色及尺寸，外包装上印有条码、货号、颜色、尺寸等信息，条码编码原则为颜色＋货号＋尺寸。产品的 SKU（库存单位）在14000种以上，经常进出仓库的 SKU 在 7000 种以上。

由于绝大多数的外包装都比较类似，所以很难想象如果在入库、出库时采用人工分辨货号、颜色、尺寸等信息，准确率会在什么水平。而如果效率低下，则无法满足甲方时效的需求，物流企业的压力可想而知。

将 Smart WMS 与服装企业的 ERP（企业资源计划）系统进行对接，进行数据的交互，这样就实现了物流从供应商到客户、信息流从采购订单到销售订单的无缝集成。

1. 入库管理

入库前，Smart WMS 读取 ERP 系统并自动生成计划入库单。入库时，按系统出具的入库验收单进行总数的核查。在进行商品质量检查后，区分出好货、坏货和搁置品，依靠 Smart WMS 所载条码扫描模块的功能，可以轻松记录各种货号、尺寸和颜色的货品的好货、坏货及搁置品的实收数量，且以不同颜色示意同一货品的不同品规，减少操作人员的差错率。

入库确认后，系统自动向服装企业的 ERP 系统发送文件，并出具入库报告。在接下来的货品上架环节，Smart WMS 按默认储区、就近堆放、填充未满货位及独占货位等策略，将好货、坏货、搁置品对应放到好货区、坏货区及搁置区。

2. 出库管理

出库时，Smart WMS 读取服装企业 ERP 系统并自动生成计划出库单，在规定的出库日期根据先入先出及发货方向进行批次拣货。当某种货品的库存数量不足时，系统会自动提示库存余量，便于操作人员及时更正出库数量。对于出库数量小于计划数量的订单可以选择开放状态，以实现出库单的多次出货。

该物流企业在使用了 Smart WMS 后产生了巨大的效益，作为一家综合性第三方物流公司，它们已经为客户实现了物流总成本降低 33% 的业绩，从客观上说，这是在使用了 Smart WMS 后的显著效益。

8 复习与思考

（1）按照导引原理的不同，AGV 有哪些类型？

（2）如何选择自动分拣设备的类型？

（3）计算机系统如何控制自动化立体仓库的工作流程？

（4）自动化立体仓库系统由哪些机械设备组成？各起何作用？

任务二　集装箱码头

1　导入部分

1.1　导入案例

2017 年 12 月 10 日，全球最大、智能化程度最高、具有完全自主知识产权的上海洋山深水港四期自动化码头（以下简称"洋山深水港四期"）正式开港，标志着中国港口行业在运营模式、技术应用以及装备制造上实现了里程碑式的跨越升级与重大变革。

洋山深水港四期总占地面积 223 万平方米，共建设 7 个集装箱泊位。集装箱码头岸线总长 2350 米，设计年通过能力初期为 400 万标准箱，远期为 630 万标准箱，是全球规模最大、最先进的全自动化集装箱码头，极大地提高了生产效率。

过去，一台桥吊需配备几十个工人服务；现在，一个工人就可以服务几台桥吊。过去，操作工人坐在 50 米高空的桥吊控制室，俯身向下操作集装箱；现在，工人们在后方的中控室，面对电脑屏幕，就能把庞大的集装箱吊起、放下。未来，工人们还有望实现远程操控，无须到码头，在市区控制室就可以操作，这对于推进上海国际航运中心建设具有重要意义。

1.2　相关评论

洋山深水港四期的建成将使上海港如虎添翼，进一步增强上海港作为全球第一大港口的龙头地位，为航运企业和码头货主创造更大的价值。

洋山深水港四期工程是目前世界上最大的自动化码头工程，它的开港运营标志着上海港的建设又上了一个新台阶，对扩大上海港的集装箱吞吐能力、巩固上海港的国际枢纽地位、推进上海国际航运中心建设具有重要作用。

1.3　上海洋山深水港四期工程建设回顾（见表 4-2-1）

表 4-2-1　　　　　　　　上海洋山深水港四期工程建设回顾

时间	建设程度
2002 年 6 月 26 日	正式开工建设

时间	建设程度
2005 年 12 月 10 日	完成一期工程建设，建设 5 个集装箱深水泊位，码头岸线 1600 米
2006 年 12 月 10 日	完成二期工程建设，建设 4 个集装箱深水泊位，码头岸线 1400 米
2008 年 12 月 10 日	完成三期工程建设，建设 7 个集装箱深水泊位，码头岸线 2600 米
2017 年 12 月 10 日	完成四期工程建设，建设 7 个集装箱深水泊位，码头岸线 2350 米

2　实训目标

（1）了解集装箱码头的布置及装卸工艺；

（2）掌握集装箱码头的设施与设备；

（3）了解未来集装箱码头的发展趋势。

3　实训步骤与方法

3.1　了解

通过本课程的学习，初步了解集装箱码头的整体布局与设施设备的概况。

3.2　掌握

从知识点入手，以集装箱码头为线索进行讲授，辅以设备的图片，让学生掌握流程中的设施与设备状况。

3.3　报告

辅以材料的阅读，最终以实训报告的形式巩固和提升学习效果。

4　学生互动参与设计

4.1　导入案例分析

在进行导入案例分析时，根据内容提示，要求学生参与讨论，探究导入案例的内容与课程间的关系。

4.2　集装箱码头设备的选择

对不同类别、规模的集装箱码头，就其运作流程与设备选择的问题，要求学生讨论，提出相应的方案并说明理由，这也可以作为学生实训报告的备选内容。

5 实训内容

5.1 集装箱码头的整体布局

集装箱码头是海陆联运的枢纽，其整体布局应满足海陆集装箱转运的要求。集装箱码头的设施主要包括岸壁、前沿、系缆桩、堆场、停车场、货运站、维修清洗场、大门等。与集装箱装卸搬运相关的设备主要包括集装箱装卸桥、集装箱龙门起重机、连接码头前沿与后方堆场的码头专用集卡，还有集装箱正面吊、集装箱跨运车等。集装箱码头的平面布局如图 4 - 2 - 1 所示。

图 4 - 2 - 1　集装箱码头的平面布局

5.2 集装箱码头典型装卸工艺方案介绍

集装箱码头装卸工艺方案繁多，早期运用底盘车、集装箱叉车、集装箱跨运车、集装箱正面吊等，后期以轮胎式集装箱龙门起重机、轨道式集装箱龙门起重机为主。

5.2.1 轮胎式集装箱龙门起重机装卸工艺方案

轮胎式集装箱龙门起重机装卸工艺方案，由岸边集装箱装卸桥将集装箱从船上卸到专用拖车上，然后运到堆场，由轮胎式集装箱龙门起重机堆存并进行装卸货作业；装船过程与之相反。这是现在集装箱码头的主要工艺形式。

5.2.2 轨道式集装箱龙门起重机装卸工艺方案

采用轨道式集装箱龙门起重机装卸工艺方案时，在船与堆场之间可以不用拖挂车，由轨道式集装箱龙门起重机的悬臂伸到岸边集装箱装卸桥臂下，接力式地直接将箱子转运到堆场或进行铁路车辆装卸。

5.3　基于物流场景的设施设备的认知

5.3.1　集装箱码头设施

集装箱码头堆场如图 4-2-2 所示。集装箱码头大门如图 4-2-3 所示。

图 4-2-2　集装箱码头堆场

图 4-2-3　集装箱码头大门

5.3.2　集装箱码头设备

（一）集装箱

《物流术语》（GB/T 18354—2021）中对集装箱的定义是：集装箱是具有足够的强度，可长期反复使用的适于多种运输工具而且容积在 1m³ 以上（含 1m³）的集装单元器具。

（1）集装箱的规格

根据《集装箱术语》（GB/T 1992—2023）的规定，集装箱的箱型尺寸如表 4-2-2 所示。

表 4-2-2　　　　　　　　　　　　　集装箱的箱型尺寸

型号	公称长度		外部高度	
	m	ft	mm	ft 和 in
1EEE 1EE	13.716	45	2896 2591	9ft 6in 8ft 6in

型号	公称长度		外部高度	
	m	ft	mm	ft 和 in
1EEE	13.716	45	2896	9ft 6in
1EE			2591	8ft 6in
1AAA	12	40	2896	9ft 6in
1AA			2591	8ft 6in
1A			2438	8ft
1AX			<2438	<8ft
1BBB	9	30	2896	9ft 6in
1BB			2591	8ft 6in
1B			2438	8ft
1BX			<2438	<8ft
1CC	6	20	2591	8ft 6in
1C			2438	8ft
1CX			<2438	<8ft
1D	3	10	2438	8ft
1DX			<2438	<8ft

（2）集装箱的结构

集装箱的结构如图 4-2-4 所示。

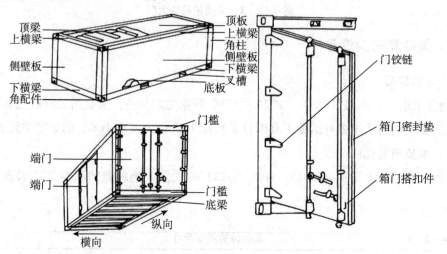

图 4-2-4　集装箱的结构

（3）集装箱的识别标记

集装箱识别系统由箱主代码、设备识别码、箱号和校验码组成。

集装箱的识别标记主要包括必备识别标记、自选标记和通行标记。

必备识别标记包括箱主代码、箱号和校验码。其作业标记包括额定重量和自定重量标记、空陆水联运集装箱标记、登箱顶触电警告标记。

自选标记包括国家和地区代码、尺寸和类型代码。其作业标记包括超高标记和国际铁路联盟标记。

通行标记包括安全合格牌照、集装箱批准牌照、防虫处理板、检验合格徽及国际铁路联盟标记等。

（4）集装箱的分类

按用途的不同，集装箱可分为：敞顶集装箱、台架式集装箱、平台式集装箱、通风集装箱、冷藏集装箱、干散货集装箱、动物集装箱、罐式集装箱、汽车集装箱等。

（二）集装箱装卸桥

集装箱装卸桥是在集装箱码头的岸边进行集装箱船舶装卸作业的专用机械，如图4-2-5所示。

图4-2-5　集装箱装卸桥

（1）集装箱装卸桥的结构种类

按门架结构形式分类，可分为：A形集装箱装卸桥和H形集装箱装卸桥。

按前大梁结构形式分类，可分为：俯仰式集装箱装卸桥、折叠式集装箱装卸桥、伸缩式集装箱装卸桥。

按行走小车牵引方式分类，可分为：自行小车式集装箱装卸桥、全绳索牵引小车式集装箱装卸桥、半绳索牵引小车式集装箱装卸桥、导杆牵引小车式集装箱装卸桥。

（2）集装箱装卸桥的主要技术参数

起重量：习惯上将岸边集装箱起重桥的起重量定义为额定起重量与吊具重量之和，即额定起重量不包括吊具在内。额定起重量一般按起吊的集装箱的最大重量确定，对于国际标准的40ft集装箱按其最大总重量取30.5t；40ft双箱吊取65t。

起升高度：目前各国设计制造的岸边集装箱起重桥的起升高度大多取轨面以上 25m，轨面以下 12m。

外伸距：是岸边集装箱起重桥海侧轨道中心线向外至吊具铅锤中心线的最大水平距离。现有的大型桥吊通常可达 55m。

内伸距：是岸边集装箱起重桥陆侧轨道中心线向内至吊具铅锤中心线的最大水平距离，通常为 8～16m。

轨距：是岸边集装箱起重桥两行走轨道中心线之间的水平距离。轨距可取 16m，宽轨型轨距一般取 26m。

门架净空高度：主要取决于门架下通过的流动搬运机械的外形高度，要能通过跨运车，并留出 0.8～1m 的安全间隙，一般取 10m 以上。

基距：指同一条轨道上两个主支承轴的中心线之间的距离，约为 16m。

起升速度：满载时为 50m/min，空载时可达 120m/min。

小车运行速度：一般为 120～180m/min，最高达 210m/min。

大车运行速度：一般为 45m/min。

臂架俯仰时间：一般俯仰循环时间为 5～10min。

（3）集装箱装卸桥的主要工作机构

小车运行机构：常用的小车运行机构有两种形式，即自行式和牵引式。牵引式又可分为全牵引式和半牵引式。

臂架俯仰机构：由电动机、减速器、卷筒、制动器、联轴器和限位开关组成，安装在机器房内。该机构在减速器的高速轴上或电机轴上安装了制动器，用于正常制动。在卷筒上安装了安全带式制动器，当臂架下降速度达到额定速度的 115％时，带式制动器会自动进行紧急制动，也可以在司机室内通过按钮实现紧急制动。

当起重桥不工作时，利用臂架俯仰机构使臂架仰起至与水平面成 80°左右，并用挂钩锁住。此时俯仰机构的钢丝绳松弛。当臂架要俯下时，先将臂架微微仰起，张紧钢丝绳并由挂钩液压装置把挂钩抬起，即可放下臂架至水平工作位置。

（三）集装箱龙门起重机

集装箱龙门起重机专门用于集装箱货场堆码和装卸作业，按其行走部分的不同可分为轮胎式集装箱龙门起重机和轨道式集装箱龙门起重机。

（1）轮胎式集装箱龙门起重机

由前后两片门框和底梁组成门架，支承在橡胶充气轮胎上，以便在货场上行走。装有集装箱吊具的行走小车沿着门框横梁上的轨道行走，用以装卸和堆码作业。其驱动方式有两种：电力驱动和液压驱动。

轮胎式集装箱龙门起重机主要有起升机构、小车行走机构和大车运行机构构成，并设有吊具回转装置和减摇装置。回转装置使吊具能在水平面内小范围回转（通常为±5°），以便吊具对准集装箱锁孔。减摇装置要在前后左右方向上衰减，防止吊具和集装箱摆动。

由于行走小车的位置和吊重经常变化，轮胎充气压力不完全一致，因而起重机两侧的轮胎变形量也不一样，可能使起重机走偏或蛇形走位，为此必须采取行走微调措施。为了使轮胎式集装箱龙门起重机能从一个堆场转移到另一个堆场工作，需要装设转向装置。转向装置有定轴转向和直角转向两种方式。

轮胎式集装箱龙门起重机的工作速度应与码头前沿岸边集装箱起重桥的生产率相适应。轮胎式集装箱龙门起重机如图4-2-6所示。

图4-2-6　轮胎式集装箱龙门起重机

（2）轨道式集装箱龙门起重机

在集装箱码头上，岸边集装箱起重桥将集装箱从船上卸到码头前的挂车上，再用轨道式集装箱龙门起重机进行装卸堆码作业。轨道式集装箱龙门起重机在港口多采用双梁箱型焊接结构，个别采用L形单梁箱型焊接结构。为了便于装卸集装箱半挂车和汽车，在轨道式集装箱龙门起重机的载重小车上还装有回转机构。

轨道式集装箱龙门起重机与轮胎式集装箱龙门起重机相比跨度较大，可跨14列集装箱，堆码层数多，最多可堆放5~6层集装箱；堆场面积利用率高，提高了堆场的堆贮能力；机械结构简单，维修保养容易，作业可靠；机械由电力驱动，节约能源；只是机械沿轨道运行，灵活性差，作业范围受限制。

集装箱专用码头上轨道式集装箱龙门起重机的工作速度应与码头前沿岸边集装箱起重桥的生产率相适应，以保证码头前沿不停地进行船舶装卸作业。轨道式集装箱龙门起重机主要适用于堆场面积有限、吞吐量又较大的集装箱专用码头。

（四）集装箱正面吊

集装箱正面吊是就集装箱码头、集装箱货场、中转站和铁路场站对多用途的流动式集装箱装卸搬运机械的需求而开发的一种新机型。

与叉车相比，它具有机动性高、稳定性好、轮压小、堆码层数高、可隔箱作业、堆场利用率高等优点，是比较理想的货场装卸搬运设备。

集装箱正面吊主要由运行机构，臂架伸缩机构，变幅机构和可以回转、伸缩、横移的吊具组成。除运行机构外，臂架俯仰、伸缩、转向及吊具的各项动作均采用液压驱动传动。集装箱正面吊如图 4-2-7 所示。

图 4-2-7　集装箱正面吊

5.4　实训检验

选择相应的集装箱码头，根据码头的地理区位、功能定位、吞吐量等要素，选择相应的集装箱码头装卸工艺，利用本课程设施设备的知识进行集装箱码头装卸流程的设备配置。

6　集装箱码头未来技术特点与趋势

随着国家"一带一路"倡议的实施，《区域全面经济伙伴关系协定》（RCEP）的签订，中国与东盟、欧盟、北美自由贸易区，世界上三大经济区域合作日益深化。集装箱码头在整个国际贸易及供应链中的地位不断提升，集装箱码头需要不断地转型发展。

6.1　智慧港口建设

打造全球智慧港口新标杆

在全球正在运行的数十个自动化集装箱码头中，汇聚众多先进科技的上海洋山深水港四期自动化码头（以下简称"洋山深水港四期"），堪称是"集大成之作"。从基础设施建设到控制系统总集成，中国企业在其中发挥着核心作用，洋山深水港四期已经成为中国工程走向世界的一张名片。

历时三年的艰苦建设，洋山深水港四期于 2017 年 12 月 10 日开港试生产，是目前全球正在运营的规模最大的自动化码头。作为自动化码头的新标杆和交通强国建设的重要载体，洋山深水港四期的建成和投产标志着我国港口行业在运营模式和技术应用上实现了里程碑式的跨越升级，为上海港进一步巩固世界强港地位、加速国际航运中心建设提供了新动力。

洋山深水港四期采用世界首创 61 吨双 20 英尺吊具的自动化轨道吊，与传统 41 吨轨道吊相比，具有效率高、循环能耗低的特点，还可以在陆侧交互区实现自动化交接，减少远程操作人员。此外，洋山深水港四期的锂电池驱动 AGV 采用了前沿技术，除了无人驾驶、自动导航、路径优化、主动避障，还支持自我故障诊断、自我电量监控等。

自动化码头有序高效运作不仅需要设备的支持，更需要软件系统的全面配合。洋山深水港四期采用上港集团自主研发的全自动化码头智能生产管理控制系统和振华重工自主研发的设备控制系统，构成码头的"大脑"与"神经"。

以"智慧、绿色、科技、效率"四个现代化港口建设关键词为主线，上海港口产业发展逐步形成产、学、研、用相结合的创新体系。一项项科技创新让上海港智慧港口建设走在了行业前列，引领了时代潮流。

6.2　新技术运用：北斗遥测终端

2020 年 10 月 13 日交通运输部东海航海保障中心上海航标处 13 日宣布，吴淞口警戒区水域 103 号灯浮新型国产北斗遥测终端已安装完成，上海港 517 座公用干线航标全部升级为北斗设备，实现了上海港北斗遥测公用干线航标全覆盖，航标运行状态远程监控能力全面提升。

上海港位于中国大陆海岸线中部，地处长江与东海交汇处，是长江东西运输主干通道与沿海南北水上大通道的交汇点，也是沿海主要枢纽港和贸易往来的重要口岸。近年来，随着上海港船舶流量的持续增大，船舶通航安全事故增多，稳定高效的航标导助航服务至关重要。

自中国公布《北斗卫星导航系统交通运输行业应用专项规划（公开版）》以来，上海航标处将上海港辖区水域公用干线航标陆续安装了具有"中国芯"的北斗遥测设备。目前，上海港已实现北斗遥测公用干线航标全覆盖。

北斗系统结合地面 RBN－DGNSS（无线电指向标—差分台站）基站信号，其遥测终端可实现"米级""分米级"和特定水域"厘米级"的高精度海上定位，能有效解决辖区部分水域公网信号覆盖薄弱、遥控监测信号传输易中断的难点、痛点。此外，北斗短报文功能为航标维护、应急抢修、监控航标实时工作状态装上了"智慧的眼睛"，可监控辖区水域所有航标的实时位置、发光状态、灯质情况以及电池效能，能为过往船舶提供全天候、全天时、高精度、高可靠的导助航服务，有效助力上海国际航运中心建设。

7 实训小结

7.1 主题内容

基于物流场景的集装箱码头物流设施设备的应用。

7.2 实训报告要求

学生的实训报告以报告的形式进行，内容以导入案例、扩展阅读的内容为基础。实训报告可以分组或单独完成，选取涉及集装箱码头设施设备的相关主题。

7.3 考核要求

本次实训的考核成绩按平时成绩的30％与实训报告考核成绩的70％评定。实践教学环节采取现场实习形式，结合必要的讲解、讨论，由学生写出实训报告，并将该报告作为学生本课程学习成效的重要依据。

8 扩展阅读

上海国际航运中心基本建成，目标已经实现

2009年中华人民共和国国务院颁布了《关于推进上海加快发展现代服务业和先进制造业建设国际金融中心和国际航运中心的意见》（以下简称《意见》，国发〔2009〕19号）。《意见》指出，上海国际航运中心建设的总体目标是到2020年，基本建成航运资源高度集聚、航运服务功能健全、航运市场环境优良、现代物流服务高效，具有全球航运资源配置能力的国际航运中心。

现在，让我们从数据和国际评价两个方面评估一下2020年上海国际航运中心建设这一阶段性目标是否已经实现。

（1）从一系列重要的客观数据看，这一阶段性目标已经达成。

建设上海国际航运中心是从20世纪90年代中期提出的，当时以建设国际枢纽港为重点，国际枢纽港的标志就是建设洋山港、长江口航道整治、国际邮轮港建设以及空港建设。自"国发〔2009〕19号"文件出台以后，上海在对标国际知名的航运中心时就意识到，航运要素的高度集聚，特别是高端航运服务要素的集聚是国际航运中心的重要标志之一。为此，上海国际航运中心建设真正开始实施"双轮驱动"的发展模式。

截至 2019 年底，上海港在国际上已成为集装箱航线最多、航班最密、覆盖面最广的港口，上海港集装箱吞吐量连续十年保持世界首位，2019 年达 4330.3 万标准箱，国际枢纽港地位已经确立。上海邮轮产业经过这些年的建设，成绩斐然，吴淞邮轮港和位于北外滩的国际客运中心形成了上海邮轮的组合型母港，目前邮轮客流量已位居亚洲第一、世界第四。在上海空港方面，上海机场旅客吞吐量连续 4 年全球排名第四。浦东机场航空货邮吞吐量连续十二年位居全球第三。由此可见，上海已经成为中国大陆乃至世界海空枢纽地位双双名列前茅的国际枢纽型城市。

在航运服务业发展方面，众多国际知名机构和全球性航运企业云集上海。例如，国际海事组织亚洲海事技术合作中心、中国船东协会等一批国际性（全国性）航运功能性机构入驻上海；全球十大船舶管理机构中的 6 家、国际船级社协会正式成员中的 10 家、全球排名前百位班轮公司中的 39 家、全球排名前五的邮轮企业等都在上海设立了区域总部或分支机构；综合运力排名世界第一的中国远洋海运集团有限公司将其总部落户在上海；全球著名的上海振华重工生产的集装箱起重机在国际市场上占有 3/4 以上的份额。

在高端航运服务业发展方面，上海目前共有 11 家航运保险营运中心和 3 家再保险公司，船货险保费收入的市场份额仅次于伦敦和新加坡位列第三。上海航运交易所在全球首创的集装箱运价指数已成为世界航运市场的三大指数之一。上海国际航运研究中心依托上海海事大学科学优势，发布的港航业分析报告在国内外航运界产生了广泛影响。上海的海事相关律所及合伙人数量排名全球第四，海事仲裁案件数占全国总量的 71.4%。同时我们也可喜地看到，一大批具有全球影响力的国际性高端航运服务机构云集上海。

在完善航运市场环境方面，上海在航运领域出台了一系列政策，发布了涉及航运领域的负面清单，不断改善口岸环境，率先打造单一窗口，口岸服务效率明显提高，口岸成本显著下降。根据世界银行发布的《2020 年全球营商环境报告》，中国排名跃升至第 31 位，其中上海统计权重占到 55%。为了更好地推进上海国际航运中心的建设，颁布了《上海市推进国际航运中心建设条例》，从法律层面保障了上海国际航运中心建设的可持续发展。

（2）从国际评价中看，上海国际航运中心基本建成。

全球最权威的航运国际性组织是联合国的国际海事组织（IMO）。2017 年 5 月 15 日，上海市市长会见国际海事组织秘书长一行时，国际海事组织秘书长认为，无论从硬件还是软件看，上海都已经成为世界级的航运中心。

从 2014 年开始，全球航运界著名机构波罗的海交易所与我国新华社共同编制了"新华社·波罗的海国际航运中心发展指数"，从该指数看，上海国际航运中心连续几年逐年提升排名，从第 7 位上升到 2020 年的第 3 位，上海国际航运中心进入了全球航运中心的前三名。

在全球知名的挪威航运咨询机构梅农经济和挪威船级社联合发布的 2017 年度"世界

领先海事之都"报告中,上海位列新加坡、德国汉堡、挪威奥斯陆之后,排在第四名。

从这些世界权威的评价中我们可以看到,上海国际航运中心的地位已经得到国际航运界的公认。因此,上海国际航运中心"基本建成"这一阶段性目标显然已经达成。

当然,我们还是要看到上海与伦敦、新加坡等国际航运中心之间存在的差距。因此,如何将上海国际航运中心从"基本建成"到"全面建成",这是我们目前需要思考的问题。

9 复习与思考

(1) 简述集装箱的一般构造。

(2) 集装箱的识别标记有哪些,请举例说明。

(3) 集装箱的装卸搬运工具有哪些,各有什么特点?

(4) 简述轮胎式集装箱龙门起重机和轨道式集装箱龙门起重机的工艺流程,并分析其特点。

项目五 物流信息技术设备

任务一 条码技术与设备

1 导入部分

1.1 导入案例

传统的仓库管理仅凭仓管员人脑记忆和手工录入，不但费时费力，而且容易出错。某公司是快速发展中的制造企业，在仓库管理中就遇到了这样的问题。

其原材料有 2000 多种，成品有 200 多种，由 8 个仓管员分片区管理。收料后先用半张 A4 纸标记物料信息，进出库时登记料卡、填写料单，再记录到计算机中的 Excel 电子表格里，并更新对应库区白板记录。随着公司规模的扩大、物料数量的增加，物流管理的压力和风险日益增加。

由于仓库内所有的物料都是由手工登记的，包括其名称、数量、规格、出入库日期等，手工记录工作量大，数据的及时性和准确性得不到保证。

而公司的客户基本采用条码系统管理物料，要求该公司在发货前根据他们的要求打印和粘贴条码标签。手工记录数据和标签打印工作不仅效率低、错误率高，而且是不增值的行为，在一定程度上影响了客户关系管理。

针对这些问题，公司梳理了条码管理的需求。

第一，对原材料、半成品、成品等全面实行条码自动化管理，管理入库、出库、调拨、移库、盘点等业务，提高管理水平。采购条码扫描枪及条码打印设备，打印标签和各种业务单据，提高出入库作业效率和作业精度。改造现有局域网，搭建 WLAN（无线局域网），通过 LAN（局域网）、WLAN 将条码管理系统的服务器和计算机、条码扫描枪、打印终端等连接起来，再通过接口程序导入 ERP 系统中，使其可以实时处理各种任务。

第二，条码技术与 ERP 软件结合才能真正做到数据采集的及时性、准确性和可追溯性。鉴于条码实施需要清晰的业务流程，建议实施顺序是先 ERP 后条码。通过 ERP 实施期间业务流程的梳理优化、数据校正，为条码导入铺平道路。另外，ERP 实施和使用过程中，需要大量数据的录入，条码自动识别取代了手工录入，也对 ERP 系统的顺利运行提供了有力保障。

条码应用的业务范围包括以下几个方面。

①主要流程包括：原材料入库、出库，产成品入库、出库。

②次要流程包括：生产退料入库、采购退货出库，调拨（库与库之间转移）、移库（库内的库位之间转移）、盘点、查询统计。

③委外流程包括：委外加工和来料加工。

④半成品流程包括：车间加工记录、半成品入库、半成品出库。

⑤供应链配套流程包括：建立供应商平台、设计好条码规则、供应商登录该公司的供应商平台、打印出库产品条码标签、将条码标签粘贴在零件外包装或托盘上。

按照分步实施策略，先对原材料进行条码管理，再拓展到成品仓和半成品仓，最后到供应链配套。

问题：

1. 在实施条码管理之前该公司存在哪些弊端？

2. 在实施条码管理之后该公司会取得哪些效益？

1.2　相关评论

条码技术是实现销售信息系统、EDI（电子数据交换）、电子商务和供应链管理的技术基础，是物流管理现代化的重要技术手段。

条码技术包括条码编码技术，条形符号设计技术、快速识别技术和计算机管理技术，它是实现计算机管理和电子数据交换不可或缺的前端采集技术。

2　实训目标

（1）了解条码技术；

（2）掌握条码的分类和标准，认识条码设备；

（3）了解条码在物流中的应用。

3　实训步骤与方法

3.1　了解

通过本课程的讲解，初步了解条码技术，认识条码设备。

3.2　掌握

从知识点入手，以条码技术为线索进行讲授，辅以具体条码设备的图片，让学生掌握和条码技术相关的设备状况。

3.3　报告

辅以材料的阅读，最终以实训报告的形式巩固和提升学习效果。

4　学生互动参与设计

4.1　导入案例分析

在进行导入案例分析时，根据案例的内容提示，要求学生参与讨论，探究导入案例提出的问题，并提供答案。

4.2　条码技术设备的选择

对不同类别的条码，就其分类的依据，要求学生讨论，提出相应的方案并说明理由，这也可以作为学生实训报告的备选内容。

5　实训内容

条码技术是在计算机的应用实践中产生和发展起来的一种自动识别技术。它是为实现对信息的自动扫描而设计的，是快速、准确而可靠地采集数据的手段。条码技术的应用解决了数据录入和数据采集的瓶颈问题，为供应链管理提供了有利的技术支持。

5.1　条码技术

（一）条码技术概述

条码技术是现代物流系统中非常重要的能够大量、快速采集信息的技术，它包括条码编码技术、条形符号设计技术、快速识别技术和计算机管理技术，是实现计算机管理和电子数据交换必需的开端技术。

条码技术是随着计算机与信息技术的发展和应用而诞生的，它是集编码、印刷、识别、数据采集和处理于一身的新型技术。使用条码扫描是今后市场流通的大趋势。为了使商品能够在全世界自由、广泛地流通，企业在设计制作、申请注册和使用商品条码时，必须遵循商品条码管理的有关规定。

物流业利用条码技术可以对物品进行识别和扫描，解决数据录入和数据采集的瓶颈问题，为供应链管理提供有力支持。

（二）条码技术的意义

条码技术可大量、快速采集信息，适应物流大量化和高速化要求，大幅提高物流效率。条码技术是使物流管理实现现代化、提高竞争力的重要技术。

条码技术具有以下优势。

①输入速度快，与键盘输入相比，条码输入的速度约是键盘输入的 5 倍。

②可靠性高，键盘输入数据的差错率为三百分之一，光学字符识别技术的差错率为万分之一，而条码技术的误码率低于百万分之一。

③采集信息量大，利用传统的一维条码一次可采集几十位字符的信息，二维条码可以携带数千个字符的信息，包含图形或文字，并有一定的自动纠错能力。

④灵活实用，条码标识既可以作为一种识别手段单独使用，也可以和识别设备组成一个系统实现自动化识别，还可以和其他控制设备连接起来实现自动化管理。

另外，条码标签易于制作，对设备和材料没有特殊要求，识别设备操作简单，不需要特殊培训，价格也相对较低。

现代企业管理一个显著的特点就是用强大的自动化系统取代传统的人工操作。在服装行业日益趋于订单生产管理模式的今天，市场对服装企业的管理提出了更高的要求。为了解决传统服装企业中人工管理模式与市场要求的不适应，新型的现代企业供应链管理模式已经开始在传统服装企业中迅速发展、应用。供应链在理论上主要包括四个并行的分链：物流链、信息链、价值链和技术链。因此，供应链管理由四大块组成，即物流管理、信息管理、价值（资金）管理、技术管理，四大管理体系是综合的有机整体，这样的管理是集成化管理，在企业加快订单反应速度、降低生产成本、加强企业管理等方面具有无可比拟的优势。

5.2　条码的分类

按照形式，条码分为一维条码和二维条码。

1. 一维条码

一维条码只在一个方向（一般是水平方向）表达信息，而在垂直方向不表达任何信息。

目前世界上常用的条码有 EAN 码、UPC 码、交叉二五码、库德巴条码、39 码和 GSI－128码等，而商品上最常使用的就是 EAN 条码。

EAN 码亦称通用商品条码，由国际物品编码协会制定，通用于世界各地，是目前国际上使用最广泛的一种商品条码。我国目前在国内推行使用的也是 EAN 码。EAN 码分为 EAN－13 码（标准版）和 EAN－8 码（缩短版）两种。

商品条码的编码遵循唯一性原则，以保证商品条码在世界范围内不重复，即一个商品项目只能对应一个条码，或者说一个条码只能标识一种商品项目。不同规格、不同包装、不同品种、不同价格、不同颜色的商品只能使用不同的商品条码。

商品条码的标准尺寸是 37.29mm×26.26mm，放大倍率是 0.8~2。当印刷面积允许时，应选择 1 倍率以上的条码，以满足识读要求。放大倍数越小的条码，印刷精度要求越高，当印刷精度不能满足要求时，易造成条码识读困难。

由于条码的识读是通过条码的条和空的颜色对比度来实现的，一般情况下，只要能满足对比度要求的颜色即可使用。通常以浅色作为空的颜色，如白色、橙色、黄色等，以深色作为条的颜色，如黑色、暗绿色、深棕色等。最好的搭配是黑条白空。根据条码检测的实践经验，红色、金色、浅黄色不宜做条的颜色，透明、金色不能做空的颜色。

EAN-8 码是用于标识的数字代码为 8 位的商品条码，由 7 位数字表示商品的项目代码、1 位数字表示校验符。

2. 二维条码

二维条码是在水平和垂直方向的二维空间存储信息的条码。

二维条码是用某种特定的按一定规律在平面（二维方向）上分布的黑白相间的图形记录数据的符号信息。二维条码在代码编制上巧妙地利用构成计算机内部逻辑基础的"0""1"比特流的概念，使用若干个与二进制相对应的几何形体表示文字数值信息，通过图像输入设备或光电扫描设备自动识读，以实现信息自动处理。其具有条码技术的一些共性：每种码制有其特定的字符集，每个字符占有一定的宽度，具有一定的校验功能等。同时，二维条码还具有对不同行的信息进行自动识别及处理图形旋转变化等功能。

二维条码能够在横向和纵向两个方向同时表达信息，因此能在很小的面积内表达大量的信息。

条码技术自 20 世纪 70 年代初问世以来，发展十分迅速，仅 20 年时间，它已广泛应用于商业流通、仓储、医疗卫生、图书情报、交通运输、生产自动化管理等领域。条码技术的应用极大地提高了数据采集和信息处理的速度，改善了人们的工作和生活环境，提高了工作效率，并为管理的科学化和现代化做出了重要贡献。

5.3　条码的结构

条码隐含着数字信息、字母信息、标志信息、符号信息，主要用以表示商品的名称、产地、价格、种类等，是全世界通用的商品代码的表示方法。

1. 一维条码的基本结构

通常一个完整的条码是由两侧静空区、起始码、资料码、检查码和终止码组成，以一维条码为例，其排列方式如图 5-1-1 所示。

静空区	起始码	资料码	检查码	终止码	静空区

图 5 - 1 - 1　一维条码的排列方式

（1）静空区

静空区是位于条码两侧无任何符号及信息的白色区域，主要用来提示扫描器准备扫描。

（2）起始码

起始码是条码符号的第一位字码，用来标识一个条码符号的开始，扫描器确认此字码存在后开始处理扫描脉冲。

（3）资料码

资料码是位于起始码后面的字码，用来标识一个条码符号的具体数值，允许双向扫描。

（4）检查码

检查码是用来判定此次阅读是否有效的字码，通常是一种算术运算的结果，扫描器读入条码后进行解码时，先对读入的各字码进行运算，如运算结果与检查码相同，则判定此次阅读有效。

（5）终止码

终止码标志着条码的结束，同时提供了码制识别信息和阅读方向的信息。

2. 二维条码的结构

按照条码的结构，二维条码可以分为行排式二维条码和矩阵式二维条码。

行排式二维条码形态上是由多行短截的一维条码堆叠而成。矩阵式二维条码以矩阵的形式组成，在矩阵相应元素位置上用"点"表示二进制"1"，用"空"表示二进制"0"，由"点"和"空"的排列组成代码。

（1）行排式二维条码

行排式二维条码的编码原理建立在一维条码的基础之上，按需要堆积成两行或多行。其在编码设计、校验原理、识读方式等方面继承了一维条码的特点，识读设备、条码印刷与一维条码技术兼容。但由于行数的增加，需要对行进行判定。其译码算法和软件与一维条码也不完全相同。有代表性的行排式二维条码有 Code 49 条码、Code 16K 条码、PDF417 条码等。

（2）矩阵式二维条码

短阵式二维条码又称棋盘式二维条码，它是在一个矩形空间通过黑、白像素在矩阵中的不同分布进行编码。在矩阵相应元素的位置上，用点（方点、圆点或其他形状）的出现表示二进制"1"，点的不出现表示二进制的"0"，点的排列组合确定了矩阵式二维条码代表的意义。矩阵式二维条码是建立在计算机图像处理技术、组合编码原理等基础上的一种新型图形符号自动识读处理码制。

5.4 条码的使用原理

条码由若干个黑色的"条"和白色的"空"组成。其中，黑色的条对光的反射率低，而白色的空对光的反射率高，再加上条与空的宽度不同，就能使扫描光线产生不同的反射接收效果，在光电转换设备上转换成不同的电脉冲，形成可以传输的电子信息。由于光的运动速度极快，所以，可以准确无误地对运动中的条码予以识别。条码的使用原理如图5-1-2所示。

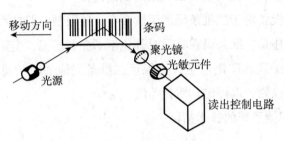

图5-1-2 条码的使用原理

5.5 条码自动识读系统

（一）条码自动识读系统的构成

条码自动识读系统一般由条码扫描器、放大整形电路、译码接口电路和计算机系统等组成。条码自动识读系统如图5-1-3所示。

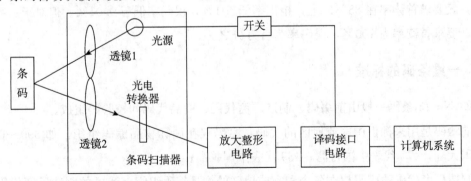

图5-1-3 条码自动识读系统

（二）二维条码的识读设备的分类

1. 二维条码的识读设备根据识读原理的不同可分为以下几种

（1）线性CCD（电荷耦合器件）和线性图像式识读器

可识读一维条码和行排式二维条码（如PDF 417条码），在识读二维条码时需要沿条码的垂直方向扫过整个条码，又称"扫动式阅读"，这类产品的价格比较便宜。

（2）带光栅的激光识读器

可识读一维条码和行排式二维条码。识读二维条码时将扫描光线对准条码，由光栅部件完成垂直扫描，不需要手工扫动。

（3）图像式识读器

采用面阵CCD摄像方式将条码图像摄取后进行分析和解码，可识读一维条码和二维条码。

2. 二维条码的识读设备依工作方式的不同还可以分为手持式二维条码识读设备、固定式二维条码识读设备和平板扫描式二维条码识读设备

二维条码的识读设备对于二维条码的识读会有一些限制，但是均能识别一维条码。

不论是一维条码还是二维条码在流通时都免不了会有污损、变形等情况。甚至在印制过程中无法从根本上保证其印制质量。为保证二维条码流通时的可读取性，在条码印制后，必须对条码进行检测，以评定其质量等级。

（三）条码自动识读系统的技术指标

1. 首读率

首读率＝首次读出条码符号的数量/识读条码符号的总数量×100％

2. 误码率

误码率＝错误识别次数/识别总次数×100％

3. 拒识率

拒识率＝不能识别的条码符号数量/识别条码符号的总数量×100％

一般要求首读率在85％以上，拒识率低于1％，误码率低于0.01％。但对于一些重要场合，要求首读率为100％，误码率为百万分之一。

5.6 一维条码的标准

EAN-13条码一般由前缀码、制造厂商代码、商品代码和校验码组成。

前缀码是用来标识国家或地区的代码，赋码权在国际物品编码组织，如690～694代表中国大陆，471代表中国台湾，489代表中国香港。

制造厂商代码的赋码权在各个国家或地区的物品编码组织。我国的制造厂商代码共四位数字，由我国物品编码中心统一分配、统一注册，一厂一码。

商品代码是用来标识商品的代码，赋码权由产品生产企业自己行使。生产企业按照规定决定在何种商品上使用哪些商品代码。商品代码共五位数字，可标识10万种商品。

校验码用来校验商品条码左起第1～12位数字代码的正确性。校验方法是：第13位＝10－［（3×前12位所有偶数位数字之和）＋前12位所有奇数位数字之和］的个位

数。EAN-13 条码如图 5-1-4 所示。

图 5-1-4　EAN-13 条码

（一）条码标准的组织机构

（1）UCC——美国统一代码协会；

（2）EAN——国际物品编码协会。

（二）常用的码制

1. UPC-A 条码

UPC-A 条码主要用于美国和加拿大市场。它只有 12 位数字，分别为：国别码（1位）＋制造厂商码（5 位）＋商品码（5 位）＋校验码（1 位）。其特点包括：①编码长度固定在 12 位；②只能用数字（0～9）表示；③固定使用一位校验码；④连续式；⑤使用四种宽度。UPC-A 条码如图 5-1-5 所示。

图 5-1-5　UPC-A 条码

2. 39 码

39 码是第一个字母与数字相结合的条码，后来广泛用于工业领域。39 码由起始码＋资料字元＋检查字元＋结束码组成。主要应用场合：除超市、零售业外，几乎均可使用。

39 码的特征如下。

①39 码包含多种字元（数字 0～9、字母 A～Z、字符"＋""－""＊""/""＄""％"和空格等）；②分散式；③使用两种单元宽度；④可自我检查，故校验码可有可无；⑤可使用多种列表机列印，仍可顺利读出；⑥有一个特殊模式——"Full ASCII"模式；

⑦有串联多个条码资料的功能；⑧每个字元由 5 条线条及 4 条空白组成，4 条空白夹在 5 条线条中，这 9 条中有 3 个条宽、6 个条窄；⑨起始码及结束码均为"＊"。39 码如图 5-1-6 所示。

图 5-1-6　39 码

3. 库德巴条码

库德巴条码由起始码＋资料字元＋结束码组成。库德巴条码主要应用于仓库、血库和航空快递包裹中。库德巴条码的特点包括：①库德巴条码包含 16 种字元（数字 0～9、字符"＄"":""/""."+"-"）；②有四种不同的起始和结束码（A、B、C、D）；③分散式；④使用 18 种宽度；⑤可自我检查，故校验码可有可无；⑥起始码和结束码可用来传递信息；⑦所有字元均由四条线条及三条空白组成；⑧对长度无硬性规定。

5.7　条码设备

（一）数据终端

1. 数据终端的基本性能

数据终端的基本性能主要包括激光扫描、汉字显示、数据采集、数据处理和数据通信。

2. 数据终端的分类

①批处理数据终端，其功能主要有文本文件处理、数据查询、数据检索、数据校验和数据存储。

②无线数据终端，其功能主要有数据实时传输、直接连接数据库和信息无限延伸。

3. Access Point（AP，访问接入点）

①AP 相当于一个连接有线局域网和无线网的网桥。

②手持终端通过与 AP 的无线通信和局域网的服务器进行数据交换。

（二）扫描器

1. 常见的扫描器

（1）光笔扫描器

光笔扫描器是外形似笔的手持小型扫描仪，如图 5-1-7 所示。

图 5-1-7　光笔扫描器

（2）台式扫描器

台式扫描器有固定的扫描装置，手持带上有条码的卡片或证件在扫描器上移动，以完成扫描。

（3）手持式扫描器

手持式扫描器是能手持和移动使用的扫描器，用于静态物品的扫描，如图 5-1-8所示。

图 5-1-8　手持式扫描器

（4）固定式光电及激光快速扫描器

固定式光电及激光快速扫描器由光学扫描器和光电转换器组成，是现在物流领域应用较多的固定式扫描设备，安装在物品运动的通道边，对物品进行逐个扫描，如图 5-1-9所示。

图 5-1-9　固定式光电及激光快速扫描器

2.扫描器的分辨率

光电扫描器的分辨率是指扫描器在识读条码符号时，能够分辨出的条（空）宽度的最小值，表示仪器能够分辨条码符号中最窄单元宽度的指标。能够分辨 0.15～0.3mm 的仪器为高分辨率，能够分辨 0.3～0.45mm 的为中分辨率，能够分辨 0.45mm 以上的为低分辨率。

3.扫描距离和扫描景深

扫描时，扫描器与被扫描的条码之间可保持一定的距离范围。该范围就是扫描景深，通常用 DOF 表示。

条码的扫描光点尺寸应等于或略小于条码符号的最小单元尺寸。

激光扫描器扫描距离一般为 20～76cm；CCD 扫描器的扫描景深一般为 1～2in（1in＝2.54cm），新型的 CCD 扫描器，其扫描距离能扩展到 17.78cm。

4.抗污染、抗皱能力

条码符号容易被水渍、手印、油污、血渍等弄脏，也可能因某些原因变皱，使表面不平整，致使在扫描过程中发生信号变形。

5.8 条码自动识别的基本模式

1.联机数据采集模式

联机数据采集也称有线数据采集，它适合于采集范围不大且便于安装固定式计算机设备的场合。数据采集器与计算机之间直接通过通信电缆连接，根据具体要求，条码数据采集器的安装方式有手持移动模式和固定模式。

2.脱机数据采集模式

脱机数据采集模式如图 5－1－10 所示。

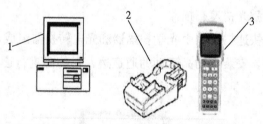

1—计算机数据采集工作站；2—数据通信座；3—便携式数据采集终端。

图 5－1－10　脱机数据采集模式

5.9 条码在物流中的应用

（1）销售信息系统

在商品上贴上条码就能快速、准确地利用计算机进行销售和配送管理。其过程为：对销售商品进行结算时，通过光电扫描读取设备，将信息输入计算机，然后传输至收款机，收款后开出收据，并通过计算机掌握进、销、存的数据。

(2) 库存系统

在库存系统中应用条码技术，尤其适用于规格包装、集装和托盘货物，入库时自动扫描并输入计算机，由计算机处理后形成库存信息，并输出（入）仓库区位、货架、货位的指令，出库程序则和销售信息系统的条码应用一样。

(3) 分货拣选系统

在仓库出货和配送时，采用分货拣选方式，需要快速处理大量货物，利用条码技术便可自动进行分货拣选，并实现有关的管理。其过程如下。

一个物流中心接到若干个订单配送需求，将若干订单汇总，每个品种汇总成批后，按批制成条码的拣货标签，拣货人员到库中将标签贴于每件商品上并取出商品，用自动分拣机分货，分拣机始端的扫描器对处于运动状态的商品进行扫描，一是确认拣出商品是否正确，二是识读条码上的用户标记，使商品在确定的分支分流，到达各用户的配送货位，完成分货拣选作业。

5.10　实训检验

利用条码技术与设备的知识进行相关流程的设备配置与条码技术的应用。

6　实训小结

6.1　主题内容

基于条码技术的物流设施设备的应用。

6.2　实训报告要求

学生的实训报告以报告的形式进行，内容以导入案例的内容为基础。实训报告可以分组或单独完成，选取涉及条码技术与设备的相关主题。

6.3　考核要求

本次实训的考核成绩按平时成绩的30％与实训报告考核成绩的70％评定。实践教学环节采取现场实习形式，结合必要的讲解、讨论，由学生写出实训报告，并将该报告作为学生本课程学习成效的重要依据。

任务二　射频识别技术及设备

1　导入部分

1.1　导入案例

我国 RFID 应用案例分析

一、我国 RFID 应用及效益

近几年随着 RFID 的推广应用，中国 RFID 的市场规模呈现良好的发展态势。中国的 RFID 应用主要集中在中低频领域（工作频率小于 30MHz），在身份识别、安全门禁、电子购票、交通等领域得到了一定规模的应用。我国高频 RFID（工作频率大于 400MHz）应用有很多政府参与的痕迹，整体规模不大，其中最典型的应用案例就是铁路车号自动识别系统（ATIS）、海关的自动验放系统和高速公路自动收费系统。

在全国铁路调度和统计系统中，已有 55 万辆车厢、机车安装了无源 RFID 标签；东北地区的高速公路公司已经开始尝试使用 RFID 进行联网收费；上海市质量技术监督局也已使用 RFID 对全市 16 万只液化石油气瓶、1 万只剧毒化学品容器、10 万箱烟化爆竹和 4 万辆出租车车载计价器进行电子跟踪。香港国际机场、中国重型汽车集团有限公司、杭州卷烟厂和云南省烟草公司昆明市公司已率先采用 RFID，并获得了实实在在的效益。

中国高频 RFID 应用规模较小，主要集中在政府部门的试点项目。但随着标签价格逐渐下降和行业应用环境的逐步完善，物流、供应链将会成为 RFID 的重要发展领域，整个高频 RFID 市场将得到极大推动。

随后，RFID 开始在零售业中应用，中国 RFID 市场迎来了爆炸式的增长。随着应用的逐步推广，高频系统在整个 RFID 市场规模中的占比将不断扩大。

RFID 除了数据处理速度快、获得准确，还有如下优点：一是把货物发运的过程和发票处理的过程结合起来，也就是把整个交货和支付或收款的过程自动匹配，给企业节省了很多时间和成本；二是有利于控制店内存货，可以和厂商协商，货到付款，减少资金的占用，减少财务费用；三是发挥其监控功能，比如在零售业中，企业可以通过 RFID 监控其所委托的企业是否确实对商品进行过检验。此外，若条码无法使用，比如产品摔坏、灰尘多等，通过 RFID 可以监控资产是否及时返还公司及第三方采集的信息是否准确等。

铁路车号自动识别系统是我国最早应用 RFID 的系统，也是应用 RFID 范围最广的系统。早在 20 世纪 90 年代中期，中国铁路车号自动识别系统还在建设中，就确定了 RFID 为解决"车辆自动抄车号"的最佳方案。采用 RFID 以后，铁路车辆管理系统实现了统计的实时化、自动化，降低了管理成本。据相关报道，车辆自动抄车号后，货运物流每年的直接经济效益显著提升。再如，中国重型汽车集团有限公司全面启用的车辆智能电子标签，把整车的产、供、销和售后服务贯穿一体，从而实现整车物流信息化管理。采用这种全新的管理模式，不但能够彻底解决整车生产、库存管理和销售管理等方面存在的难题，而且能有效地克服售后服务、质量跟踪和索赔等方面存在的难题。

二、我国 RFID 产业链构建概况

RFID 整个产业链包括标准制定、芯片设计与制造、天线设计与制造、芯片封装、读写设备开发与生产、系统集成和数据管理软件平台维护及应用系统开发 7 个方面。

在标准制定方面，国家标准化管理委员会已经联合我国科学技术部、工业和信息化部以及上海市质量和标准化研究院等十四家单位，共同进行中国 RFID 标准的研究，并将形成《中国射频识别（RFID）技术政策白皮书》。现在，我国已经完成了对动物应用 RFID 标准草案的起草。在芯片设计与制造方面，目前已经有上海华虹、上海复旦微电子、上海贝岭等企业涉足。2004 年 8 月，中国已经推出了超高频的芯片。在天线设计与制造方面，中国电子科技集团第五十研究所等专业院所正在专门对不同频段的天线进行研究。在芯片封装方面，中国企业占据了全球一半以上的市场份额，具有相当大的优势。在读写设备开发与生产方面，上海华申智能卡应用系统有限公司、深圳远望谷信息技术股份有限公司都在进行研发，已经开出了 900M 的 RFID 超高频读写器。在系统集成和数据管理软件平台维护方面，上海交通大学和 AUTO-ID 实验室中国工作组已和 SAP（思爱普）公司合作，正在进行电子标签中间件的开发。在应用系统开发方面，上海海鼎信息工程服务股份有限公司对 RFID 在商业流通领域的应用进行开发。上海通用卫星导航有限公司正在尝试将 RFID 运用于航空物流管理，上海国际港务集团正在进行 RFID 在集装箱管理中的应用测试。另外，北京维深电子、江苏瑞福和江苏盛科也参与 RFID 的技术测试。我国科学技术部正在联合建设国家的电子标签测试，提供最新的 RFID 技术测试和应用测试，为行业应用提供示范和服务。

国家信息安全高于一切，在 RFID 标准制定的过程中，应牢牢把握这个核心。RFID 标准中涉及国家安全的核心问题是编码规则、传输协议、中央数据库等。我国必须警惕信息侵略，国家必须掌握电子标签领域发展的主动权。RFID 的使用离不开中央数据库，谁掌握了产品信息的中央数据库和电子标签的注册登记及密码发放权，谁就获得了全部产品、产品身份、产品结构、物流及市场信息的拥有权。没有自主知识产权的 RFID 编码标准、芯片和核心技术，就不具有真正的信息安全。以 EPCglobal（全球产品电子代码管理中心）为例，EPC 系统的中央数据库在美国，且美国国防部是 EPCglobal 的强力支持者，如果我国使用 EPCglobal 的编码体系必然使有关信息被美国掌控，这显然会对我国国民经济运行、信息安全甚至国防安全造成重大隐患。

我国已经规划的 RFID 的频段有 50～190kHz，高频波段是 13.56MHz±7kHz 和 432～434.79MHz。这些开放频段的所有指标都是参照我国微功率（短距离）无线电设备技术要求进行的。我国规划的另外一个频段就是 900MHz、910MHz、910.1MHz 这三个频点，已广泛应用于列车车辆识别，且使用非常成功。但是这些频点是 2005 年前临时使用的，目前使用期限已满，所以对于新设备国家已不再审批，也就不再重新核准，原因在于我们在使用过程中发现其对现有无线电业务有干扰。所以，国家正在考虑对该段的频率规划做进一步技术上的改进。今后专门用于列车车辆识别的频段，不会用到其他领域。另外一个频段就是 5725～5850GHz，用于不停车收费管理，这也是我们国家专门规划的 RFID 频率。

目前进入 RFID 产业链的企业，有很多是原来从事条码行业的企业。这些企业无疑将会把在条码行业的成功经验移植到 RFID 领域。专家认为，虽然 RFID 发展前景很好，但 RFID 并不能完全取代传统条码技术。在相当一段时间内，RFID 将和商品条码技术同时存在。

三、RFID 在我国的应用案例

1. 铁路车号自动识别系统

ATIS 可实时、准确无误地采集机车车辆运行状态数据，如机车车次、车号、状态、位置、去向和到发时间等，实时追踪机车车辆。

ATIS 能为机务折返段内部的运输调度管理和部门的管理提供连贯性的基础数据信息。因此，结合机务折返段的具体管理需求，在 ATIS 的基础上，可开发各种应用功能，进行科学的数据统计、数据查询和数据分析，使该系统的应用效果得到充分的发挥，使折返段的运输活动逐步走向协调统一，从而提高机务折返段的管理效率，节约生产与运输成本。

ATIS 可以为铁路运输带来的直接效益主要体现在以下三个方面。①准确的货车占用费清算，避免了货车占用费的流失，每年可增收近 3 亿元。②配合"5T"系统，根据车次、车号、车辆的端位对运行车辆进行故障准确预报和跟踪。③系统信息提供了实时、准确的基础数据，有利于铁路现场管理和车辆调度，提高了铁路运输效率。过去，车号的抄录和汇总全靠口念、笔记、手抄的人工方式进行，这种方式错漏多、效率低、劳动强度大，由于漏抄车号造成了货车占用费的浪费。此外，铁路用货车数量庞大，车辆分散于全国各地，需要抽调大量人力、物力进行清查、盘点，耗时费力。

2. 海关车辆自动核放系统

海关是境内与境外连接的桥梁和纽带，肩负着国家安全和防走私稽查的重任。海关闸口车辆日通行量大，容易造成闸口瞬间堵塞，给闸口的管理带来了较大挑战。远望谷公司的海关车辆自动核放系统利用射频识别技术对通行车辆进行自动识别，能有效地提高闸口通行效率并对各种过关车辆进行追踪管理。该系统包括汽车电子标识读写系统、图像工作站、监控计算机、车道控制设备。当车辆进入通道，被入口感应检测时，将激活读写器，读写器在 7～10 米的距离和 0.5 秒内读取汽车挡风玻璃上的电子标签，对车辆的合法身份进行有效性检验。车外读写设备一般与车辆信息管理系统联网工作，可通过车辆信息管理系统实时交换信息。必要时可发出指令，禁止该车通行。车外读写设备也可以不联网，脱机工作读取车辆电子标签信息，并与机内的黑名单进行对比，采取必要的措施。当车辆离开监测区，系统感应检测到车辆时，清除电子车辆显示器上的内容，关闭自动栏杆，将出入车辆数据提交到车辆信息管理系统。

问题：

1. RFID 的应用给我国带来了哪些益处？

2. RFID 应用中存在哪些问题？

3. 根据存在的问题，你认为应该采取哪些对策？

2 实训目标

（1）了解射频识别技术的基本原理和用途；

（2）掌握射频识别技术的编码、发射、接收和译码设施与设备；

（3）了解未来射频识别技术的发展趋势。

3 实训步骤与方法

3.1 了解

通过本课程的讲解，初步了解射频识别技术的编码、发射、接收和译码设施与设备的概况。

3.2 掌握

从知识点入手，以射频识别技术的编码、发射、接收和译码为线索进行讲授，辅以具体的设备图片，让学生掌握流程中的设施与设备状况。

3.3 报告

辅以材料的阅读，最终以实训报告的形式巩固和提升学习效果。

4 学生互动参与设计

4.1 导入案例分析

在进行导入案例分析时，根据案例的内容提示，要求学生参与讨论，探究导入案例所提出的问题，并提供答案。

4.2 射频识别技术设备的选择

对射频识别技术设施与设备，就其应用和设备分类问题，要求学生讨论，这也可以作为学生实训报告的备选内容。

5 实训内容

5.1 射频识别技术的简介

射频识别技术（Radio Frequency Identification，RFID）是利用无线电波进行数据读写的一种自动识别技术。其原理为由扫描器发射特定频率的无线电波能量给接收器，用以驱动接收器电路将内部的代码送出，此时扫描器便接收此代码。接收器的特殊之处在于免用电池、免接触、免刷卡、不怕脏污，且晶片密码无法复制，安全性高、寿命长。RFID的应用非常广泛，目前典型的应用有动物晶片、汽车晶片防盗器、门禁管制、停车场管制、生产线自动化、物料管理。RFID标签有两种：有源标签和无源标签。

基于射频识别技术的自动识别系统主要由三部分组成：标签、地面识别设备（包括天线、无线电射频装置和读出计算机）和中央处理设备。

RFID是一种非接触式的自动识别技术，它通过射频信号自动识别目标对象并获取相关数据，识别工作无须人工干预，可于各种恶劣环境下工作。RFID可识别高速运动的物体并可同时识别多个标签，操作快捷方便。射频识别的距离可达几十厘米至几十米，且根据读写的方式，可以输入数千字节的信息，同时，还具有极高的保密性。

短距离射频产品不怕油渍、灰尘污染等，可在这样的环境中替代条码，例如在工厂的流水线上跟踪产品。长距离射频产品多用于交通，识别距离可达几十米，如自动收费或识别车辆身份。

射频识别技术是20世纪90年代开始兴起的一种自动识别技术，是一项利用射频信号通过空间耦合（交变磁场或电磁场）实现无接触信息传递并通过所传递的信息达到识别目的的技术。基本的射频识别系统至少包含阅读器和标签。RFID 标签由芯片与天线组成，每个标签具有唯一的电子编码。标签附着在物体上以标识目标对象。RFID 阅读器的主要任务是控制射频模块向标签发射读取信号，并接受标签的应答，对标签的识别信息进行处理。

由于 RFID 巨大的应用前景，许多企业争先研发。目前，RFID 已成为 IT 业界的热点。各大软硬件厂商都对 RFID 及其应用表现出浓厚的兴趣，相继投入大量的研发经费，推出各自的软件和硬件产品及系统应用解决方案。在应用领域，大批企业已经开始准备采用 RFID 对实际系统进行改造，以提高企业的工作效率并为客户提供各种增值业务。

5.2 射频识别系统的分类

射频识别系统按照不同的原则有多种分类方法，依其采用的频率不同可分为低频系统、中频系统和高频系统；根据标签内是否装有电池为标签通信提供能量，又可分为有源系统和无源系统；根据标签内保存的信息的注入方式可为分集成电路固化式系统、现场有线改写式系统和现场无线改写式系统；根据读取电子标签数据的技术实现手段，可分为广播发射式系统、倍频式系统和反射调制式系统。另外还可依据标签的材质、系统工作距离和阅读器的工作状态等对射频识别系统进行分类。

低频系统，一般指工作频率在 $100\sim500kHz$ 的系统。典型的工作频率有 $125kHz$、$134.2kHz$ 和 $225kHz$，其基本特点是标签的成本较低，标签内保存的数据较少，标签外形多样（卡状、环状、纽扣状、笔状），阅读距离较短且速度较慢，阅读天线方向性不强等，主要应用于门禁系统、家畜识别和资产管理等。

中频系统，一般指工作频率在 $10\sim15MHz$ 的系统。典型的工作频段有 $13.56MHz$，其基本特点是标签及阅读器成本较高，标签内保存的数据较多，阅读距离较远且具有中等阅读速度，外形一般为卡状，阅读天线方向性不强，主要应用于门禁系统和智能卡。

高频系统，一般指工作频率在 $850\sim950MHz$ 和 $2.4\sim5.8GHz$ 的系统。典型的工作频段有 $915MHz$、$2.45GHz$ 和 $5.08GHz$，其基本特点是标签保存的数据量大，阅读距离远且具有高速阅读能力，能适应物体高速运行，但标签及阅读器成本较高且阅读器与标签工作时多为视距读取。另外，高频系统较中、低频系统仍没有统一的国际标准，因此在实施推广方面还有许多工作要做。高频系统大多采用软衬底的标签，主要应用于火车车皮监视和零售系统。

有源系统，一般指标签内有内嵌电池的射频识别系统。有源系统一般具有较远的阅读距离，缺点是电池的寿命有限（一般为 $3\sim10$ 年）。无源系统，一般指标签内无内嵌电池的射频识别系统。无源系统工作时，标签所需的能量由阅读器发射的电磁波转化而来。因此，无源系统一般可做到免维护，但在阅读距离及适应物体运行速度方面无源系统较有源系统略有限制。

集成电路固化式系统，其信息一般在集成电路生产时就将信息以 ROM（只读存储器）工艺模式注入，标签中的信息是一成不变的。现场有线改写式系统一般将标签保存的信息写入其内部的存贮区中，信息改写时需要专用的编程器或写入器，且改写过程中必须为其供电。现场无线改写式系统一般适用于有源类标签，具有特定的改写指令，标签内保存的信息也位于其中的存贮区。一般情况下，改写数据所需时间远大于读取数据所需时间。通常，改写所需时间为秒级，阅读时间为毫秒级。

广播发射式系统实现起来最简单。标签必须采用有源方式工作，并实时将其存贮的标识信息向外广播，阅读器相当于一个只收不发的接收机。这种系统的缺点是标签要不停地向外发射信息，既费电，又对环境造成电磁污染，而且系统不具备安全保密性。

倍频式系统实现起来有一定难度。一般情况下，阅读器发出射频查询信号，标签返回的信号载频为阅读器发出射频的倍频。这种工作模式对阅读器接收处理回波信号提供了便利，但是对无源系统来说，标签将接收的阅读器射频信号转换为倍频回波载频时，其能量转换效率较低。而提高转换效率需要较高的微波技术，这就意味着更高的电子标签成本，同时这种系统工作时，共占用两个工作频点，一般较难获得无线电频率管理委员会的产品应用许可。

反射调制式系统之前需要解决同频收发问题。系统工作时，阅读器发出微波查询（能量）信号，标签将部分接收到的微波查询能量信号整流为直流电供其内部的电路工作，另一部分微波查询能量信号被标签内保存的数据信息调制后反射回阅读器。阅读器接收到反射回的幅度调制信号后，从中解析出标识性数据信息。系统工作过程中，阅读器发出微波查询能量信号与接收反射回的幅度调制信号是同时进行的。反射回的信号强度较发射信号要弱得多，因此技术实现上的难点在于同频接收。

5.3 射频识别系统的基本组成

典型的射频识别系统由标签、阅读器、天线、数据交换和管理系统（计算机系统）组成。对于无源系统，阅读器通过耦合元件发送一定频率的射频信号，当标签进入该区域时通过耦合元件从中获得能量以驱动后级芯片与阅读器通信。阅读器读取标签的自身编码等信息并解码后送至数据交换和管理系统处理。而对于有源系统，标签进入阅读器工作区域后，由自身内嵌的电池为后级芯片供电以完成与阅读器间的通信。射频识别系统基本组成如图 5-2-1 所示。

（一）标签

标签由微波天线、反射调制器、编码器、微处理器和内存等构成。每个标签具有唯一的电子编码，附着在物体上标识目标对象，用以存储被识别物的有关技术参数和识别信息。

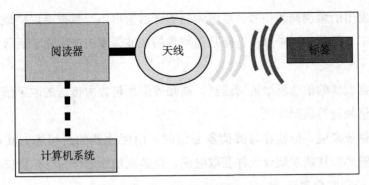

图5-2-1　射频识别系统基本组成

作为射频识别系统中真正的数据载体，由耦合元件和后级芯片构成的标签又可以分为具有简单存储功能的数据载体和微处理器的数据载体。前者是用状态机在芯片上实现寻址和安全逻辑，而后者则是用微处理器代替了标签中不够灵活的状态机。因此在功能模块划分的意义上二者是相同的，即电子数据载体的标签主要由存放信息的存储器、用于能量供应及与阅读器通信的高频接口、实现寻址和安全逻辑的状态机或微处理器构成。电子数据载体标签结构如图5-2-2所示。

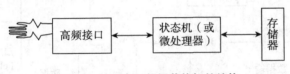

图5-2-2　电子数据载体标签结构

1. 高频界面（接口）

高频界面在从阅读器到标签的模拟传输通路与标签的数字电路间形成了模数转换接口。从这个意义上讲，高频界面就如同数字终端与模拟通信链路一样，负载调制的电感耦合标签高频界面如图5-2-3所示。

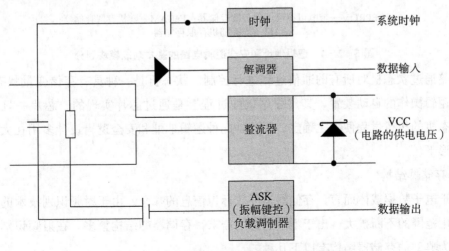

图5-2-3　负载调制的电感耦合标签高频界面

从阅读器发出的调制高频信号，经解调器解调后输出串行数据流以供地址和安全逻辑电路进一步加工。另外，时钟脉冲电路从高频场的载波频率中产生用于后级电路工作的系统时钟。

为了将数据载体的信息反馈给阅读器，高频界面须包含由传送的数字信息控制的后向散射调制器或倍频器等调制模块。

对于无源系统来说，标签在与阅读器通信时，由阅读器的高频场为其提供所需的能量。为此，高频界面从前端耦合元件获取电流，经整流稳压后作为电源供应芯片工作。

2. 逻辑地址和安全逻辑

逻辑地址和安全逻辑是数据载体的心脏，控制着芯片上的所有过程。图5-2-4是逻辑地址和安全逻辑电路的基本功能模块划分。在标签进入阅读器高频场并获得足够的工作能量时，通过上电初始化逻辑电路使数据载体处于规定的状态。通过I/O（输入/输出）寄存器与阅读器进行数据交换。加密部件是可选的，用以实现鉴别、数据加密和密钥管理功能。数据存储器则经过芯片内部总线与逻辑地址和安全逻辑电路相连。

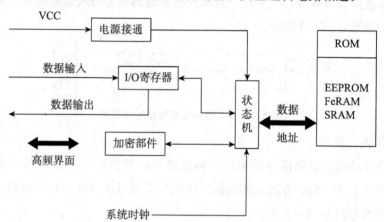

EEPROM—带电可擦可编程只读存储器；FeRAM—随机存取存储器；
SRAM—静态随机存取存储器。

图5-2-4 逻辑地址和安全逻辑电路的基本功能模块划分

标签通过状态机对所有的通信过程进行控制。状态机是一种具有存储变量状态能力，能执行逻辑操作的自动装置，其"程序化的过程"是通过芯片实现的。芯片一旦制作成型，状态机的执行过程便随之确定。因此，此种逻辑地址和安全逻辑设计多用在大量且固定的情形下。

3. 存储器结构

对于电子数据载体而言，存储器是存放标识信息的媒介。由于射频识别技术的不断进步和应用范围的不断扩大，出于不同的应用需求，存储器的结构繁多。在射频识别系统中应用较为典型的存储器结构有以下几种。

（1）只读标签

只读标签构成射频识别系统数据载体的低挡和低成本部分。当只读标签进入阅读器的工作范围时，标签就输出其自身的标识信息。一般来说，这个标识信息就是简单的序列号。该序列号在芯片生产过程中已由厂家植入且是唯一的。用户既不能改变这个序列号，也不能对芯片再写入任何数据。

（2）可写入标签

可写入标签的存储量从1个字节到数千字节不等。但阅读器对标签的写入和读出操作大多是按组进行的。字组一般由事先规定好数目的字节组成。字组结构使阅读器对芯片中存储器的寻址更加简单。为了修改一个单独字节的数据，必须先从标签中读出整个字组，再将包含修改字节的同一个字组重新写回标签。

4. 标签的分类

①有源射频标签：标签工作的能量由电池提供，电池、内存与天线一起构成有源射频标签，不同于被动射频的激活方式，在电池更换前一直通过设定频段外发信息。读/写距离较远，体积较大，与被动标签相比成本更高，不足之处是电池不能长久使用，能量耗尽后需更换电池。

②无源射频标签：标签在接收到阅读器（读出装置）发出的微波信号后，将部分微波能量转化为直流电供自己工作，一般可做到免维护，成本低，使用寿命长，比主动标签更小也更轻，读写距离较近。

③半无源射频标签：耗能低，电池的使用寿命可长达六年，通信距离可长达六米。

（二）阅读器

阅读器是读取（有时还可以写入）标签信息的设备，可设计为手持式或固定式。虽然所有射频识别系统的阅读器均可以简化为两个基本的功能块，即控制单元和由发送器及接收器组成的高频接口，但由于众多的非接触传输方式的存在，使得阅读器内部的结构存在较大区别。本书仅就阅读器中的两个基本模块的功能实现方面对阅读器的组成进行简单介绍。阅读器功能模块如图5-2-5所示。

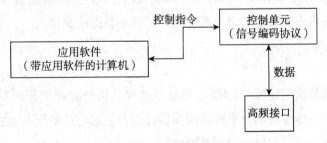

图5-2-5　阅读器功能模块

1. 高频接口

阅读器的高频接口主要完成如下任务：产生高频的发射功率，以起动标签并为其提供能量；对发射信号进行调制，将数据传送给标签；接收并调制来自标签的高频信号。在高频接口中有两个分隔开的信号通道，分别用于标签两个方向上的数据流。传送到标签的数据流通过发送器分流，而来自标签的数据通过接收器分流。不同的非接触传输方式使这两个信号通道的具体实现有所不同。

2. 控制单元

阅读器的控制单元具有如下任务：与应用软件进行通信，并执行应用软件发来的命令、控制与标签的通信过程、信号的编码与解码。对于复杂的系统，控制单元还可能具有以下功能：①执行防冲突算法；②对标签与阅读器之间要传送的数据进行加密和解密；③进行标签与阅读器之间的身份验证；④应用软件与阅读器间的数据交换是通过 RS（遥感）232 或 RS485 串口进行的，而阅读器中的高频接口与控制单元间的接口将高频接口的状态以二进制的形式表示出来。

（三）天线

天线在标签和阅读器之间传递射频信号。

（四）计算机系统

计算机系统是直接面向 RFID 最终用户的人机交互界面，协助使用者完成对读写器的指令操作以及对中间件的逻辑设置，逐级将 RFID 原子事件转化为使用者可以理解的业务事件，并使用可视化界面进行展示。

5.4 RFID 的工作原理

作为无线自动识别技术，RFID 有许多非接触的信息传输方式，主要从耦合方式（能量或信号的传输方式）和通信流程进行分析比较。其中，电子标签又称为射频标签、应答器、数据载体；阅读器又称为读出装置、扫描器、通信器、读写器（取决于电子标签是否可以无线改写数据）。电子标签与阅读器之间通过耦合元件实现射频信号的空间（无接触）耦合，在耦合通道内根据时序关系实现能量的传递和数据的交换。

（一）耦合方式

1. 电容耦合

电容耦合方式是指阅读器与标签之间互相绝缘的耦合元件工作时构成了一组平板电容，当标签嵌入时，标签的耦合平面同阅读器的耦合平面相互平行。电容耦合只用于密耦合（工作距离小于 1cm）的射频识别系统中。

2. 电感耦合

电感耦合属于变压器模型，通过空间高频交变磁场实现耦合，依据的是电磁感应定律。电磁反向散射耦合属于雷达原理模型，发射出去的电磁波碰到目标后反射，同时带回目标信息，依据的是电磁波的空间传播规律。

电感耦合方式一般适合于中、低频工作的近距离射频识别系统。典型的工作频率有125kHz、225kHz 和 13.56MHz。识别作用距离小于 1m，典型作用距离为 10～20cra（1cra＝30cm）。

电磁反向散射耦合方式一般适合于高频、微波工作的远距离射频识别系统。典型的工作频率有 433MHz、915MHz、2.45GHz 和 5.8GHz。识别作用距离大于 1m，典型作用距离为 3～10m。

（二）通信流程

在电子数据载体上，存储的数据量可达到数千字节。为了读出或写入数据，必须在标签和阅读器之间进行通信。这里主要有三种通信流程系统：半双工系统、全双工系统和时序系统。

在半双工系统中，从标签到阅读器的数据传输与从阅读器到标签的数据传输交替进行。当频率在 30MHz 以下时，常常使用负载调制的半双工系统。

在全双工系统中，数据在标签和阅读器之间的双向传输是同时进行的。其中，标签发送数据所用的频率为阅读器发送频率的几分之一，即采用"分谐波"，或是用一个完全独立的"非谐波"频率。

以上两种系统的共同特点是：从阅读器到标签的能量传输是连续的，与数据传输的方向无关。与此相反，在使用时序系统时，从阅读器到标签的能量传输总是在限定的时间间隔内进行的，从标签到阅读器的数据传输是在标签的能量供应间隙进行的。

5.5　射频识别技术的特点

与当前广泛应用的条码相比，RFID 具有以下特点。

①无方向性：读取时不需要对准，只需在阅读器的范围内，利用无线电进行读取。

②唯一性：识别码独一无二，无法仿造。

③丰富性：电子标签能储存较多数据，存储能力可达几百字节，并可重复读写。

④同时性：一次能读取数个至数千个标签识别码。

⑤坚固性：能全天作业，不易污损或遭受破坏。

5.6　射频识别技术在应用中存在的问题

1. 硬件的操作与可靠性问题

RFID 硬件的操作是其在应用和普及过程中存在的较大的问题和挑战。特别是阅读器如何识别与读取标签信息，并将其发送到计算机系统。目前电子标签的识别还有一定的失误率，距大量应用于供应链管理还有一定的距离，有待进一步改善。另外，现场操作还存在一些物理环境问题，例如高温、粉尘等恶劣环境下可能对无线电波产生干扰，从而影响对标签信息的识别与读取，进而影响对供应链上各个业务的管理。

2. 储存超载的问题

在供应链运行中，特别是在零售环节需要处理零售营运所产生的庞大数据，这也是一个棘手的问题。如果所有商品均采用了 RFID 标签，而每个标签中又储存了众多的信息，会使原有系统出现储存超载的问题，如果最初构建射频识别系统时没有考虑到系统的升级，那么整个系统会陆续出现很多问题。

3. 安全问题

安全也是一个非常重要的问题，因为射频识别系统很可能成为黑客攻击的目标，以致丢失一些机密。目前，RFID 要在对信息有保密要求的领域展开应用，面临着不小的挑战。在最初应用 RFID 时，由于安全问题不是非常重要，因此原有的技术标准对安全问题考虑欠缺，也较难再将安全规范添加进去。

如果安全问题无法保证，在使用射频识别系统时就有被人窃取信息的可能性。目前，RFID 阅读器中的唯一标识符容易被人复制，RFID 的基本验证机制也存在严重的安全缺陷，同时某些 RFID 标签一旦接近 RF（射频）阅读器，就会无条件地发射信号，极易被窃取信息。这样一来，阅读设备轻易地就能收集情报。

由于无源标签没有读写能力，所以无法使用公钥、私钥验证口令，发问、应答机制，及其他主动验证方法。有源标签可以收到不断变化的验证密钥，能够大大提高其安全性，但是成本较高。目前，人们已经开始研制采用一次性口令的发问、应答系统，这会在很大程度上解决 RFID 的安全问题。

4. 标准问题

标准问题决定了一项技术的发展与应用前途，如果一个企业内部或供应链上的上下游企业之间采用的频率、编码、存储规则和数据标准等不统一，阅读器与标签不能通用，则供应链上的成员之间就无法实时传输信息，实现协同运作。目前，业界标准已经让不同的系统交互，但 RFID 芯片仍是该技术的核心要素。目前，射频技术已经具有多项国际标准，如国际标准化组织（ISO）的标准、IEC/ISO 联合技术委员会的标准及欧洲标准化委员会（CEN）等机构的标准。在不同的国家和地区，由于使用频率不同，频率资源的分配也不同，因此，射频识别技术的标准化将会影响全球供应链的运作。

5. 隐私问题

另一个制约射频识别技术应用的是隐私问题。随着 RFID 的发展与应用，一些隐私权保护团体对其侵犯人们隐私权的问题产生了极大的疑虑，一些商品在售出后，由于其电子标签未被清除，仍然会向由某些阅读器发来的无线电波发送信息，这样，使用这些商品的消费者的行踪无疑会被暴露，侵犯了消费者的隐私权。

6. 价格问题

同样，RF 设备的价格也会制约射频识别技术的应用与推广。因为昂贵的设备将增加供应链的运行成本，会将众多的企业挡在 RF 应用的门外。为了降低 RF 设备的成本，一些设备商正在极力降低射频识别系统的主要元件——微芯片的成本，还有一些公司正在通过研制新的天线印制技术来降低天线的成本。导电墨水的研究是 RF 技术最近的一个发展热点，利用导电墨水，可以将 RFID 的天线以接近于零的成本印到产品包装上。目前，我国电子标签尚未普及，国外电子标签的造价也不低。

5.7　射频识别技术在物流管理中的应用

射频识别技术在物流配送中的应用可分为商品的入库、出库、存储、库存盘点、运输跟踪、配送等。RFID 可以加快供应链的运转，提高物流管理的效率。

1. 商品的出库与入库

配送中心派车队进入仓储中心时通过大门，阅读器读取到电子标签信息，并在仓储系统中显示此时车队所载货物为空。车队装载货物完毕离开发货仓库时再次通过大门，仓储系统将出库信息写入系统数据库中并上报给配送中心，这样就等于电子标签承载了其所运货物的相关信息，自动完成货物出库，此时货物进入在途状态。运输车队到达收货仓库时再次通过门大，阅读器读取到电子标签中的信息后传输给仓储系统，系统即显示待入库货物的相关信息并写入数据库，自动完成货物入库，并上报给配送中心，通知配送中心配送任务完成。

2. 存储与库存盘点

在仓库中，射频识别技术应用最多的在存储与库存盘点环节，它能用来实现商品的自动化登记、存货和取货。在仓储管理中，将供应计划系统与射频识别技术相结合，能够高效地完成各种操作，可增强作业的准确性和快捷性，提高服务质量，降低成本，减少物流中由于偷窃、损坏、出货错误等造成的损失，实现快速供货并最大限度地减少储存成本。

3. 运输跟踪

在运输管理过程中，通过在货物和车辆上贴 RFID 标签，完成设备的跟踪控制。接收装置收到 RFID 标签信息后，连同接收地的位置信息一同上传至通信卫星，再由卫星传送给运输调度中心，写入数据库中。利用射频识别技术可准确、迅速地完成配送任务并实现对在途货物的跟踪。在货物运输期间，配送中心根据发/收货仓储中心上报的数据可知在途货物的名称、品种和数量等信息，实现在途货物的可见性。

4. 配送

在配送环节，采用射频识别技术能大大提高配送的速度和拣选、分发过程的效率与准确率，并能减少人工、降低配送成本。到达中央配送中心的所有商品都贴有 RFID 标签，在进入中央配送中心时，托盘通过一个门阅读器，读取托盘上所有货箱的标签内容。系统将这些信息与发货记录进行核对，以检测出可能的错误，然后将 RFID 标签更新为最新的商品存放地点和状态。这样就确保了精确的库存控制，甚至可准确了解目前有多少货箱处于转运途中、转运的始发地和目的地及预期的到达时间等信息。RFID 可以实现合理的产品库存控制。借助 RFID 标签，可以对商品的运输、仓储、配送、上架、销售，甚至退货处理等环节进行实时监控，使整个供应链管理透明而高效。

射频识别技术在物流管理系统中的应用，提高了商品入库、商品配送和管理的工作效率，减少了人力资源的浪费，提高了人员的利用率。

5.8　实训检验

利用与射频识别技术相关的设施设备的知识，进行相关流程的设备配置与应用。

6　实训小结

6.1　主题内容

基于射频识别技术的物流设施设备的应用。

6.2　实训报告要求

学生的实训报告以报告的形式进行，内容以导入案例的内容为基础。实训报告可以分组或单独完成，选取涉及射频识别技术的相关主题。

6.3　考核要求

本次实训的考核成绩按平时成绩的 30% 与实训报告考核成绩的 70% 评定。实践教学环节采取现场实习形式，结合必要的讲解、讨论，由学生写出实训报告，并将该报告作为学生本课程学习成效的重要依据。

任务三 北斗卫星导航系统

1 导入部分

1.1 导入案例

北斗环卫保障车辆在线监管应用

1. 基本情况

随着环卫作业机械化程度的不断提升，对作业车辆运营管理、业务运行状况、成本精细管理及科学评估等提出了更高要求。2016 年，北京环卫集团建设了北斗环卫保障车辆监控平台，形成了完整的环卫保障车辆在线监管体系，实现了环卫车辆业务的高效化管理转型。

该平台基于北斗系统，结合车联网、移动通信等先进技术，采用云平台系统架构，具备环卫作业车辆动态位置实时监控、调度控制、双向通信、历史数据回放、车内外视频监控、行车记录、路线规划、统计分析等功能，实现多业务领域、多作业车辆一体化排班调度，已在集团下属多个公司推广使用。

北斗环卫保障车辆监控平台将环卫作业车辆管理和业务管理提高到一个全新的层次，实现人工管理到信息管理、粗放管理到精细管理。为构建城市环卫精细管理体系、优化城市环境卫生管理理念、提升环卫管理与公共服务水平提供一个以现代信息技术为基础的支撑平台。

2. 当前进展和前景展望

目前，北京环卫集团已完成 1147 台北斗车载终端的配置，覆盖了该集团用于北京市内作业的主要业务车辆。同时，该平台推广应用于多家京外单位。平台的投入使用，从根本上提高了集团环卫作业车辆的调度管理能力，实现了运营状况实时掌握，应变能力、管理效率、作业质量均大幅提升。据统计，平台上线后，节省人力成本 400 万元，节约燃油消耗成本 1000 万元，经济效益明显提升。同时，平台在安全生产方面也发挥了重要作用，实现了集团下属公司 2016 年、2017 年"零死亡事故"安全生产指标，社会效益显著。

未来，随着北斗卫星导航系统定位精度提升，北斗终端小型化和电池续航能力提高，以及物联网技术商用模式日臻成熟，集团还将继续挖掘北斗应用技术在环卫业务领域的各种应用，持续推进传统环卫业务运营向数字化、信息化和智能化升级。

问题：

1. 北斗卫星导航系统还能用于哪些领域？

2. 北斗卫星导航系统和GPS（全球定位系统）存在哪些区别？

1.2 相关评论

2020年是我国北斗卫星导航系统及其产业发展的重要时点，在经济全球化、开启第二个百年奋斗目标伟大征程等大背景下，继续推动我国北斗卫星导航系统建设与创新发展，应坚持问题导向，对标世界顶尖技术，加快产业化应用进程。目前来看，至少应从提高社会公众认知、突破芯片制造核心技术、强化地基增强系统应用三方面，推动北斗卫星导航系统的发展。

2 实训目标

（1）了解北斗卫星导航系统的性能和原理；

（2）掌握北斗卫星导航系统的设施与设备；

（3）了解未来北斗卫星导航系统的应用。

3 实训步骤与方法

3.1 了解

通过本课程的讲解，初步了解北斗卫星导航系统的概况。

3.2 掌握

从知识点入手，以北斗卫星导航系统为线索进行讲授，让学生掌握北斗卫星导航系统的应用状况。

3.3 报告

辅以材料的阅读，最终以实训报告的形式巩固和提升学习效果。

4 学生互动参与设计

4.1 导入案例分析

在进行导入案例分析时，根据内容提示，要求学生参与讨论，探究案例中所提出的问题，并提供答案。

4.2 北斗卫星导航系统设备的选择

根据北斗卫星导航系统的性能和原理，就其应用问题，要求学生讨论，这也可以作为学生实训报告的备选内容。

5 实训内容

5.1 北斗卫星导航系统介绍

（一）北斗卫星导航系统

北斗卫星导航系统（以下简称"北斗系统"）是中国着眼于国家安全和经济社会发展需要，自主建设运行的全球卫星导航系统。

北斗系统提供服务以来，已在交通运输、农林渔业、水文监测、气象测报、通信授时、电力调度、救灾减灾、公共安全等领域得到广泛应用，产生了显著的经济效益和社会效益。基于北斗系统的导航服务已被电子商务、移动智能终端制造、位置服务等厂商采用，广泛进入中国大众消费、共享经济和民生领域。应用的新模式、新业态、新经济不断涌现，深刻改变着人们的生产生活方式。中国将持续推进北斗系统应用与产业化发展，服务国家现代化建设和百姓日常生活，为全球科技、经济和社会发展做出贡献。

北斗系统秉承"中国的北斗、世界的北斗、一流的北斗"发展理念，愿与世界各国共享北斗系统建设发展成果，促进全球卫星导航事业蓬勃发展，为服务全球、造福人类贡献中国智慧和力量。北斗系统为经济社会发展提供重要时空信息保障，是中国实施改革开放40余年来取得的重要成就之一，是中华人民共和国成立70多年来重大科技成就之一，是中国贡献给世界的全球公共服务产品。中国将一如既往地积极推动国际交流与合作，实现与世界其他卫星导航系统的兼容，为全球用户提供更高性能、更加可靠和更加丰富的服务。

（二）北斗卫星导航系统现状

北斗卫星导航系统（BeiDou Navigation Satellite System，BDS）是中国自行研制的全球卫星导航系统，是继全球定位系统（GPS）和格洛纳斯卫星导航系统（GLONASS）之后第三个成熟的卫星导航系统。北斗卫星导航系统和 GPS、GLONASS 及伽利略卫星导航系统，是全球卫星导航系统国际委员会已认定的供应商。

北斗卫星导航系统由空间段、地面段和用户段三部分组成。北斗卫星导航系统空间段由若干静止轨道卫星、倾斜地球同步轨道卫星和中圆轨道卫星组成。北斗卫星导航系统地面段包括主控站、时间同步/注入站和监测站等若干地面站，以及星间链路运行管理设施。北斗卫星导航系统用户段包括北斗卫星导航系统兼容其他卫星导航系统的芯片、模块、天线等基础产品，以及终端产品、应用系统与应用服务等。

北斗卫星导航系统可在全球范围内全天候、全天时为各类用户提供高精度、高可靠的定位、导航、授时服务，并具备短报文通信能力，定位精度 10 米，测速精度 0.2 米/秒，授时精度 10 纳秒。

北斗卫星导航系统空间段由 5 颗静止轨道卫星[①]和 30 颗非静止轨道卫星组成。

2000 年，北斗卫星导航试验系统建成，使我国成为继美国、俄罗斯之后世界上第三个拥有自主卫星导航系统的国家。北斗卫星导航系统是覆盖中国本土的区域导航系统，覆盖范围东经约 70°～140°，北纬 5°～55°。北斗卫星导航系统已经对东南亚实现全覆盖。该系统已成功应用于测绘、电信、水利、渔业、交通运输、森林防火、减灾救灾和公共安全等诸多领域，产生了显著的经济效益和社会效益。特别是在 2008 年北京奥运会和汶川抗震救灾中发挥了重要作用。

5.2 北斗卫星导航系统的性能

1. 单点定位

单点定位是通过对北斗卫星导航系统的误差模拟进行改正，做出评价，从而提高北斗卫星导航系统定位水平的精度、高程的精度以及三维位置的精度。GPS 的定位精度为 5 米，BDS 的定位精度为 6 米，GLONASS 的定位精度在 10 米以上。

2. 伪距差分的定位

伪距差分的定位是一种差分定位方法，也是现今应用最为广泛的一种技术。在北斗卫星导航系统的基准站中可以观察所有卫星，通过基准站中已知的坐标和各个卫星的坐标，可以求出每颗卫星在每个时刻与基准站的距离。再与测量到的伪距进行比较，得出伪距后改成正数，将该数据传输到用户的接收机上，这种差分，可以提高定位的精确度。

3. 载波相位差分定位

北斗卫星导航系统的载波相位差分定位，是实时处理两个测站载波相位观测量差分的

---

① 静止轨道卫星又称 24 小时轨道，指轨道平面与赤道平面重合，卫星的轨道周期等于地球在惯性空间中的自转周期，且方向与之一致，即卫星与地面的位置保持相对不变，故这种轨道又称为静止卫星轨道。一般用作通信、气象等方面。

定位方法。在使用过程中将基准站采集的载波相位发送到用户的接收机上，接着进行求差来解算坐标。卫星的载波相位差分定位使定位的精确度大大提高。该技术大量应用于动态的、需要极高精确度的领域。

4. 短报文通信

北斗卫星导航系统用户终端具有双向报文通信功能，用户可以一次传送 40～60 个汉字的短报文信息。该功能在远洋航行中有重要的应用价值。

5. 精密授时

北斗卫星导航系统具有精密授时功能，可向用户提供 20～100ns 的时间同步精确度。

6. 定位精度

北斗卫星导航系统水平精度为 100 米，设立标校站之后则为 20 米（类似差分状态），工作频率为 2491.75MHz。

7. 容纳量

系统容纳的最大用户数为 540000 户/小时。

5.3　北斗卫星导航系统的原理

（一）卫星定位原理

北斗卫星导航系统的 35 颗卫星在离地面 2 万多千米的高空上，以固定的周期环绕地球运行，使得在任意时刻，在地球表面上的任意一点都可以同时观测到 4 颗以上的卫星。

由于卫星的位置精确可知，在接收机对卫星进行观测时，我们可以得到卫星到接收机的距离，利用 3 颗卫星在三维坐标中的距离公式，就可以组成 3 个方程式，解出观测点的位置 (X, Y, Z)。考虑到卫星的时钟与接收机时钟之间的误差，实际上有 4 个未知数，即 X、Y、Z 和钟差，因而需要引入第 4 颗卫星，形成 4 个方程式进行求解，从而得到观测点的经纬度和高程。事实上，接收机往往可以锁住 4 颗以上的卫星，这时，接收机可按卫星的星座分布分成若干组，每组 4 颗，然后通过算法挑选出误差最小的一组用于定位，从而提高精度。

卫星定位实施的是"到达时间差"（时延）的概念：利用每颗卫星的精确位置和连续发送的星载原子钟生成的导航信息获得从卫星至接收机的到达时间差。

卫星在空中连续发送带有时间和位置信息的无线电信号，供接收机接收。由于传输的距离因素，接收机接收到信号的时刻比卫星发送信号的时刻延迟，通常称为"时延"，因此，也可以通过时延来确定距离。卫星和接收机同时产生同样的伪随机码，一旦两个码实现时间同步，接收机便能测定时延，将时延与光速相乘，便能得到距离。

卫星上的计算机和导航信息发生器非常精确地了解其轨道位置和系统时间，全球监测站网保持连续跟踪。

（二）卫星导航原理

卫星至用户的距离测量是基于卫星信号的发射时间与到达接收机的时间之差，即"伪距"。因为用户的三维位置和接收机时钟存在偏差，故伪距测量要求至少接收来自 4 颗卫星的信号。

由于卫星运行轨道、卫星时钟存在误差及大气对流层、电离层对信号的影响，使得民用的定位精度只有数十米量级。为提高定位精度，普遍采用差分定位技术，建立地面基准站（差分台）观测卫星，利用已知的基准站精确坐标，与观测值进行比较，从而得出修正数，并对外发布。接收机收到该修正数后，与自身的观测值进行比较，消除大部分误差，得到一个比较准确的位置。试验表明，利用差分定位技术，定位精度可提高到米级。

（三）卫星黄金频段

国际电信联盟允许北斗卫星使用的频率只有黄金频率的 1/4，最好的卫星频率被 GPS 和 GLONASS 占用。

5.4　北斗卫星导航系统的应用

在气象行业，北斗卫星导航系统广泛应用于气象观测、灾害监测和气象信息的收集与发布，包括大气风向风速、水汽含量、海风海浪、雷电观测和预警等，极大提升了气象观测、预报和灾害预警发布水平，增强气象领域防灾减灾能力。

海洋渔业涉及渔民生命安全、国家海洋经济安全、海洋资源保护和海上主权维护，现已成为北斗民用卫星导航系统规模最大的行业。北斗卫星海洋渔业安全生产信息服务系统的应用极大地保障了渔船的出海安全，巩固和发展了渔业生产，推动了"平安渔业"建设。以赴南沙生产作业的渔船为例，南海区渔政局建立了"南沙渔船船位监控指挥管理系统"，系统建成后，监控中心能随时获知渔船方位，大大方便了相关职能部门对渔业生产的管理，实现看得见的管理调度。当渔民在海上遇险时，可以通过渔船上的卫星导航通信系统向监控中心发送遇险报告，监控中心收到报告时就可以根据卫星定位确定距离遇险渔船最近的船只，并与之取得联系，组织搜救，从而大大提高了遇险渔民的获救概率。

在燃气行业，城镇燃气的安全运营依赖于巡检人员，巡检人员根据预先制订的巡线计划沿着管线进行巡查，及时发现燃气泄漏或第三方违章占压等异常现象。由于这些工作人员遍布城市管网各处，管理难度较大，所以工作效率常常得不到监督和保证。北斗智能巡检系统的巡检到位率精确计算方法为城镇燃气企业管线巡检运行的标准化和精细化管理提供了一种全新的、科学的思路。

在森林防火方面，随着北斗卫星导航系统在亚太地区实现全覆盖，北斗卫星导航系统已具备与 GPS 相媲美的定位精度与时效。将北斗卫星导航系统在森林防火部门进行广泛应用，不仅可以解决超短波通信中的通信有效距离受限制的问题，还可以为防火队员提供高精度的位置信息，实现定位导航，从而使森林防火部门能够全面、动态地掌握所有相关车辆、人员的状态信息，更加及时有效地实现科学合理的调度指挥和管理。

在交通运输方面，重点运输过程监控管理服务示范系统工程在天津、河北、江苏、安徽、山东、湖南、宁夏、陕西、贵州等地开展示范系统建设。公路基础设施安全监测系统则应用北斗卫星定位测量技术，及时发现潜在安全问题并进行预警。船舶应用示范系统利用北斗卫星导航系统全天候导航和短报文通信技术，建立可应用于行业监管、信息服务和业务管理的船舶监控系统，现已完成北斗船舶数据中心等终端建设。

现在不少国家都采用 GPS，单一的系统往往会有缺陷且不稳定。GPS 和北斗卫星导航系统搭配起来使用，可以保障两者系统的安全性、可靠性和有效性。北斗卫星导航系统的功能不止导航这一项，在国家建设的方方面面都能派上用场。具体包括以下几个方面。

①重点运输监控管理、公路基础设施、港口高精度实时定位调度监控。

②船位监控、紧急救援、信息发布、渔船出入港管理。

③多山地域水文测报信息的实时传输。

④气象测报型北斗终端设备、大气监测预警系统应用解决方案。

⑤森林防火定位、短报文通信。

⑥通信时统一开展北斗双向授时，研制出一体化卫星授时系统。

⑦基于北斗卫星导航系统的电力时间同步。

⑧提供实时救灾指挥调度、应急通信，信息快速上报、共享。

⑨军工领域定位导航，发射位置的快速定位，搜救、排雷定位等。

5.5　实训检验

利用本课程北斗卫星导航系统的知识，进行导航系统相关的设备配置。

6　实训小结

6.1　主题内容

了解北斗卫星导航系统的相关知识。

6.2　实训报告要求

学生的实训报告以报告的形式进行，内容以导入案例的内容为基础。实训报告可以分组或单独完成，选取涉及北斗卫星导航系统的相关主题。

6.3 考核要求

本次实训的考核成绩按平时成绩的 30% 与实训报告考核成绩的 70% 评定。实践教学环节采取现场实习形式，结合必要的讲解、讨论，由学生写出实训报告，并将该报告作为学生本课程学习成效的重要依据。

参考文献

[1] 王进. 物流设施设备应用与管理 [M]. 北京：人民邮电出版社，2015.

[2] 赵智锋. 物流设施设备运用（修订版）[M]. 上海：上海财经大学出版社，2017.

[3] 袁琦，何霞. 物流设施设备基础与实训 [M]. 北京：中国民航出版社，2018.

[4] 王雅蕾，黄莉，黄蘋. 物流设施设备 [M]. 北京：电子工业出版社，2021.

[5] 黎红，陈御钗. 物流设施设备基础与实训 [M]. 北京：机械工业出版社，2011.

[6] 卢永. 物流机械设施和设备优化探析 [J]. 商品与质量，2019（5）：111.

[7] 林榕. 基于"集成创新"的高职院校产教融合实训平台建设研究——以物流专业为例 [J]. 中国职业技术教育，2020（23）：75－79.

[8] 苏强，韩峰，李铮宇，等. "十位一体"港口设备设施管理经验 [J]. 今日制造与升级，2023（1）：107－110.

[9] 黄深广，朱甬翔，倪洁，等. 自动化集装箱码头智能设备调度系统 [J]. 中国港口，2022（6）：61－64.

[10] 唐顺利，陈海. 浅谈物联网关键技术之射频识别 [J]. 中国自动识别技术，2022（5）：73－75.